브루스 커밍스의 한국전쟁

THE KOREAN WAR: A History

브루스 커밍스의 한국전쟁

THE KOREAN WAR : A HISTORY

전쟁의 기억과 분단의 미래

브루스 커밍스 지음 · 조행복 옮김

현실문화

『브루스 커밍스의 한국전쟁』에 관한 찬사

"커밍스의 책은 미국이 한국전쟁 중에 벌인 비도덕적 행위를 공격하여 독자를 당혹스럽게 한다. 그는 일군의 신화를 쓸어버린다. 그의 책은 쓴 약이며 정신을 깨우는 교정자이다."
－《뉴욕타임스》

"커밍스는 연구 분야에 대해 경계심을 풀고 직접적으로(이 분야에는 주제를 다루면서 직접적으로 다가가지 못하고 세부 사항을 늘려가기만 하는 작가들로 넘쳐난다) 오랫동안 무시되었던 사실들을 머뭇거리지 않고 설명하며, 이 잊힌 전쟁에 관한 통념의 진부하고 상투적인 표현들을 서슴없이 쳐버린다. 이 책은 모든 선입견에 작별을 고하는 반역적인 역사책이다."
－《팝매터스》

"커밍스는 오랫동안 많은 연구를 수행했고 자료를 대단히 잘 이해하며 매우 큰 자극을 준다."
－《뉴욕타임스 북리뷰》

"전거가 충실하며 논리가 정연하다. 커밍스는 니체와 브레히트, 소포클레스를 불러내 인간의 기억과 그 '잊힌 전쟁'에 관하여 깊은 생각에 잠기게 한다."

– 《월스트리트저널》

"20세기의 한 축을 이루는 사건에 관한 원숙한 연구."

– AP통신

"커밍스는 한국전쟁에 관하여 미국에 퍼진 여러 역사적 신화와 왜곡을 논박하는 감동적인 책을 썼다."

– 히스토리 뉴스 네트워크

일러두기

1. 이 책은 Bruce Cumings, *The Korean War: A History*(New York: Modern Library, 2010)를 번역한 것이다.

2. 옮긴이 주는 별(*)로 표시하여 각주로, 지은이 주는 숫자로 표시하여 미주로 처리했다. 단 165쪽과 217쪽의 주석은 원서에 따라 각주로 처리하고 앞에 '[지은이]'라고 표시하였다.

3. 지은이가 언급한 책들 중 번역본이 출간된 경우 번역서 제목을 따랐고, 번역본이 없는 경우에는 옮긴이가 번역했다.

4. 제목 표기 시, 단행본에는 『 』를, 논문·단편소설·시에는 「 」를, 잡지·신문 등 정기간행물에는 《 》를, 영화·연극·미술작품·방송 프로그램명에는 〈 〉를 사용했다.

5. 옮긴이가 본문 중에 보충설명을 넣을 때는 [ ]를 사용했다.

6. 외국 인명 및 지명 표기는 국립국어원에서 펴낸 외래어 표기법을 원칙으로 하되, 국내에서 널리 사용되는 인명은 관행을 따랐다.

반정부인사이자 정당정치인, 정치가, 조정자, 평화중재자였던

김대중 전 대통령(1924~2009)께 바친다.

한국의 독자들에게

나의 책 『브루스 커밍스의 한국전쟁』의 한국어판 출간을 맞으니 기쁘기 그지없다. 나는 2010년 6월 한국전쟁 발발 60주년을 맞이하여 랜덤하우스 출판사의 조너선 제이오로부터 이 책을 써보라는 요청을 받았다. 그와 나는 그해 북한과 남한이 서해 도서에서 서로 포격을 주고받는 분쟁으로 다시 위기가 발생하리라고는 예상하지 못했다. 2017년 여름과 가을에 이번에는 몹시 불안정한 핵전쟁 위협과 더불어 한반도가 다시 전쟁에 가까운 상황에 빠지게 되리라고 누구도 예상하지 못했을 것이다. 이 사건들만 생각해도 한국전쟁의 기원과 성격을 이해하는 것은 견문이 넓은 독자들에게 꼭 필요한 일이다.

이 책은 또한 미국의 북한 정책에 관한 공적인 논의에 기여하고자 하며, 한국전쟁 중 미국이 북한에 퍼부은 무제한 폭격에 특별히 관심을 둔다. 그 폭격으로 조선민주주의인민공화국은 달의 표면처럼 변했다. 북한 아이들은 가정과 학교에서 이 경험에 관해 거듭 교육받지만, 미국인들은 이에 관해 거의 모른다. 그런데도 미국 대통령 도널드 트럼프는 2017년 8월 북한을 겨냥하여 "화염과 분노"를 맛볼 것이라고 위협했으며, 9월 상원의원 존 매케인은 "절멸"이라는 망령을 불러냈다. 역사의식(혹은 예의)이 없는 정치인만이 그런 말을 할 수 있을 것이다. 왜냐하면 한국에서 다시 전쟁이 일어나면 북한만이 아니라 남한과 일본도, 아마도 미국 본토까지도 전쟁의 파고에 휩싸일 것이기 때문이다. 한국과 다른 모든 나라가 관련되어 있다. 과학자들이 증명한 바에 따르면, 소규모의 국지적 핵전쟁만으로도 여러 해 동안의 '핵겨울'이 초래되어 세계 도처에서 농작물의 작황 실패가 이어지고 결과적으로 수백만 명의 사람들이 굶주림에 처하게 될 것이다. (북한이 핵으로 미국인을 절멸하겠다고 빈번히 위협하는 것은 사실이다. 그렇다고 미국 대통령이 김정은과 같은 수준에서 말해야 하는가?)

미국인은 한국전쟁에 관여한 일에 관해서는 역사적 기억상실증을 보이는 경향이 있다. 그들에게 한국은 '잊힌 전쟁'이며 미국 공군의 북한 폭격은 일반적으로 알려지지 않았다. 부분적으로는 당시 국방부 검열관들이 그 폭격의 끔찍한 현실을 미국 국민이 모르도록 감추었기 때문이다. 그러나 이 경험은 북한에 건설된 '유격대 국가'의 탄생에 일조했다. 북한은 대규모 군대(전 세계에서 미군에 뒤이어 네 번째로 큰 군대)를 보유하며 국가 안보와 관련된 지하 시설이 1만 5000개가 넘는다. 미국인들이 1945년 일본의 패망까지 거슬러 올라가는 북한과의 대립에 관해 전반적으로 매우 무지하다는 사실이 내게는 심히 괴롭다.

한국전쟁은 일본의 한국 식민통치 시기(1910~45)의 특징이었던 계급 간의 분열과 항일투쟁의 분열에서 비롯한 내전이었다. 20세기에 이와 가장 비슷한 사건은 스페인내전이다. 두 전쟁은 수십 년 전에 시작된 그 주민들 간의 갈등이 구체화한 것이지만, 가장 큰 충돌은 일본에 저항했던 한국인과 일본에 협력했던 한국인 사이의 충돌이다. 그러나 특

히 미국에서는 그러한 해석을 들려줄 기회를 얻는 것조차 지극히 어렵다. 1950년 이후로 내내 미국 정부의 공식적인 견해는 김일성이 이오시프 스탈린의 지원을 받아 6월 25일 '국경'을 넘어 남한을 침공했다는 것이다('한국인들'이 '한국'을 침공한 것을 두고 미국은 이를 '적나라한 공격'이라고 부른다).

1990년대 내내 냉전사가들, 특히 미국의 냉전사가들은 기밀에서 해제된 옛 소련 문서에 주목했다. 심하게 제한되고 정치적으로 선별되어 해제된 이 문서들은 한국전쟁의 기원에 관하여 분명한 사실을 제시하는데, 이는 미국의 공식적 견해와 조금도 다르지 않다. 스탈린과 김일성이 도발이 없었는데도 남한을 대규모로 침공했다는 것이다. 한편 1990년대 남한과 남한 출신의 젊은 학자들은 이전에는 불법이었던 새로운 역사, 1950~87년 동안 언급하기만 해도 곧바로 감옥에 끌려갔던 역사, 당연히 불법이었던 그 역사를 발굴하고 있었다. 이제 1945~46년 한반도 전역에 퍼져 있던 좌익 인민위원회, 1946년 가을 남한 남부 지역에서 발생한 봉기, 제주도와 지리산의 반란, 1948년 여수-순천 반란, 남한 보안대와 우익 비정규 학살단이 자행한 수십만 명의 무고한 남녀와 아이들의 학살에 관하여 이야기하는 책, 논문, 문서, 구술사, 기타 자료가 무수히 많다. 이 사건들은 대부분 미국이 한국에서 군정을 실시할 때(1945~48)나 이러한 치안 세력을 직접 지휘할 때 발생했다(1948년 8월 15일부터 1949년 6월 30일까지, 그리고 1950년 7월부터 지금까지, 미국은 대규모 남한 군대를 지휘했다).

달리 말하자면 대한민국에서 한국전쟁은 근본적인 재평가 과정을 겪었다. 이제 그 전쟁은 1930년대로부터 기원한 내전으로, 그렇지만 나가사키가 원폭으로 사라진 다음 날(1945년 8월 9일) 분별없는 결정으로 1000년 이상 과거로 거슬러 올라가는 통일된 한국의 지속적인 역사에서 지리학자 말고는 아무도 주목하지 않았던 선, 즉 위도 38도선을 따라 경계를 그었던 미국의 유명한 관료 딘 러스크 때문에 피할 수 없게 된 전쟁으로 널리 알려지게 되었다. 미국 안에 존재하는 한국전쟁에 관한 지배적인 합의와 새로운 세대의 한국 학자 및 지도자들 사이의 이 근본적인 차이가 남한과 미국 사이가 점차 소원해지는 근본적인 원인이다.

또한 이 글을 쓰는 지금도 미국과 북한은 이전부터 계속 그랬듯이 서로 적대적이다. 북한이 어떤 이견도 허용하지 않는 비열한 국내 정책에서나 무력시위를 벌이는 외교정책에서나 공히 불온한 국가라는 것은 새로운 사실이 아니다. 그러나 시간을 두고 자세히 살펴보면, 북한이 이해할 수 있는 논리에 따라 작동하는 국가임을 알 수 있다. 나는 한국전쟁 이전과 한국전쟁 중에 그들이 지녔던 논리를 이해하려 했고, 여러 편의 글에서 1991년에 시작되어 지금까지 지속된 북한의 핵개발 프로그램을 둘러싼 미국과 북한 사이의 위기를 이와 연관 지어 설명했다. 나는 북한 지도자들이 만만치 않고 단호한 인간들이지만 신중하게 계산하고 추론한다는 점을 깨달았다.

핵 문제의 경우, 나는 지금도 북한의 플루토늄 비축을 8년간 전면 동결한 1994년 기본 합의가 훌륭하고 올바른 합의였다고 생각한다. 클린턴 행정부 말기에 미국과 북한은 북한의 미사일을 간접적으로 매수하는 다른 큰 타협에 이르기 직전이었다. 그러나 부시 행정부는 그 협정을 속행하지 않았으며, 2002년에 북한을 '악의 축'에 포함시키고 1994년 합의의 파기를 선언했다. 돌이켜보면 이는 부시의 파멸적인 이라크 침공에 버금가는 재앙에 가까운 결정이었다. 이토록 많은 어려움이 있지만, 나는 지금도 미국이 북한의 두 가지 중요한 요구, 즉 최종적인 평화협정을 체결하여 한국전쟁을 끝내고 조선민주주의인민공화국을 외교적으로 승인하라는 요구에 응한다면, 핵 위기는 빠르게 끝날 것이라고 믿는다.

제네바회담에서 미국 협상 책임자들이 북한과 한국과 협상하면서 이 전쟁을 끝낼 평화조약 체결을 거부한 지 60년이 넘었다. 1947년 2월 임시인민위원회로 알려진 북한의 첫 번째 중앙정부의 수장으로서 실질적인 권력을 행사한 김일성을 인정하지 않은 지는 70년이 넘었다. 이러한 불승인 정책은 북한 정권을 바꾸거나 제거하지 못했다. 미국 정부는 승인과 관계 정상화 정책이 결국 북한의 행태에 어떤 영향력을 행사할 수 있을지 깨달아야 한다. 그러나 다른 무엇보다도 동족상잔의 한국전쟁이 두 번 다시 일어나서는 안 된다.

이 책의 번역을 제안하고 결실을 맺도록 힘써준 출판사에 감사를 표하고 싶다. 수고한 편집자와 랜덤하우스의 조엘 듀에게도 감사를 드린다. 나의 영어를 이해하느라 힘들었을 역자에게 고마움과 미안함을 전한다. 바라건대 한국전쟁에 관한 나의 책이 한국 독자의 관심을 끌었으면 좋겠다.

2017년 10월
브루스 커밍스

차례

들어가며

이 책은 미국인이 미국인을 위해 쓴 한국전쟁에 관한 책이다. 그 분쟁은 기본적으로 한국인의 싸움이었지만, 미국에서는 미국인이 주된 행위자로 참여했던 1950년 6월에 시작하여 1953년 7월에 끝난 싸움이라는 별개의 분리된 이야기로 해석되었다. 미국은 선의 편으로 개입했고, 신속히 승리할 것 같았으나 졸지에 패했으며, 결국 근근이 버티다가 교착상태에서 전쟁의 끝을 맞이했다. 그 종결은 망각의 전조였다. 한국전쟁은 잊힌 전쟁, 전혀 알려지지 않은 전쟁, 버려진 전쟁이었다. 미국인은 그 전쟁을 장악하고 이기려 애썼지만, 승리는 그들의 손아귀에서 빠져나갔고 전쟁은 그들의 기억 속에서 잊혔다. 한 가지 주된 이유는 미국인이 적을 전혀 몰랐다는 것이다. 그리고 그들은 여전히 모르고 있다. 그래서 이 책은 대다수 미국인이 모르고 아마도 알고 싶지 않은 진실을, 때로는 미국인의 자긍심을 해칠 만큼 충격적인 실상을 밝히려 한다. 그렇지만 오늘날 민주화되고 역사 인식의 수준이 높은 남한에서 그 진실은 평범한 지식이 되었다.

2010년은 일반적으로 이해되는 한국전쟁 발발의 60주년이 되는 해이며, 동시에 일본이 한국을 식민지로 삼은 지 100주년이 되는 해이다. 이 전쟁은 오래전 일본제국의 역사 속에서, 특히 1931년 중국 북동부

(이른바 만주)에서 일본의 공격이 시작되었을 때 배태되었다. 일본이 한국을 식민지로 삼으려는 야심을 품은 것은 아시아 최초의 근대 강국으로 떠오르던 시기였다. 일본은 조선의 큰 농민반란[동학농민봉기]을 구실로 1894년 청나라에 전쟁을 도발하여 1년 뒤에 승리했다. 일본은 다시 10년간 조선을 두고 러시아 제국과 경쟁을 벌이다가 전격적인 해전과 지상전에서 대승을 거두었다. '황인종' 국가가 '백인' 국가를 격파했다고 세계가 충격에 빠졌다. 일본은 1905년에 조선을 보호국으로 삼았고, 1910년에 모든 강국들, 특히 미국의 축복을 받으며 식민지로 삼았다(시어도어 루스벨트 대통령은 일본 지도자들의 기술과 "사내다움"에 찬사를 보냈고, 일본이 조선을 근대로 이끌 것이라고 생각했다).

한국은 세계사적 시간대에서 '뒤늦게' 출현한 이상한 식민지였다. 세계의 대부분에서 식민지 분할이 완료된 후였고 식민지 체제 전체의 해체를 요구하는 진보적인 목소리들이 등장한 이후였기 때문이다. 게다가 한국은 대다수 다른 나라들보다 훨씬 일찍 독립국가의 요건을 대부분 갖추었다. 공통의 민족성, 언어, 문화를 지녔고, 국경은 10세기 이래로 확고하게 인정되고 있었다. 그래서 일본은 1910년 이후 그것들을 대체하는 데 전념했다. 조선의 양반 관료를 일본인 통치 엘리트로 교체했고(조선인 관료들은 포섭되거나 면직되었다), 옛 행정부를 대신하여 강력한 중앙정부를 설치했으며, 유교 고전 교육을 일본의 근대식 교육으로 바꾸었고, 최종적으로 언어까지 일본어로 대체했다. 한국인들은 일본의 이러한 대체가 전혀 고맙지 않았고, 일본이 새로운 것을 들여왔다고 인정하지 않았다. 오히려 일본이 자신들의 유서 깊은 제도, 주권과 독립, 비록 태동기에 있었지만 자생적인 근대화, 그리고 특히 민족의 존엄성을 앗아갔다고 보았다.

따라서 일부 다른 식민지 원주민과 달리, 한국인은 대부분 제국의 지배를 오로지 불법적이고 굴욕적인 것으로만 여겼다. 게다가 두 민족이 (지리적으로나, 동일한 중국 문명권에 영향을 받았다는 점에서나, 그리고 19세기 중반까지는 발전 수준에서도) 매우 가깝고 비슷했기 때문에, 일본의 지배는 한국인에게 더욱 쓰라렸고 두 민족의 관계는 유달리 격렬했다. 증오와 존경을 오가는 그 감정이 한국인에게 암시하는 바는 이렇다. "단지 역사의 우연 때문에 우리는 함께 간다." 결과적으로 한국도 일본도 이를 극복하지 못했다. 북한에서는 수많은 영화와 텔레비전 드라마가 여전히 식민통치 시기에 일본인이 자행한 잔학 행위에 초점을 맞추고 있고, 선전용 현수막들은 주민에게 "항일 유격대원처럼 살라"고 권고하며, 정부가 일제 부역자로 여긴 자들의 후손은 수십 년 동안 극심한 차별을 받았다. 그러나 남한은 부역자를 거의 처벌하지 않았다. 한편으로는 미군 점령기 (1945~48)의 군정이 많은 부역자를 재고용했기 때문이고, 다른 한편으로는 공산주의와의 싸움에서 그들이 필요했기 때문이다.

그러므로 한국전쟁은 1930년대 만주에서 10년간의 전쟁으로 이어진 일본과 한국 간의 적대 관계를 물려받았으며, 그런 의미에서 거의 80년이 지속된 것이다. 이 대립이 도대체 언제 끝날지는 아무도 모른다. 도쿄와 평양에는 각각 태평양전쟁의 침략자와 희생자의 손자들이 권력을 잡고 있으며, 여태껏 전혀 화해하지 않았다. 일반적으로 이해되는 한국전쟁이 대다수 미국인에게 모호하다면, 더 오래된 이 충돌은 한층 더 분명치 않다. 이는 멀리 떨어진 이국에서 벌어진 싸움으로, 제2차 세계 대전에서는 명백히 부차적 의미만을 갖는 충돌이었다. 한편 평양에 자리 잡은 미국의 숙적은 이 80년간의 전쟁을 자신들의 방식대로 보고 인식 했다. 이는 늘 그대로였다. 그들은 자신들의 사회 전체를 조만간 기어코 승리를 거두자고 단호히 결심한 전투 기계로 만들었다. 그러나 1950년에 잠시 분명해 보였던 그 승리는 영원히 그들의 손아귀에서 벗어났다.

따라서 이 책은 잊혔거나 전혀 알려지지 않은 전쟁에 관한 책이며, 그러므로 역사와 기억에 관한 책이기도 하다. 주된 논제는 전쟁의 한국 적 기원, 이 충돌을 알려지기도 전에 묻어버린 1950년대 초 미국의 문 화적 모순, 제한전이라는 이 전쟁이 공중전과 지상전에서 보여준 혹독한 잔인성, 남한에서 이루어진 역사의 복원, 이 알려지지 않은 전쟁이 미국 의 세계적 위상을 바꿔놓은 방식, 그리고 역사와 기억이다.

1950~53년 동안 이어진 전쟁의 양상에 관한 기본적인 군사사軍事史 는 쉽게 제시할 수 있다. 이 분쟁이 다음의 세 단계로 분명하게 구분되 기 때문이다. 1950년 남한을 점령하기 위한 전쟁, 1950년 가을과 겨울에 북한을 두고 벌인 전쟁, 그리고 중국의 개입이 그것이다. 비록 전쟁은 참 호전 형태로 2년 더 지속되기는 했지만 중국의 개입으로 오늘날의 비무 장지대를 따라 고착되었다. 미국 문헌에서 잘 다룬 것이 있다면, 바로 이 군사사이다. 이를테면 로이 애플먼이 쓴 [미군의] 공식 역사서와 클레이 블레어의 훌륭한 『잊힌 전쟁The Forgotten War』, 그리고 그 외의 여러 저작 을 예로 들 수 있다. 그밖에 많은 구술사와 회고록이 나와 있어서 전쟁 에 참여했던 미군 병사들에 관해 알려준다. 그들은 대부분 자신이 신의

버림을 받아 그 전쟁에, 그 땅에 들어갔다고 생각했다.

미국인이 가장 모르는 것은 그 전쟁이 섬뜩하리만큼 지저분했다는 것이다. 여기에는 민간인 학살의 더러운 역사가 끼어 있는데, 북한을 극악무도한 테러리스트로 보는 미국의 생각과 달리, 그 최악의 범죄자는 겉보기에 명백히 민주주의 체제였던 동맹국 남한이었다. 영국인 저자 맥스 헤이스팅스는 공산주의자들의 잔학 행위 때문에 국제연합이 한국에 "오늘날까지 지속된 도덕적 정통성"을 부여했다고 썼다.[1] 그렇다면 남한의 잔학 행위는? 오늘날 역사가들은 남한의 잔학 행위가 훨씬 더 많았음을 알고 있다. 얄궂게도 이렇게 혼란스러운 경험은 《라이프 *Life*》나 《새터데이 이브닝 포스트 *The Saturday Evening Post*》, 《콜리어스 *Collier's*》 같은 당대의 대중잡지에서 크게 다루어졌다. 그러다가 더글러스 맥아더의 검열이 시행되자 금지되고 묻혀 50년간 잊혔다. 그래서 지금도 남한의 잔학 행위를 거론하는 것은 편견이자 균형을 잃은 것처럼 보인다. 그렇지만 남한의 잔학 행위는 오늘날까지 그 전쟁에서 가장 잘 기록되어 있는 부분 중 하나이다.

나는 이미 한국전쟁에 관해 많은 글을 썼다. 이 책은 일반 독자를 위해 그 내용을 압축하고 새로운 주제와 견해, 논점을 덧붙인 것이다. 다른 역사가들이 비슷한 짧은 책에서 주석과 출처에 구애받지 않으면서 자신의 견고한 해석을 제시했던 것처럼, 나도 자신감을 갖고 차분하게 쓸 수 있으면 좋겠다. 그러나 이 전쟁에 관해서는 아직도 많은 것이 논란거리이고 격렬한 논쟁의 대상이며 강하게 긍정되거나 부정되고 있다 (아니면 그저 알려지지 않았다). 또한 내 생각도 동료 학자들에게 많은 빚을 겼기에, 소소하게나마 후주를 붙여 중요한 문서를 인용하거나 참고문헌 목록에서 쉽게 참고할 수 있게 했다. (본문에서 참고문헌에 있는 책의 저자를 언급한 경우 주석을 생략했다.) 그 책들은 이 잘 알려지지 않은 전쟁에 관해 더 많이 알고 싶은 독자에게 풍부한 통찰력과 논거를 제공한다. 미군 참전용사들은 점차 수가 줄고 있다. 그들에게 나는 고개 숙여 예를 표한다. 그들은 이 전쟁이 곧 끝날 것이고 따라서 너무 늦기 전에 그때 맞서 싸웠던 북한 사람들을 다시 만날 수 있으리라는, 그래서 이제는 그들과 평화롭게 지울 수 없는 기억을 나누고 서로의 인간애를 재발견할 수 있으리라는 열렬한 희망이자 보답 없는 과제를 짊어진 이들이기 때문이다.

이 책의 증거가 되는 토대에 관해 한 마디 더 하겠다. 사료를 어떻게 평가할 것인가? 이전에는 기밀이었던 미국의 자료로부터 남한의 감옥에 수만 명의 정치범이 억류되어 있었다거나 경찰이 파시스트 청년단체들과 협력했다거나 이들이 단순히 좌익 성향이 의심된다는 이유만으로 자국 시민을 학살했다는 사실이 드러나면, 이는 결정적인 증거가 된다. 당시 현장에 있던 미국인들이 가까운 동맹국이 행한 이러한 일들을 감추려 했다고 추정할 수 있기 때문이다. 수십 년간의 군사독재정권 시절에 아무도 감히 정치적인 대량학살에 관해 말하지 못했다면, 그리고 똑같이 오랜 기간 동안 아래로부터 이 독재자들을 축출하려 투쟁을 벌인 후에 민주주의 체제에서 성장한 새로운 세대가 이러한 학살을 면밀히 공들여 조사했다면, 그 증거가 정부의 성명보다 훨씬 더 중요하다. 정부는 그런 일은 일어나지 않았다거나 설령 일어났다고 해도 수뇌부의 명령은 확인할 수 없다는 취지의 성명을 발표했다(불행하게도 이는 최근 남한에서 드러난 일들에 미국 국방부가 보여준 전형적인 대응이다). 역사적 증거가 지구상 최악의 참을 수 없는 독재 체제라는 지금의 북한 이미지와 모순된다면, 그것은 미국인들이 왜 한국에서 군사적 승리가 불가능했는지 이해하는 데 도움이 될 것이다.

한반도

소련

블라디보스토크

중국

나진

청진

혜산진

압록강

만포진

강계

부전호

수풍호

초산

장진호

단둥

희천

압록강

신의주

운산

청천강

함흥

흥남

신안주

평양

원산

대동강

임진강

비무장지대

신천

사리원

해주

철원

개성

판문점

인제

38도선

옹진반도

의정부

춘천

서울

강릉

인천

수원

원주

동해

대전

영동

포항

군산

전주

낙동강

대구

경주

황해

광주

진주

마산

부산

목포

여수

거제도

대마도

혼슈

일본

시모노세키

후쿠오카

제주도

규슈

0   100 mi

0   100 km

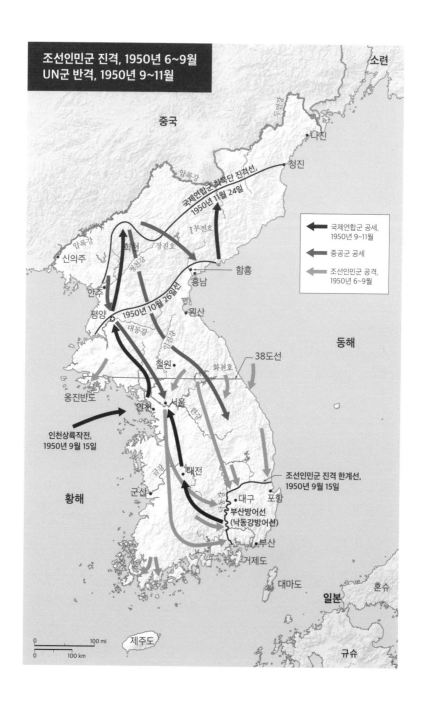

조선인민군 진격, 1950년 6~9월
UN군 반격, 1950년 9~11월

소련

중국

나친

청진

압록강

국제연합군 최북단 진격선,
1950년 11월 24일

부전호

신의주

희천

장진호

안주

청천강

흥남

함흥

평양

대동강

1950년 10월 26일선

원산

동해

철원

화천호

38도선

옹진반도

인천

서울

한강

인천상륙작전,
1950년 9월 15일

황해

대전

금강

조선인민군 진격 한계선,
1950년 9월 15일

군산

대구

포항

부산방어선
(낙동강방어선)

부산

거제도

대마도

일본

혼슈

0   100 mi
0   100 km

제주도

규슈

국제연합군 공세,
1950년 9~11월

중공군 공세

조선인민군 공격,
1950년 6~9월

북한 타격 공중전

선양

중국

투먼   훈춘

소련

회령

무산   나진

청진

압록강   혜산진

만포진
강계

성진

장진호   부전호

수풍호

수풍댐

미그 앨리

단둥   신의주
구성저수지

회천

함흥

흥남

청천강

신안주   자산저수지
순안   순천
덕상저수지
권가저수지   덕산저수지
평양   원산

신남포   대동강

임진강

황해

동해

철원   화천호

해주   개성   38도선
옹진   판문점

서울

인천   한강

0   50 mi
0   50 km

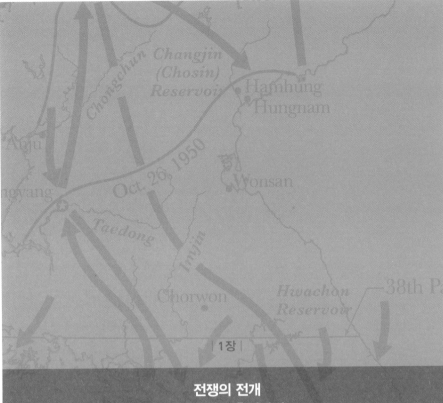

1장

전쟁의 전개
: 발발에서 휴전까지

모스크바에서 버락 오바마 대통령이 가까운 장래에 한국전쟁이 다시 발발할 것인가를 묻는 학생의 질문에 적당히 대처하던 그날(2009년 7월 7일), 여러 신문에는 로버트 스트레인지 맥나마라의 사망에 관한 논평이 가득했다.《뉴욕타임스》의 편집인들과 그 신문의 가장 뛰어난 기고자 중 한 사람인 밥 허버트는 맥나마라가 베트남전쟁에서 이길 수 없다는 것을 알면서도 수만 명의 미국 청년을 사지로 내몰았다고 비난했다. 허버트는 이렇게 썼다. "도대체 어떻게 거울 속의 제 얼굴을 쳐다볼 수 있었는가?" 이들은 모두 그 전쟁 자체가 크나큰 실수였다고 여겼다. 그러나 만일 맥나마라가 남베트남을 안정시키고 그 나라를 영구히 분단 상태로 (말하자면 "전기 울타리"를 써서) 만들 수 있었다면, 수천 명의 미군이 아직도 그곳의 비무장지대를 따라 주둔하고 있을 것이며 하노이에는 여전히 악이 버티고 있을 것이다. 맥나마라는 또한 제2차 세계대전 당시 일본 도시들에 대한 소이탄 폭격을 계획할 때 소소한 역할을 했다. 맥나마라는 이렇게 물었다. "실패하면 부도덕하고 성공하면 부도덕하지 않은 것 아닌가?" 맥나마라와 그 공습의 지휘관이었던 커티스 르메이 같은 자들은 "전범처럼 행동하고 있었다." 맥나마라는 베트남전쟁의 패배에서 이러한 교훈을 끌어냈다. 우리는 적을 몰랐다. 우리는 "공감"이 부족했다(우리는 "그들의 마음속으로 들어가 그들의 눈으로 우리를 바라보아야" 했지만, 그렇게 하지 못했다). 우리는 자신의 가정에 얽매인 눈먼 포로였다.[1] 한국에서 우리는 지금도 마찬가지다.

한국은 오래된 나라이다. 지구상에서 영토의 경계, 민족, 언어가 1000년 넘게 변하지 않은 몇 안 되는 나라 중 하나이다. 한국은 중국 옆에 있으며 그 나라로부터 깊은 영향을 받았지만 늘 독자적인 문명을 유지했다. 이 점을 아는 사람은 거의 없지만, 가장 예리한 관찰력을 지녔던 기자 레지널드 톰프슨은 정확하게 지적했다. "중국의 사상과 법은 한국이라는 직물을 엮어낸 실이다. (…) 로마의 법이 영국을 만든 것과 같다." 한국이 단지 '작은 중국'이라거나 일본으로 불교와 유교 문화를 전달한 중간 지역에 불과하다는 진부한 평가와, 이탈리아나 프랑스가 독일과 다른 것만큼이나 한국이 일본이나 중국과 다른 민족이자 문화라는 것 사이에는 분명한 차이가 있다.

한국은 또한 수백 년 동안 유지된 사회구조를 지녔다. 500년간 지속된 지난 왕조에서 대다수 한국인은 농민이었고, 그들 대부분은 세계적으로도 매우 완강한 귀족[양반]의 소유지를 경작한 소작농이었다. 많은 이들이 노비였는데 세대를 거쳐 신분이 세습되었다. 국가는 상인의 활동을 억압했고, 그래서 상업을 비롯해서 중간계급의 새싹이라 할 만한 것은 무엇이든 거의 발전하지 못했다. 이 기본적인 조건, 즉 특혜를 받은 지주계급과 하층 농민대중, 그리고 양자 사이의 관계에서 변화의 부재는 20세기 식민주의 시대까지 지속되었다. 일본이 1910년 조선을 지배하기 시작한 이후에 현지 지주 세력을 통해 움직이는 것이 유용함을 깨달았기 때문이다. 그래서 국가의 분단과 동란, 전쟁의 위기 속에서, 한국인들도 이렇게 오래된 불평등을 교정하려 했다. 그러나 양반이라는 이 귀족이 오로지 착취를 통해서만 여러 위기를 연이어 극복하고 오랫동안 존속해온 것은 아니다. 양반은 사대부(학자이자 관료인 엘리트층)와 관리를 키워냈고 훌륭한 치국책과 화려한 예술 작품을 생산했으며 청년을 교육했다. 비교적 개방적이었던 1920년대에 양반가의 많은 젊은이들이 상업, 공업, 출판, 학문, 영화, 문학, 도시의 소비 부문에 진출했다. 새롭게 싹트던 이 엘리트층은 순조롭게 조선의 독립을 이끌 수도 있었을 것이다.[2] 그러나 1930년대의 전 세계적인 경기 침체와 전쟁, 가중되는 일본의 억압으로 이 과정은 대부분 파괴되었고, 조선의 많은 엘리트들은 변절하여 부역자가 되었으며, 애국자들에게는 무장 저항 이외에 다른 대안이 없었다.

한국은 한국전쟁 중에 현대사의 밑바닥까지 떨어졌지만, 한국에서 일한 수많은 미국인 중 대부분에게는 그때 그곳에서 무엇을 보았는가에 따라 한국에 대한 인상이 결정되었다. 외국인과 미군 병사들은 오물과 진창, 불결함을 목격했지만, 톰프슨이 본 마을들에는 "순수한 매력이 있었다. 지붕의 기와는 처마 끝과 구석에서 위로 굽었으며 (⋯) 여성들은 선명한 색들, 심홍색과 수박 과육 같은 연분홍색, 밝은 선녹색의 옷으로 단단히 몸을 감싸 통 모양으로 보였다." 레지널드 톰프슨은 세계 곳곳을 돌아다닌 반면에, 미군 병사들은 대부분 조국을 떠난 적이 없었고 아마도 고향 밖으로 나간 적도 없었을 것이다. 1950년에 그가 지녔던 유리한 관점은 사실상 이런 얘기를 해주었을 것이다. 여기에 베트남 이전의 베트남전쟁이 있다. 황인종, 네이팜탄, 강간, 매춘부, 신뢰할 수 없는 동맹군, 교활한 적, 수뇌부 장군들도 거의 이해하지 못한 전쟁을 기본적인 훈련도 받지 못한 채 수행하는 미군 병사들, 고의적인 아군 상관 살해,[3] 아무것도 모른 채 집으로 돌아가는 민간인에 대한 경멸, 사랑하는 사람들에게도 설명할 수 없는 지독한 전투, 코미디언이나 미치광이가 작성했을 법한 더글러스 맥아더 장군 사령부의 언론 발표문, 일본 제국주의의 하수인들이 지배하는 탐욕스러운 독재정권에 자유와 권한을 주는 과정이 그렇다. 톰프슨은 이렇게 썼다. 민주주의를 안착시키려는 것은, "발전 없이 발전의 결과를" 얻으려는 것은 "얼마나 허무맹랑한 일인가?" 톰프슨의 생각에 북한을 막아냈을 때의 유일한 결과는 "정복과 식민화"까지는 아니어도 장기적인 점령이 될 것이었다.

재래식 전쟁이 시작되다

미국인이 알기로 이 전쟁은 한국 시간으로 1950년 6월 24일에서 25일로 넘어가는 밤, 서울 북서쪽의 외지고 접근하기 힘든 옹진반도에서 시작했다. 그곳은 1949년 5월의 국경 전투가 시작됐던 곳이기도 하다. 독립적인 시각을 지닌 관찰자들이 없던 까닭에, 남북 양측은 그 이후로 내내 상대방이 먼저 공격했다고 주장했다. 1949년의 길고 뜨거웠던 여름, 임박한 충돌을 배태하고 있던 당시에 남한은 병력을 10만 명까지 확충했다. 북한이 1950년 초나 되어야 다다를 수 있었던 병력 규모였다. 미군 전투서열 자료를 보면 1950년 6월경 양쪽 군대의 병력은 거의 대등했다. 6월 초 맥아더의 정보과는 북한군 병력을 조선인민군 7만 4370명과 국경경비대 2만 명가량으로 확인했다. 남한군 전투서열에 따르면 병력은 총 8만 7500명으로 이 중 3만 2500명은 국경에, 3만 5000명은 38도선에서 하루 행군 거리인 35마일[약 56킬로미터] 이내에 있었다. 그러나 이 자료는 북한군, 특히 중국내전을 마치고 돌아온 대규모 파견대의 월등한 전투 경험을 설명해주지는 않는다. 북한은 또한 소련의 T-34 전차 150대를 보유했으며, 전투기 70대와 경폭격기 62대의 작지만 유용한 공군력을 보유했다. 이는 1948년 12월 소련군이 철수할 때 남겨둔 것이거나, 1949~50년(북한에서 전쟁채권 판매 운동이 몇 달간 지속되었을 시기)에 소련과 중국에서 구입했을 것이다. 좀 더 멀리 떨어진 내륙에 남은 남한군은 약 2만 명뿐이었다. 이는 남쪽의 유격대가 소탕된 것으로 보이자, 이후 1950년 초 몇 달 동안 북쪽의 38도선을 향해 상당수의 병력이 재배치된 결과였다. 북한군도 1950년 5~6월에 남쪽으로 병력을 이동시켰다. 하지만 조선인민군의 많은 부대(적어도 1/3)는 임박한 침공을 알지 못했고 따라서 6월 25일 전투에 동원되지 않았다. 게다가 당시 수많은 조선인 병력이 중국에서 여전히 싸우고 있었다.

침공 일주일 전, 존 포스터 덜레스는 서울과 38도선을 방문했다. 그당시 덜레스는 순회대사이자 공화당의 유력한 국무부 장관 후보로서, 해리 트루먼이 공화당으로부터 "누가 중국을 잃었나?" 전략으로 공격받은 이후에 시도한 초당적 협력의 상징이었다. 이승만은 그와 만났을 때 미국이 한국을 직접 방어해달라고 강력히 요구했을 뿐만 아니라 북한을 공격할 것을 주장했다. 덜레스가 총애한 기자 중 한 사람인 윌리엄 매슈스는 그곳에 있었고, 그 만남 직후에 이렇게 썼다. 이승만은 "한국의 통일을 과격하게 옹호했다. 그는 곧 통일이 되어야 한다고 솔직하게 얘기했다. (…) 이승만은 북쪽 땅으로 쳐들어가는 것이 옳다고 주장했다. 며칠 만에 성공할 수 있다고 생각했다. (…) 그는 우리의 도움을 받아 그럴 수 있다면 그렇게 할 것이다." 매슈스는 이승만이 "전면전을 초래"하더라도 공격하겠다고 말했다고 썼다. 이 모든 것은 이승만의 도발적인 행동을 보여주는 또 다른 증거이지만, 이는 그가 이전에도 여러 번 제기했던 북진 위협과 다르지 않았다. 덜레스의 방문은 이승만에게 이로웠지만, 두 사람이 공모했다는 증거는 없다.⁴ 그러나 북한 사람들은 무슨 생각을 했을까?

한국전쟁이 끝난 후 어느 세미나에서 한 역사가가 트루먼 정부의 국무부 장관 딘 애치슨에게 한 질문이 바로 그것이다. "딘 씨, 당신은 그 [덜레스]의 방문이 공격을 도발하지 않았다고 확신합니까? 전 그렇게 생각하진 않지만, 이 점에 관해서는 여러 의견이 있습니다. 당신은 이 문제에 관하여 아무런 의견도 없습니까?" 애치슨은 무표정한 얼굴로 답했다. "그렇습니다. 그 문제에 관해서는 의견이 없습니다." 그러자 조지 케넌이 끼어들었다. "이 문제에는 우스운 측면이 있습니다. 제 생각에는 이들이 그곳을 방문하여 쌍안경으로 전초기지 너머 소련 사람들을 살폈기 때문에, 틀림없이 소련은 우리가 그들의 계획을 알고 있다고 생각하면서 크게 동요했을 겁니다."

애치슨은 이렇게 답했다. "그렇네요. 중절모자를 쓰고 벙커에 서 있는 포스터라니, 정말 재밌는 모습이군요."⁵ 북한 정부는 그 사진을 열심

38도선 너머를 바라보는 존 포스터 덜레스(1950년 6월 19일). 오른쪽에 햇볕가리개 모자를 쓴 이가 국방부 장관 신성모이고, 그 뒤에 중절모자를 쓴 이가 외무부 장관 임병직이다. (미국 국립기록보관소U.S. National Archives)

히 퍼뜨렸다.

　같은 시기에 노련한 기업가인 박흥식이 도쿄에 모습을 드러내고《오리엔탈 이코노미스트*The Oriental Economist*》와 대담을 했다. 발행일은 한국전쟁 발발 전날인 1950년 6월 24일이었다. 한국경제사절단(즉 마셜플랜) 고문으로 소개된 그는 "일본인 친구와 지인이 많다"고 알려졌다(이는 다소 과소평가한 것이다. 박흥식은 남쪽과 북쪽에서 공히 일본 제국주의에 협력한 가장 악명 높은 부역자로 여겨졌다). 1945년 해방 이후 한국에서는 반일 정서가 크게 분출했다. 박흥식의 말에 따르면 "수많은 혁명가와 민족주의자"가 귀국했기 때문이었다. 그러나 1950년경에는 "그들은 흔적도 없이 사라졌다." 대신 남한은 38도선에서 "평화의 보루로서 처신"했고, "국방을 책임지는 주요 인사들은 대부분 일본 육군사관학교 졸업생들이다." 한국과 일본은 "서로 협력해야 할, 공존해야 할 운명"이었고, 따라서 악감정은 "내버려야" 했다.

박흥식의 말에 따르면, 현재의 문제는 유감스럽게도 "전쟁 이전 시절에는 일본, 만주, 한국, 대만이 경제적으로 결합하여 하나의 유기적 통일체를 이루었던 데 반해, 지금은 경제적 통일성이 부족하다"는 것이었다. 박흥식은 일본 식민주의 사상을 체현한 인물이었다. 조선인으로 태어난 것이 유일하게 불행한 운명이었지만, 극복할 수 없는 것은 아니었다. 박흥식과 김일성에게 1930년대는 **시작**이었다. 박흥식에게는 엄청난 사업 기회가 열렸고(박흥식은 서울에서 최초의 미국식 백화점인 화신백화점을 창립했다), 김일성에게는 상상할 수 없을 정도로 고된 투쟁의 10년이 시작되었다. 이 시작 이후, 1930년대에 한국의 젊은 지도자들 중 일본과 협력하기로 결심한 편과 저항하기로 결심한 편 사이에 내전이 벌어질 것은 충분히 예상 가능했고 아마도 불가피했을 것이다.

전쟁은 1950년 6월 마지막 주말에, 아직까지도 알아내야 할 것이 많은 그 주말에 찾아왔다. 북한이 1950년 6월이 되기 여러 달 전에 남북 간의 분쟁을 재래전의 차원으로 확대하기로 결정했다는 것은 이제 소련 문서에서 분명하게 드러난다. 남한에서 결말 없이 진행되는 유격전에 지쳤기 때문에, 그리고 아마도 1949년에 발생한 남쪽의 여러 차례의 도발을 구실로 삼아 이승만 정권을 무너뜨리고 싶었기 때문에 그렇게 결정했을 것이다. 대만의 장제스 정권을 겨냥한 미국의 은밀한 쿠데타 계획의 완성은 그 주말을 복잡하게 만들었다. 딘 러스크는 1950년 6월 23일 저녁 뉴욕의 플라자 호텔에서 몇몇 중국인들과 만났다. 그들은 중국공산당의 임박한 침공 위협에 시달리는 장제스 정권을 다른 정권으로 대체하기를 바랐다. 러스크와 애치슨은 대만의 지도자로 믿을 만한 사람을 원했다. 그래야만 대만을 [중국] 본토의 통제에서 벗어나게 하려는 자신들의 은밀한 소망이 트루먼이 당당하게 지지할 수 있는 정부의 구성으로 이어질 것이기 때문이었다.[6]

옹진전투는 6월 25일 오전 3~4시경 시작되었다. 최초의 정보 보고서는 어느 쪽이 전투를 시작했는가에 관해 결론을 내리지 못했다. 나중에야 공격 부대는 조선민주주의인민공화국 국경경비대 제3여단의 일부였고 오전 5시 30분 막강한 제6사단이 이에 합류했다고 알려졌다. 미국의 공식 역사에 따르면, 거의 동시에 철원 남쪽 38도선에 주둔한 조선인민군이 남한군 제7사단 제1연대를 공격하여 큰 타격을 입혔다. 제7사단은 무너졌고, 조선인민군 제3사단과 제4사단이 기갑여단을 동반하여 밀고 들어와 서울을 향해 기세 좋게 진격했다. 그러나 남한의 자료에 따르면, 제17연대가 옹진반도에서 반격을 가했으며 해주를 점령하고 있었다. 해주는 38도선 이북에서 남한군이 점령했다고 주장하는 유일한 중요 지점이었다.

미국의 한국전쟁 공식 역사가인 로이 애플먼은 제임스 하우스먼의 설명에 의존했는데, 하우스먼은 옹진반도에서 시작된 전쟁 발발에 관하여 마음에 들지 않는 부분을 많이 삭제하고 설명했다. 하우스먼은 훗날 템스 텔레비전의 다큐멘터리 제작자에게 자신의 좋은 친구인 백인엽(백선엽의 동생)이 옹진의 지휘관이었으며, "전쟁이 발발했을 때 알다시피 그는 그곳에서 방어선을 지켰을 뿐만 아니라"(38도선 너머로) "반격도 가했다"고 말했다. 하우스먼은 이어서 "남한이 이 전쟁을 시작했다고 생각하는 자들"에 대해 "내 생각에…… 내 생각에는 그들이 틀렸다"라고 말했다. 국제연합 감시단의 일원이었던 오스트레일리아인 제임스 피치 대령은 마찬가지로 템스 텔레비전과 인터뷰에서, 옹진의 지휘관 백인엽이 제17연대("쌍호雙虎부대") 전투단을 이끈 "행동파 인간"이라고 전했다. "나는 무슨 일이 일어나고 있는지 전혀 몰랐다. 해주에 관해서는 여전히 약간 수수께끼 같은 점이 있다. 나는 해주를 공격한 것이 백인엽과 그의 부하들인 제17연대일 수도 있다고 생각한다. (…) 우리는 전쟁이 한동안 진척될 때까지 그에 관해 아무런 이야기도 듣지 못했고, 나는 무슨 일이 일어나고 있는지 전혀 몰랐다. 그들이 그곳을 공격했고 북한군이 응수했다는 이야기가 있었다." 피치는 뒤이어 이 해석이 합리적이라고 생각하지 않는다고 말했다. (만약 남한군이 공격했다면 그것은 "백인엽과 그의 부하들"이라고 말한 것에 주목하라. 북한군이 똑같은 일을 하면, 그것은 흉악무도한 침략이다.)[7]

6월 25일 제17연대 병사들이 해주를 점령했는지, 나아가 옹진에서 전투를 먼저 시작했는지에 관해서는 기존의 증거가 양쪽을 다 가리키고 있기 때문에 여전히 결론이 나지 않았다. 그러나 남한이 전면적인 침공을 개시했다는 북한의 주장을 뒷받침할 증거는 전혀 없다. 최악의 경우에, 1949년에 여러 차례 발생했듯이 38도선 너머로 소규모 공격을 시도한 일이 있었을 수도 있다. 실제로 일어난 일이 무엇이든, 북한은 전면 침공으로 대응했다.

공격하는 조선인민군 부대의 남쪽에는 한국군 제7사단이 있었는데, 사령부는 침공 통로의 중요 지점이었던 의정부 읍에 자리를 잡았다. 제7사단은 6월 26일 아침에도 병력을 전투에 투입하지 않았는데, 아마도 열차로 대전에서 북쪽으로 올라오고 있던 제2사단의 병력 보강을 기다렸기 때문일 것이다. 그날 늦게 도착한 제2사단은 맥없이 무너져 혼란에 빠졌다. 6월 26일 오후와 저녁에 바로 그 의정부 통로에 뚫린 구멍으로 북한군이 쏟아져 들어왔고, 이로써 수도가 위태로워졌다. 현장에 있던 한 미국 공무원은 훗날 "제2사단의 전투 실패"가 서울을 빠르게 빼앗긴 주된 원인이라고 썼다. 북한군이 다가오는 상황에서 남한군 부대는 폭동을 일으키거나 도주했다. 이유는 상대적인 화력 부족, 불충분한 훈련, 일본에 봉사했던 장교들의 전력 등 여러 가지였는데, 궁극적으로는 이승만 정권이 인기가 없었기 때문이기도 했다. 이승만 정권은 1950년 5월 30일 실시된 상당히 자유로운 선거[제2대 국회의원 선거]에서 중도파에 거의 패배할 뻔했다.

대통령 이승만은 일찍이 일요일 저녁에 고위 관료들과 함께 서울을 떠나려 했고, 6월 27일 남한군 사령부 전체가 동맹국인 미국에 알리지 않고 서울 남쪽으로 이전했다. 그래서 서울 북쪽에서 적과 교전하던 부대는 후방 연락선을 잃었으며, 군대와 주민 모두 낭패를 보았다. 이튿날 남한군 사단들은 대부분 사령부를 뒤따라 수도 남쪽으로 철수했고, '뚱보' 장군 채병덕은 경고 없이 한강대교를 폭파하여 다리를 건너고 있던 수백 명을 죽게 만들었다. 이 어이없는 짓은 널리 알려진 사실이다. 그날

늦게 대통령 이승만은 특별열차를 타고 남쪽으로 떠났다. 대전전투 중에 이승만은 그곳에 머물러 죽을 때까지 싸우겠다고 맹세했지만, 곧 다시 열차에 올라타 남쪽의 항구 목포로 향했고 거기서 배편으로 부산을 향했다. 부산에 도착한 뒤로는 내내 방어선 안쪽에 머물렀다.[8] 군대의 사기는 증발했고, 민간인들은 공포에 사로잡혔다. 서울은 약 3만 7000명의 북한군 공격 부대에 함락되었다. 6월 말에는 남한군 병력의 족히 절반은 사망했거나 포로가 되었거나 행방불명이 되었다. 오로지 두 개 사단만이 장비와 무기를 갖추고 있었고, 나머지 전부(전체의 약 70%)는 전장에서 버려졌거나 분실되었다.

남한의 저항이 빠르게 사실상 완전히 무너지자, 미국의 무력 개입이 촉발되었다. 국무장관 딘 애치슨이 결정을 주도했고, 이에 따라 곧 미국의 공군과 지상군이 전투에 투입되었다. (워싱턴 시간으로) 6월 24일 밤, 애치슨은 트루먼 대통령에게 전투 사실을 알린 뒤 한국 문제를 국제연합에서 다루기로 결정했다. 대통령에게는 이튿날까지 워싱턴으로 돌아올 필요가 없다고 말했다. 6월 25일 저녁 백악관 긴급회의에서 애치슨은 대한민국에 대한 군사 지원을 늘리고 공군으로 미국인의 철수를 호위해야 한다고, 그리고 제7함대를 대만과 중국 본토 사이에 배치하여 공산주의자들의 대만 침공을 미연에 방지하자고 주장했다. 이로써 중국은 분할되었고, 대만은 지금까지 중화민국이 지배하고 있다. 6월 26일 오후 애치슨은 홀로 미국 공군과 해군을 한국전쟁에 투입하는 중요한 결정을 입안했고, 그날 저녁 백악관은 이를 승인했다.

그러므로 무력 개입 결정은 애치슨의 결정이었다. 비록 대통령의 지지는 얻었지만, 국제연합이나 국방부, 의회의 승인을 받기 전에 이루어졌다. 애치슨의 논리는 한국의 전략적 가치와는 무관했으며, 온전히 미국의 위신과 정치경제에 관련된 것이었다. 언젠가 애치슨은 이렇게 말했다. "위신은 세력이 드리운 그림자이다." 북한은 그것에 도전했고, 따라서 미국의 신뢰성이 위태로웠다. 그리고 애치슨의 생각에 남한은 동북아시아와 중동을 연결하는 자신의 '대大 초승달great crescent' 전략의 일환인 일본의 산업 부흥에 필수적이었다(이에 관해서는 뒤에서 논하겠다).

6월의 결정을 지지했던 조지 케넌은 당시 기록한 메모에서 애치슨이 6월 26일 오후 대학교 토론을 취소했던 것을 떠올렸다.

> 그는 혼자 정리할 시간을 원했다. 우리는 [세 시간 뒤에] 소집되었고,
> 그는 우리에게 작성한 글을 읽어주었다. 그것은 종국에 대통령이
> 발표한 성명서의 초안이었고 다음 날 최종적으로 발표될 때까지 크게
> 바뀌지 않았다. (…) 이 정부가 실제로 취한 방침은 군사 지도자들이
> [애치슨에게] 강요한 것이 아니라, 애치슨이 홀로 고민하여 도달한
> 것이었다.

애치슨은 훗날 "내가 기억하는 바도 그와 같다"고 말하여 케넌의 진술에 동의했다. 케넌은 6월 26일의 결정이 중요했다고 적었고, 애치슨은 그 결정이 의회나 국제연합의 협의에 앞서 내려졌다고 인정했다("국제연합은 [6월 27일] 오후 3시가 되어서야 우리가 아침에 (…) 실행할 예정이라고 말했던 것을 하라고 우리에게 요청했다").[9]

바로 그 토요일 여름밤, 안전보장이사회에서 거부권을 남용했던 소련의 국제연합 대사 야코프 말리크는 거부권을 쓰는 대신 롱아일랜드에서 쉬고 있었다. 이렇게 회의 참석을 거부한 것은 명백히 국제연합이 중국을 인정하지 않았기 때문이었다. 말리크는 7월 6일에 협의를 위해 모스크바로 돌아갈 예정이었다.[10] 오랫동안 소련의 외무장관을 지낸 안드레이 그로미코가 훗날 딘 러스크에게 말한 바에 따르면, 말리크는 토요일 밤에 모스크바에 전보를 보내 지시를 요청했으며 생애 처음으로 총서기 스탈린으로부터 직접 전갈을 받았다. **"아니오**, 참석하지 마시오."[11] 스탈린이 그렇게 지시한 이유는 알려지지 않았지만, 미군이 중요하지 않은 지역에 끌려들어가 인력과 자원을 낭비하도록 조장하기를 원했거나 미국의 국제연합 지배가 그 국제기구의 보편성을 파괴하기를 원했을지도 모를 일이다.

6월 25~26일에 애치슨이 내린 결정은 미국 지상군의 투입을 예시했고, 이는 6월 30일 이른 시간에 실행되었다. 미군 합동참모본부는 6월 30일까지 보병 부대의 전투 투입을 "극도로 주저"했으며, 트루먼은 결정을 내릴 때 합동참모본부의 의견을 듣지 않았다. 그들이 신중했던 이유는 한국이 전략적으로 궁지에 처해 있던 데다 소련과의 전 세계적 싸움에 말려들 덫이 될 수 있기 때문이었고, 또한 미군 병력이 육군 59만 3167명과 해병 7만 5370명이 전부였기 때문이기도 했다. 1950년 여름에 북한 홀로 동원할 수 있는 전투 병력이 20만 명을 넘었고, 이에 더하여 중국 인민해방군의 엄청난 예비 병력이 있었다.

미국 지상군 파견 결정을 재촉한 즉각적인 요인은 맥아더의 판단이었다. 그는 전선을 방문한 뒤 한국군은 대부분 전투를 그만두었다고 결론 내렸다. 전쟁이 발발했을 때부터 1950년 여름과 가을이 지나는 동안, 한국군 부대는 괴멸했거나 북한군과 싸울 장비가 부족했거나 담당 구역을 지킬 능력이 없었다. 전쟁 발발 후 2년간 대부분의 참전 병사들은 남한군이 "이름에 걸맞은 전투를 보여주지 못했다"고, 그저 패하여 도주했을 뿐이라고 생각했다. (매슈 리지웨이 장군에 따르면, 1951년 여름까지 한국군은 10개 사단에 공급하기에 충분한 분량의 장비를 잃었고, "모든 수준에서 철저한 훈련과 장비, 교육"이 필요했다.) 한 미군 대령은 영국 기자 필립 나이틀리에게 이렇게 말했다. "남한군과 북한군은 똑같은 사람들이다. 그런데 왜 북한군은 호랑이처럼 싸우고 남한군은 양처럼 도망치는가?" 전선 도처에서 모스부호 'HA'는 남한군이 '황급히 꽁무니를 뺀다hauling ass'는 신호로 쓰였다. 한국군 장교들은 부하 병사들을 착취했고 군율 위반을 이유로 무자비하게 구타했다. 한 미군 병사는 한 한국군 장교가 탈영병을 처형하는 것을 목격했는데, 그는 병사의 뒤통수에 총을 쏘고 발로 차 무덤 속으로 집어넣었다. 그 병사에게는 아내와 세 아이가 있었다. 그러나 적이자 동맹군인 한국인을 바라보는 미군 병사의 시각에는 인종주의도 영향을 미쳤다. 한 참전 군인은 이렇게 기억했다. 대다수 미국인은 "한국인에 대해 뿌리 깊은 편견을 지녔다." 그래서 공감이나 이해가 어려웠다. "그들은 반사적으로 한국인을 증오했다." 1951년에 휴전회담이 시작된 이후에야 한국군은 비록 더디긴 했어도 전투 체질을 개선할 시간을 가졌다.[12]

그러나 미국인도 자신들이 진정으로 유능한 군대에 맞서 싸우게 되리라는 생각은 전혀 하지 못했다. 한국인 적들에 대한 이 재앙 같은 오판은 전쟁이 발발한 바로 그날 수뇌부에서 비롯했다. 맥아더는 "나는 한 손을 등 뒤에 묶고서도 저들을 상대할 수 있소"라고 말했다. 그리고 다음 날 존 포스터 덜레스에게 이렇게 말했다. 제1기병사단만 한국에 투입할 수 있다면 "뭐, 하늘에 맹세하건대, 당신은 저들이 만주 국경으로 급하게 허둥지둥 도망치는 꼴을 볼 수 있을 거요. 그리고는 다시는 그들을 보지 못할 거요." 처음에 맥아더는 오직 1개 미군 연대전투단만을 원했고, 그 뒤에도 2개 사단이면 된다고 봤다. 그러나 한 주가 지나기도 전에 맥아더는 워싱턴에 다음과 같은 전보를 보냈다. 한국군 군대는 1/4만 투입할 수 있으며, 조선인민군은 "최고 수준의 지휘를 받아 작전을 수행하고 전략·전술적 원리를 훌륭하게 적용하고 있다." 7월에 들어서자 맥아더는 최소한 4개 사단 병력을 넘어서는 3만 명의 미군 전투병과 3개 전차대대, 각종 대포를 요구했다. 그리고 한 주 뒤에는 8개 사단을 요청했다.[13]

판단 착오는 또한 인종적으로 분리된 미국 사회 출신 백인들에게 만연한 인종주의에서 비롯했다. 미국 사회에서 한국인은 아파르트헤이트와 유사한 규제를 받는 '유색인'이었다(그들은 버지니아에서 '유색인종 전용' 샘물을 마셨고, 다른 남부 주들에서 백인과 결혼할 수 없었으며, 서부의 여러 주들에서 재산을 소유할 수 없었다). 전쟁이 시작되고 3주가 지나서 《뉴욕타임스》의 존경받는 군사 부문 편집자 핸슨 볼드윈이 내린 판단을 살펴보자.

우리는 한국에서 야만인의 군대에 맞서 싸우고 있다. 그러나 그들은

칭기즈칸의 대군만큼이나 잘 훈련되어 있고 잔인하고 죽음을
두려워하지 않으며 자신들이 수행하는 전쟁의 전술에 능숙한
야만인이다. (…) 그들은 나치의 전격전을 흉내내고 있으며 무섭고
두려운 온갖 무기를 사용한다.

볼드윈은 중국의 공산주의자들이 전투에 합류했다는 이야기가 있
다고, 머지않아 "최고로 야만적인 민족들" 중 일부인 "몽골인, 소련의 아
시아인, 그밖에 다양한 종족들"이 참전할 것이라고 말했는데, 이는 틀린
말이었다. 볼드윈은 다른 글에서 한국인을 메뚜기 떼의 습격에 비유했
고, "갑주를 입은 무리의 야만적인 규율에 맞서기 위해서는 더 현실적인
훈련"을 미군에게 제공해야 한다고 권고했다.[14]

며칠 뒤 볼드윈은 한국인들에게 삶은 가치가 없다고 말했다. "그들
뒤에는 아시아의 유목민들이 서 있다. 그들 앞에는 약탈의 희망이 있다."
그밖에 무엇이 "그들을 비명 지르게 하는가", 무엇이 그들의 "광적인 결
의"를 설명하는가?[15] 몽골인, 아시아인, 나치, 메뚜기 떼, 야만인, 유목민,
도적. 누군가는 볼드윈이 자신들의 조국을 침공하고 세계 최강의 군대에
맞서 그 조국을 지키는 민족을 묘사하기 위해 편견의 주머니를 탈탈 털
었다고 생각할 것이다. 그러나 볼드윈은 "신념으로 가득 찬 광신자들의
문제"를 다룰 다른 방법을 찾아냈다.

독일인들은 러시아의 유격대에 맞서 광범위한 전쟁을 치르면서,
유격대를 처리하는 유일한 해법이 (…) 주민들 사이에서 "우군을 얻고

사람들에 영향력을 행사하는 것"임을 깨달았다. 한 나라의 실질적인 평정이란 바로 이런 것을 뜻한다.

(아마도 우크라이나에서 실행했던 것 같은 평정일 것이다.)

"미군의 폭격에 의한 여자와 아이들의 학살"에 북한이 드러낸 분노에 다소 마음이 불편했던 볼드윈은, 한국인들이 "우리가 단지 파괴하기 위해서만 온 것이 아니라는 사실"을 이해해야 한다고 말했다. 미국은 "이 단순하고 원시적이며 야만적인 사람들에게 (…) 공산주의자들이 아니라 우리가 그들의 친구임"을 납득시켜야 한다.[16] 이제 뉘른베르크 재판에서 전쟁범죄 주임검사였던 텔퍼드 테일러의 말을 들어보자.

> 동양에서 전쟁의 전통과 관행은 서양에서 발전한 것과 동일하지 않다. (…) 동양의 도덕관에서 개인의 목숨은 그다지 큰 가치가 없다. 그리고 우리가 한국인 병사 개개인에게 (…) 매우 높은 수준에 오른 우리의 전쟁 수칙을 따르기를 기대하는 것은 전혀 현실적이지 않다.[17]

1950년 여름 조선인민군은 남쪽으로 밀고 내려와 미군에 연달아 굴욕적인 패배를 안기면서 극적인 성공을 거두었다. 독일과 일본을 이겼던 군대는 장비도 부족한데다가 외국 제국주의 세력의 뜻대로 움직이는 급조된 농민군이라고 생각했던 상대에 의해 궁지에 몰리는 처지에 놓였다. 7월 말이면 미군과 남한군은 전선에서 9만 2000명(미군 4만 7000명) 대 7만 명으로 조선인민군보다 병력에서 우위를 차지했으나 그럼에도 계속 퇴각했다. 그러나 8월 초에 제1해병여단이 전투에 투입되면서 마침내 조선인민군의 진격을 막아냈다. 그때 이후로 8월 말까지 전선은 대체로 바뀌지 않았다. 남북 길이가 80마일[약 130킬로미터], 동서 길이가 50마일[약 80킬로미터]인 직각 형태의 전선, 이른바 부산방어선Busan Perimeter[낙동강 방어선]에서 전투는 고착되었다. 훗날 김일성은 한 달 안에 전쟁을 승리로 이끌어 남쪽을 점령할 계획이었고 7월 말에 거의 성공할 뻔했다고 말했다.

이 방어선의 북쪽 거점은 포항 근처 해안에 있었고, 남동쪽 거점은 진주와 마산을 잇는 해안 지역에, 중심 거점은 주요 도시인 대구 바로 위에 있었다. 이후에 대구는 조선인민군의 진격을 저지하겠다는 미군의 결의를 보여주는 상징이 되었다. 그러나 조선인민군의 부산 점령과 한반도 통일을 막는 열쇠는 북동쪽의 포항이었다. 로이 애플먼은 북한의 "중대한 전술적 실수"는 북동쪽 해안가 도로를 따라 우세를 밀어붙이지 못한 것이라고 썼다. 조선인민군 제5사단은 신속하게 포항으로 전진하여 마산 쪽에서 부산을 위협하며 진격한 제6사단과 연합해야 했지만, 측면 엄호를 지나치게 걱정한 나머지 그러지 못했다.

북한군은 수도 남쪽에서 거의 한 주 동안 멈추었다가, 전차를 앞세워 남서쪽과 남동쪽의 두 갈래로 전격전을 개시했다. 몇몇 역사가는 이 휴지기를 근거로 초기 공격의 주된 목표가 남한의 중추인 서울이었다고, 서울을 차지하여 이승만 정권의 몰락을 지켜보는 것이었을지 모른다고 생각했다. 어쨌거나 휴지기 덕분에 맥아더는 매우 소중한 시간을 얻어 남동쪽에 방어선을 구축할 수 있었다. 결국 미군이 보강한 곳이 바로 그

방어선이었다. 북한은 그 방어선을 따라 9만 8000명을 배치했고, 여성을 포함하여 수많은 유격대가 전투에 참여하고 있었다. [이탈리아] 안치오Anzio 전투에 참여한 참전용사이자 제24보병사단 사단장이었던 존 처치 장군은 8월에 한국의 전투가 제2차 세계대전 당시 유럽의 전투와는 다르다고 결론 내렸다. "이것은 완전히 다른 성격의 전투, 즉 진정한 유격전이다." 영국의 자료에 따르면, 그것은 "본질적으로 거친 지형에서 펼쳐진 유격전"이었다. 미군 부대는 "구릉지 위에서 진지 안이나 배후로 급습하는 유격대의 침투 위협에 늘 노출"되었다.[18]

유격대원을 숨겨주거나 지원한다는 혐의를 받은 마을은 사실상 전부(대개는 공습으로) 초토화되었다. 게다가 좌익 성향을 띤다고 생각되는 시와 읍에서는 강제 소개를 통해 주민을 내쫓았다. 순천에서는 민간인이 10%를 제외하고 전부 내쫓겼고, 마산에서는 수만 명의 시민이 쫓겨났으며, 예천에서는 "모든 민간인"이 강제로 이주됐다. 부산방어선이 심한 압력을 받고 있는 상황에서 "대구에 사는 좌익 인사들과 제5열*이 대규모 소요를 일으키려 모의하고 있다"는 우려가 일자, "봉기"에 대한 두려움 때문에 수많은 대구 시민이 소개되었다. 8월 중순경 이렇게 이주한 많은 시민들이 부산 인근의 섬에 수용되었고 떠나는 것은 금지되었다.[19]

그러나 이때쯤 북한군은 수에서 큰 열세를 보였다. 맥아더가 전체 미군 중에서 전투태세를 갖춘 사단들을 대부분 한국의 전투에 투입했던 것이다. 9월 8일까지 제82공수사단을 제외하면 전투 훈련을 받은 가용

---

* '제5열(Fifth column)'은 적의 내부에 있으면서 외부 세력에 호응하여 활동하는 집단을 가리킨다.

한 부대는 전부 한국으로 파견되었다. 이 부대들 다수가 임박한 인천상륙작전에 투입됐지만, 약 8만 3000명의 미군 병사와 5만 7000명의 남한군과 영국군이 전선을 따라 북한군과 대결했다. 이때쯤이면 미군은 조선인민군보다 다섯 배나 많은 전차를 보유했으며, 미군의 대포가 훨씬 더 뛰어났고, 게다가 미군은 전쟁 초기부터 내내 공중을 완전히 장악하고 있었다.

8월 말 북한군은 부산방어선을 따라 마지막 대규모 공세에 착수하여 이후 2주 동안 "눈부신 성과"를 거두며 국제연합군의 방어선에 심한 압박을 가했다. 8월 28일 방호산 장군은 이틀 안에 마산과 부산을 점령하라고 부대에 명령했다. 조선인민군 3개 대대가 중앙 구간에서 낙동강을 건너는 데 성공했으며, 포항과 진주가 함락되었고, 조선인민군이 경주와 마산과 대구를 압박하면서 부산방어선은 "한계점에 가까워졌다." 미군 지휘관들은 제8군 사령부를 대구에서 부산으로 옮겼고, 남한의 유명인사들은 부산을 떠나 대마도를 향했다. 9월 9일 김일성은 적군이 세 전선에서 밀리고 있어서 전쟁이 "극도로 모진 결정적 단계"에 이르렀다고 말했다. 이틀 후 미군 지휘관들은 전선의 상황이 부산방어선이 확립된 이래로 가장 위험하다고 보고했다. 애플먼은 이렇게 쓴다. "2주 동안 이 전쟁에서 가장 혹독한 전투가 벌어진 뒤" 국제연합군은 "북한군의 대공세를 이제 막 간신히 저지했다." 9월 15일이면 미군 사상자는 사망자 4280명을 포함하여 총 2만 명에 달해서, [부산방어선에서의 전투가] 그때까지 한국전쟁에서 벌어진 전투 중에 사상자가 가장 많았다.

1950년 9월 중순 맥아더 장군은 자신의 마지막 성공을, 즉 인천에서 전술적으로 훌륭한 육해공 합동 상륙작전을 지휘했다. 그로써 미군은 한국 땅에 첫발을 내딛은 지 5년 만에 다시 서울에 입성했다. 인천항은 조류가 위험한 곳이어서 시간을 잘못 선택하면 함대가 쉽게 좌초할수 있었지만, 미군은 변화가 심한 만과 여울을 완벽하게 통과했다. 제2차 세계대전 중에 필리핀의 레이테에서 상륙작전을 지휘했고 노르망디 침공 중에 오마하 해변에서 해군 작전을 지휘했던 아서 듀이 스트러블 제독이 인천작전에서 270척의 거대한 함대를 지휘했는데, 8만 명의 해병대원을 투입하고도 거의 손실이 없었다. 해병대는 거의 저항 없이 상륙했으나, 이후 호된 시련 속에서 고투하며 마침내 9월 말에 서울을 함락했다. 이에 맞서 북한군이 할 수 있는 일은 없었다. 김일성은 인천항을 지키려고 빈약하게 훈련받은 병력 약 2000명을 투입했고, 이유는 알 수 없지만 항구에 기뢰를 부설하는 데 실패했다. 미국의 신화와는 달리, 북한군은 그 공격에 놀라지 않았다. 그러나 공격에 맞서 저항할 수 없었고, 따라서 자국 역사가들이 완곡하게 "전략적 대大퇴각"이라고 부르는 후퇴를 시작했다.

북한의 정규군은 미국이 10월 초에 38도선 너머로 공격을 가하기로 결정하자 계속 물러나 적군을 깊숙이 유인했고, 맥아더가 간곡한 만류를 뿌리치고 병력을 둘로 분리하도록 영향을 미쳤으며, 동맹국인 중국에 지원을 간청했다. 노획한 문서에 따르면, 북한은 군대의 전면적 철수를 엄호하기 위해 주요 지점에서 미군과 싸우기로 중대한 결정을 내렸다. 입수한 수첩에 따르면, 조선인민군 제8사단 정치위원 박기성은 이렇게 말했다.

적군의 주력은 여전히 큰 피해를 입지 않은 완벽한 상태에 있다. 저들은 우리 전력을 제대로 파악하지 못한 채 북쪽 멀리 (…) 압록강까지 부대를 올려 보냈다. 이는 저들이 우리를 과소평가했음을 가리킨다. 이 모든 조건은 저들을 가까이 유인하기에 유리하다.

중국과 북한의 합동 공세 때 포로가 된 조선인민군의 다른 장교는 조선인민군이 11월 말까지 "지속적으로 철수하고 있었다"고 말했다.

부산방어선까지 계속 내려갔다가 압록강까지 내내 철수하는 것을 완전한 패배라고 생각할 수도 있다. 그러나 그렇지 않다. 그것은 계획된 철수였다. 우리는 국제연합군이 우리를 따라 여기까지 올라올 것이고, 매우 넓은 영역에 걸쳐 부대를 조금씩 드문드문 배치할 것임을 알았기에 철수했다. 이제 저들의 부대를 포위하여 괴멸할 때가 왔다.

그는 조선인민군과 중국군이 전선에서 연합하여 타격을 가할 때 "강력한 8개 군단이 적을 배후에서 공격하고 괴롭혀" 도울 것이라고 말했다.[20] 비록 상당히 많은 보병이 맥아더의 덫에 걸렸지만, 장교들은 대부분 탈출하여 대규모 부대를 이끌고 산악 지대를 통해 북한으로 돌아갔다. 또한 많은 유격대가 남한의 산지로 피신하여 1950~51년 겨울에 미군에게 큰 골칫거리가 되었다. (1951년 초에 조선인민군은 국제연합군을 포위하려고 남쪽 멀리 경상북도의 안동과 상주까지 이동했다.)

인천 상륙 직후, 남쪽의 전투에 관한 김일성의 판단을 보여주는 문서를 획득했다. 그는 이렇게 말했다. "원래의 계획은 한 달 안에 전쟁을 끝내는 것이었다." 그러나 "우리는 미군 4개 사단을 궤멸할 수 없었다." 서울을 점령한 부대는 즉각 남쪽으로 진군하라는 명령에 따르지 않았고, 그래서 미군은 "숨 돌릴 여유"를 얻었다. 처음부터 "우리의 주적은 미군이었다." 그러나 그는 이렇게 인정했다. "국제연합군과 미국의 공군과 해군이 개입했을 때 우리는 허를 찔렸다." 이는 김일성이 미국 지상군의 개입을 예상했지만(아마도 일본에 주둔한 미군의 투입을 예상했을 것이다), 그렇게 규모가 크리라고는 생각하지 못했고 공군과 해군이 투입되리라고는 예상하지 못했음을 암시한다. 소련의 공군과 해군이 미군의 공군과 해군을 저지하거나 그들과 대결하리라고 생각한 것이 아니라면, 이것은 이상한 실수이다. 전투 준비를 갖춘 미군 보병 대부분이 지구를 멀리 돌아 미국의 세계 전략에 그다지 중요해 보이지 않는 이 작은 반도로 이동하리라고는 미국 합동참모본부를 포함하여 누구라도 생각하기 어려웠을 것이다.

남한을 차지하기 위한 이 전쟁에서 남한은 사망 11만 1000명, 부상 10만 6000명, 행방불명 5만 7000명, 주택 완파 31만 4000채, 부분 파손 24만 4000채의 손실을 입었다. 미군은 사망 6954명, 부상 1만 3659명, 교전 중 행방불명 3877명의 손실을 입었다. 북한군 사상자는 정확히 알려지지 않았지만 최소한 5만 명에 달할 것이다.

"중국인의 인해": 북진

미국 주도의 군대는 38도선을 복구하고서, 그 전쟁을 봉쇄 전략의 승리로 선언할 수도 있었다. 그랬다면 그것은 짧지만 힘든 정밀한 외과 수술 같은 개입이었을 것이다. 공산주의자들에게는 달콤하고 호된 패배였을 것이고, 미국의 신뢰성을 보여주는 명백한 증거였을 것이다. 누구도 해리 트루먼에게서 이 승리를 빼앗아갈 수 없었을 것이다. 그러나 여름 동안 전쟁이 이어지면서, 트루먼의 거의 모든 고위 고문들은 이것이 공산주의자들의 공격을 저지할 뿐만 아니라 나아가 반격rollback할 기회라고 판단했다. 트루먼은 8월 말경 북진을 승인했다. 북한 침공 결정이 도쿄가 아니라 워싱턴에서 내려졌다는 증거는 분명하다. 역사가 D. 클레이턴 제임스는 그 결정이 "공상적인 발상이라는 측면에서 1961년 코치노스 만[피그스 만] 침공과 우열을 다툰다"고 말했지만, 그것이 워싱턴의 "집단순응사고"*에서 나왔다고 봤다. 그렇지 않다. 북진은 트루먼 행정부에서 1년 넘게 끓어오른 봉쇄와 역습에 관한 논쟁의 논리적인 결말이었다. 그러나 먼저 남한을 방어한 뒤 북한을 침공한다는 중요한 결정을 민간인(애치슨)이 주도한 한국의 상황이 제2차 세계대전의 민-군 공동의 집단적 의사결정과 극적으로 달랐다고 한 점은 제임스가 옳다.[21]

그 결정은 국가안전보장회의 문서 제81호NSC-81에 수록되어 있다. 대부분 딘 러스크가 작성한 이 문서는 소련이나 중국이 개입할 위험이

---

* '집단순응사고(groupthink)'는 집단 내 조화와 일치를 바라는 마음이 비합리적 의사 결정을 초래한다는 심리적 현상이다.

없다는 가정하에 맥아더에게 북진을 허가했다. 이는 북한 정권에 대한 "반격"을 명시적으로 요구했다. 전쟁 급보는 일상적으로 북한의 "해방된 구역"을 언급했다. 맥아더는 처음에는 중국 국경 근처에서는 한국군 부대만 작전에 투입하라는 말을 들었으나, 합동참모본부는 곧 재량에 맡긴다고 전했다. 트루먼의 입장에 따른 역사의 재구성으로 인해 심하게 곤혹스러워진 맥아더에게 약간의 과장을 허용한다면, 38도선을 넘는 것은 "미국 정부의 모든 부처로부터 가장 완전하고 절대적인 승인을 받았다"는 맥아더의 1951년 상원에서의 발언은 옳았다.

김일성은 설정된 지 5년 된 38도선을 넘은 것이지, 이라크와 쿠웨이트의 경계나 독일과 폴란드의 경계 같은 국경을 넘은 것이 아니다. 그것들과 달리 38도선은 고대까지 기원을 추적할 수 있는 흔치 않은 단일민족의 나라를 양분했다. "한국인들이 한국을 침공했다"는 말에 담긴 반反논리는 통념을 깨뜨리며 미국의 공식적 입장의 논리적 재구성을 불가능하게 한다. 미국인이 쓴 책으로 전쟁의 정당성에 관해 영향력이 가장 큰 책에서 마이클 왈저는 다음과 같은 논지로 트루먼 행정부의 초기 개입을 옹호한다. 북한의 공격에 대한 미국의 대응은 옳았다. 트루먼이 세계적 결정과 여론의 기관, 따라서 전 지구적 정의의 합법적인 기관이었던 국제연합에 그 문제를 가져갔기 때문이다("공격자는 개인 및 집단 차원의 권리에 도전하는 범죄 행위를 자행했다"). 그러나 국제연합의 미국 대사는 미국의 북한 침공을 정당화하면서 38도선을 "가상의 선"이라고 칭했다. 왈저는 이렇게 평한다. "나의 경우는 38도선이 '가상의 선'이었다는 이상야릇한 개념을 배격할 생각이다(예를 들면, 38도선이 '가상의 선'이었다면 어떻게 북한군의 최초 침략을 인지할 수 있었겠는가?)." 월저는 더 깊이 생각하지 않고 이 논란을 비켜나간다. 트루먼이 38도선을 국경선으로 보고 지킨 것이 옳았다는 것이 그의 논지의 핵심이기 때문이다. 그것은 "최초의 공격"이었다.[22] 왜 북한이 38도선을 넘을 때는 공격인데, 미국인들이 똑같은 일을 할 때는 그것이 가상의 선인가?

중국이 가까이 있다

9월과 10월에 모든 미국 정보기관들의 종합적인 결론은 중국이 참전하지 않으리라는 것이었다. 9월 20일 미국 중앙정보국CIA은 중국인 "자원병들"이 전투에 참여할 가능성을 예상했고, 한 달 뒤 만주 지역의 부대가 한국에 파병될 수 있다는 "많은 보고서"에 주목했다. 그러나 "소련처럼 공산국가 중국도 북한에 공개적으로 개입하지는 않을 것이다." 11월 1일 중앙정보국 국장 월터 베델 스미스 장군은 중국이 "필시 만주 침공을 진정으로 두려워할 것"이라고, "전면전이 벌어질 위험성의 증대와 상관없이" 국경 방어를 위한 차단선을 설치하려 할 것이라고 정확하게 썼다. 그러나 11월 24일 맥아더가 압록강 경계를 향해 돌진했을 때, 중앙정보국은 여전히 중국의 "대규모 공세 작전" 계획을 암시하는 증거를 충분히 입수하지 못했다. 정보기관들은 정보가 부족하지 않았다. 문제는 이러한 가정과 예상의 수준에 있었다. 다시 말해 소련은 세계전쟁이 두려워 개입하지 않을 것이고, 중국의 지도자들은 소련의 명령에 따라 개입하지 않으리라는 것이었다.

소련과 중국은 전쟁이 시작되기 전에 할 일을 나누었다. 1950년에 소련 군사 고문들은 북한에 있었고, 중국 군사 고문들은 북베트남에 있었다. 소련과 중국은 각각 전략 계획과 병참, 군 조직, 정치적 통제에 관하여 두 나라의 군대와 협력했다. 북한이 침공을 준비하는 동안, 베트남인들은 "중국-베트남 국경을 따라 프랑스군에 대한 전면적인 공격을 계획하고 있었다."[23] 이는 의식적이고 계획적인 분업이라기보다는 제2차 세계대전 종전 후 소련의 북한 점령과 중국의 북베트남 점령, 그리고 옌안延安 시절 마오쩌둥과 호치민의 관계가 가져온 결과였다.

전쟁 발발 후 3주 안에 중국군 정보단이 평양에 도착했고, 일찍이 8월 4일에 마오쩌둥은 한국에 개입할 것을 고려했다. 미국이 북한을 침공하려 하면, "우리는 그에 따라 조선[북한]을 지원하고 의용군의 이름으로 개입해야 한다." 인천상륙작전에 즈음하여 북한군 장교 박일우는 중국에 군사 지원을 요청했고, 10월 1일 김일성은 중국 대사와 긴급 회담을 갖고 인민해방군 제13군단의 신속한 파병을 간청했다. 그때쯤이면 중국의 개입은 확실했다. 단지 시기가 문제였을 뿐이다. 9월 30일 마오쩌둥은 스탈린에게 12개 보병사단을 보내기로 "우리는 결정했다"고 말했다. 그러나 소련은 중국이 미국에 맞서 대규모 공세를 펼치면 세계전쟁이 촉발될까봐 불안했고, 공군을 제공하여 중국 해안을 보호하겠다는 앞선 약속을 철회했다. 그럼에도 중국은 계획대로 일을 추진했고, 이에 스탈린은 명백히 크게 놀랐다.[24]

북한과 중국의 문서를 보면, 중국은 오랫동안 알려진 것과는 달리 순전히 자국 국경을 지키기 위한 방어적 조치로서만 참전하지는 않았다는 사실이 분명하게 드러난다. 마오쩌둥은 많은 조선인이 중국혁명과 항일투쟁, 중국내전에서 희생했기 때문에, 전쟁 초기에 이미 북한이 흔들리면 중국은 그들을 지원할 의무가 있다고 결정했다. 중화인민공화국 외무부는 "지난 몇 십 년간 우리 편에 섰던 조선인들"에 대한 중국의 의무를 거론했다. 10월 1일 국제연합군이 38도선을 넘자 마오쩌둥은 밤잠을 설쳤고, 단독으로 개입을 결정한 뒤 이튿날 스탈린에게 자신의 결정을 통고했다. 마치 텔레파시가 작동한 것처럼, 맥아더는 같은 날 육군부에 이렇게 말했다. "우리의 군사작전 영역을 제한하는 것은 군사적 긴급성과 한국의 국경뿐이다. 따라서 이른바 38도선은 고려할 요인이 아니다."[25] 달리 말하자면 중국의 개입을 초래한 것은 국가안전보장회의 문서 제81호의 반격 전략 자체이지 그에 뒤이은 미군의 압록강 도달이 아니었다.

중국군은 10월 말에 공격하여 많은 미군을 피로 물들인 뒤 사라졌다. 중국은 그 정도면 평양 위쪽 한반도의 좁은 목 지점에서 미군의 압록강 진출을 저지하는 데 충분하리라고 기대했던 것 같다. 그러나 이는 또한 조선민주주의인민공화국을 작은 자투리 정권으로 남기게 된다. 이때쯤 김일성은 야간에 등화관제를 한 상태의 무장한 기차로 베이징에 도착했다. 제복을 입은 다른 한국인 세 명과 중국 둥베이東北 지구 지도자 가오강이 동행했다. 저우언라이와 녜룽전(마오쩌둥을 제외하면 한국에 관한 결정에 가장 밀접한 연관이 있는 두 사람)을 포함한 중화인민공화국 고위 지도자들은 같은 기간 베이징에서 볼 수 없었고, 10월 27일 런비스의 장례식에 다시 모습을 드러냈다.[26] 그러나 미군은 진격을 재개했다. 북한과

더글러스 맥아더 장군이 "위력정찰" 전야에 전용기 바탄the Bataan에서
한국을 살피고 있다. (미국 국립기록보관소)

중국이 미군을 북한 안으로 깊이 유인하는 전략을 썼기 때문이다. 그렇
게 미군의 보급로를 길게 늘인 다음 겨울을 기다려서, 전장에서 극적인
반격을 가할 때까지 시간을 벌었던 것이다.

맥아더와 그의 미군 정보부 G-2의 부장 찰스 윌러비는 오직 자신
들만 신뢰했고, 적의 능력에 관한 엄정한 사실과 적의 윤리적·종족적 특
성에 관한 추정을 뒤섞은 정보를 직관적으로 다루었다("중국인들은 싸울
줄 모른다"). 여기에 맥아더 "개인의 정보 무오류설"이 결합했다. 그는 그
이론에 따라 "자신의 정보기구를 만들어, 결과물을 해석하고 그 자신의
분석에 의거하여 행동했다."[27] 중앙정보국이 조직되자 이는 태평양에서

는 맥아더의 독점적 정보 구역을, 라틴아메리카에서는 J. 에드거 후버의 독점적 정보 구역을 위협했다. 중앙정보국은 실제로 1950년 6월 이전에도 일본과 한국에서 직무를 수행했지만, 요원들은 윌러비로부터 허가를 받거나 (적뿐만 아니라) 맥아더의 미군 정보부에 들키지 않아야 했다. 정보 처리에서 실질적인 협력은 거의 없었다. 1950년 3월 하순 합동참모본부의 J. 로턴 콜린스 장군이 맥아더에게 중국과 그 인접 지역에 관한 윌러비의 보고서를 자신들과 공유해야 한다고 요구했을 때 최소한의 협력이 있었을 뿐이다.

추수감사절(11월 23일)에 전장의 부대는 새우 칵테일과 으깬 감자, 드레싱, 크랜베리 소스, 호박 파이 등 온갖 음식을 곁들인 칠면조 만찬을 즐겼다. 이들은 수많은 중국 병사들이 "수수 가루 주머니"를 메고 영하 34도 이하의 싸늘한 기온에 운동화를 신은 채 그들을 포위하고 있다는 사실을 알지 못했다. (레지널드 톰프슨에 따르면, 북한군과 중국군은 "전방의 한 명을 후방의 한 명이 지원"했던 반면에, 미군은 전방의 한 명을 후방의 아홉 명과 "다량의 통조림, 사탕, 코카콜라, 휴지"가 지원했다.)[28] 다음 날 맥아더는 그가 완곡하게 "위력정찰reconnaissance in force"이라 이름 붙인 것, 즉 전선 전체에서의 전면 공세에 착수했다. 맥아더는 그것을 "대규모 압박과 포위"라고, 남은 조선인민군 부대를 덫에 빠뜨리려는 "협공" 작전이라고 설명했다. 한 번 더 미군과 남한군은 아무런 방해를 받지 않고 북진할 수 있었다. 이 공세는 거의 아무런 저항에 맞닥뜨리지 않고 사흘 동안 전진했고, 남한군 부대는 북동부 공업도시 청진에 입성하는 데 성공했다. 맥아더는 해병대를 장진호長津湖(미국의 문헌에는 일본어 명칭인 조신호로 알려

압록강 강변에서 미군 병사들이 추수감사절을 즐기고 있다(1950년 11월
23일). (미국 국립기록보관소)

졌다)로 보냈고, 기온이 영하 22도까지 떨어졌는데도 능귀강(웅이강熊耳江)
북쪽으로 제7사단을 보냈다. 한 주 내에 제7사단은 김일성의 핵심 지역
인 갑산을 점령했고, 아무런 저항에 부딪치지 않은 채 압록강 변의 혜산
에 도달했다.

　　마침내 중앙정보국 일일보고서에 적군의 후방 이동 시에 나타나는
반복된 패턴이 포착되었다. 보고서는 과거에 그러한 철수에 뒤이어 공세
가 이어졌다고 주장하며, 연합군 뒤쪽 "후방 지역에 협조적이고 잘 조직
된 대규모 유격부대"가 있고 더불어 "한국 남서부의 상당히 넓은 영역"을
유격대가 점령하고 있다고 경고했다. 그러나 11월 20일까지도 판단은 여

전히 혼란스러웠다. 일부는 공산주의자들이 방어하기 더 좋은 지점으로 철수했을 뿐이라고 주장했고, 다른 이들은 "북진하는 국제연합 군대 앞에서 공공연히 퇴각하는" 패턴은 전면 공격의 준비가 아니라 "지연전술"을 뜻할 뿐이라고 했다. 6개 군에서 중국군 전쟁포로들이 되돌아온 것은 물론, 적군의 긴 대열이 "나라 전역에 떼 지어 몰려들고 있다"는 정찰대의 보고는 성탄절에 울려 퍼진 승리의 선전 속에 들리지 않았다.

적의 강력한 공격은 11월 27일 시작되어 "깊숙한 포위"를 통해 연합군을 박살냈다. 제1해병사단은 장진호에 묶여 움직이지 못했고, 남한군 제2군단은 다시 무너졌으며, 이틀이 지나지 않아 전면 퇴각이 이어졌다. 12월 4일 합동참모본부는 맥아더에게 다음과 같은 전보를 보냈다. "이제 귀관의 군대를 보존하는 것이 가장 중요한 일이다." 다시 말해 맹공을 당하고 포위된 미군 원정군 전체의 과도하게 노출된 핵심을 보존하라는 이야기였다. 이틀 후 공산군은 평양을 점령했고, 그다음 날 연합군 전선의 최북단 지점도 38도선에서 북쪽으로 겨우 20마일[약 32킬로미터]밖에 되지 않았다. 중국과 북한은 합동 공세를 시작한 지 2주가 조금 지난 시점에 북한 지역에서 적군을 전부 쫓아냈다. 에드워드 아몬드 장군은 "우리는 중국인에 진저리가 났다"고 썼다. 아몬드는 나중에 "이 황인종 놈들에게 자신들이 당한 만큼 갚아줄" 기회가 오기를 희망했다. 12월 말 서울은 다시 함락 직전에 몰렸다. 그해 마지막 날에 중국과 북한의 합동 공세가 시작되었던 것이다.[29]

맥아더는 중국과 북한의 첫 번째 양동작전을 "역사상 가장 비열한 국제법 위반 행위의 하나"라고 했다. 맥아더는 미국 정부에 조선인민군이 33만 5000명의 사상자를 내고 남은 병력이 없어서 완전히 패배했다고 말했다. 따라서 "이제 완전히 새로운 [중국] 군대가 우리와 맞서고 있다."(사실을 말하자면 그 시점에 조선인민군은 중국군보다 훨씬 더 많았다.) 11월 말 중국군이 대규모로 참전했을 때, 맥아더는 "선전포고 없는 전쟁에서 중국 국민 전체"와 대결하고 있다고 다시 전보를 보냈다. 중국인 전부? 맥아더는 그 유명한 "중국인의 인해人海"를 말하고자 했던 것인가? 레지널드 톰프슨이 올바르게 말했듯이, 그런 것은 결코 없었다. 1950년 말 북한에 있던 적군의 전체 수는, 맥아더 사령부가 중국군을 18개 사단으로 계산했는데도 국제연합군보다 결코 많지 않았다(어쨌든 수백 명의 전쟁 포로가 우연히 그 모든 사단에서 붙잡히기는 했다).[30] 중국군은 단지 야간 기동과 솜씨 좋은 양동작전, 기를 꺾는 나팔과 호각을 이용하여 국제연합군 병사들로 하여금 포위되었다고 생각하게 만들었다.

중국군이 대거 투입되자마자, 맥아더는 공습으로 북한 영토 수천 제곱마일에 걸쳐 있는 모든 "시설, 공장, 도시, 마을"을 파괴하여 전선과 압록강 국경 사이를 불모지로 만들라고 명령했다. 맥아더 사령부에 있던 한 영국 공군 무관에 따르면, 맥아더의 명령은 이러했다. 소련 국경 인근의 도시 나진과 압록강의 댐을 제외하고, "모든 통신수단과 모든 시설, 공장, 도시, 마을을 파괴하라. 만주 국경부터 파괴를 시작하여 남쪽으로 점차 확대해야 한다."[31] 전방의 모든 마을을 표적으로 삼았던 이 끔찍한 파괴의 현장은 중국군을 따라 남한까지 이어졌다. 《뉴욕타임스》의 조지 배럿은 곧 안양 북쪽의 한 마을에서 "현대 전쟁의 총력전 성격을 보여주는 섬뜩한 증거"를 발견했다.

마을과 들판 곳곳에서 주민들은 불시에 습격을 받아 네이팜탄이 터질 때 취했던 자세 그대로 죽어 있었다. 한 남자는 자전거에 올라탈 참이었고, 50명의 소년과 소녀는 고아원에서 놀고 있었으며, 한 주부는 이상하게도 상처가 없었는데 손에 시어스로벅Sears-Roebuck 상품목록에서 찢어낸 종이 한 장을 들고 있었다. 우편 주문 번호 3,811,294. 2.98달러짜리 "멋진 잠옷－산호색"에 크레용으로 표시가 되어 있었다.

국무장관 딘 애치슨은 이와 같은 "선정적인 기사"를 검열당국에 통지하기를 원했고, 그래서 그러한 기사는 중단될 수 있었다.[32]

11월 30일 트루먼은 또한 기자회견에서 미국은 중국을 저지하기 위해 병기고의 어떤 무기든 쓸 수 있다고 말하면서 핵폭탄을 거론했다. 이에 스탈린까지도 걱정에 빠졌다. 당시 소련 국가보안위원회KGB의 고위 간부였던 이에 따르면, 스탈린은 미군이 북한에서 패배하면 세계전쟁이 발발할 것으로 예상했다. 그러한 귀결을 두려워한 스탈린은 미국이 한국 전체를 점령하도록 내버려두는 것에 찬성했다. 스탈린은 이렇게 말했다. "그래서 뭐? 미국이 극동에서 우리의 이웃이 되게 내버려둬. (…) 우리는 싸울 준비가 되지 않았어." 스탈린과 달리 중국은 준비가 되어 있었다. 그러나 제3차 세계대전을 시작할 준비가 아니라 한반도 중간까지 밀고 내려갈 준비만 되어 있었다.

매슈 리지웨이 장군의 빈틈없는 전장 지도력은 결국 서울 밑에서 연합군 전선을 공고히 했고, 1월 말 리지웨이는 수도 건너편에서 한강을 향해 북쪽으로 용감한 전투를 이끌었다. 몇 주 더 격렬한 전투를 치른 후 국제연합군은 서울을 탈환했고, 4월 초 미군은 다시 38도선을 넘었다. 그달 말 중국군의 마지막 대규모 공세를 저지했으며, 1951년 늦봄에 전투는 오늘날 한반도 비무장지대와 거의 비슷한 선에서 고착되었다. 국제연합군은 동쪽에서 38도선 이북을 점령했고, 중국군과 북한군은 서쪽에서 38도선 이남의 일부를 점령했다. 2년 더 잔혹한 전투를 치르고 (대체로 제1차 세계대전을 떠올리게 하는 진지전이자 참호전이었다) 우여곡절이 많은 평화협상 끝에 전쟁이 끝났을 때, 양쪽이 차지한 땅은 여기에서 큰 변동이 없었다.

전쟁의 연장

1951년 6월 23일 소련의 국제연합 대표인 야코프 말리크는 교전국들에게 정전 논의를 시작하자고 제의했다. 트루먼은 동의하며 대표들이 적당한 회합 장소를 찾을 것을 제안했다. 그 장소는 38도선으로 양분된 한국의 옛 수도 개성이었다. 휴전회담은 7월 10일에 시작되었는데, 처음에는 국제연합 대표로 해군 중장 C. 터너 조이가, 북한 대표로는 남일 중장이 회담을 이끌었다. 회담은 여러 차례 중단되고 장소가 판문점(현재도 남아 있다)으로 바뀌면서 지루하게 길어졌다. 양쪽의 군사분계선을 적절하고 공정하게 설정하는 문제로 끝없이 옥신각신했지만, 협상을 질질 끈 주된 문제는 양쪽에 엄청나게 많았던 전쟁포로의 처리였다. 결정적인 문제는 1952년 1월 미국이 제시한 것으로, 송환과 관련된 선택의 자유였

국제연합 협상단. 앞줄에 백선엽이 있다. (미국 국립기록보관소)

다. 북한군 전쟁포로의 약 1/3이, 중국군 전쟁포로는 훨씬 더 높은 비율
이 공산당이 통제하는 곳으로 돌아가기를 원하지 않았다. 한편 남한은
한반도의 분단이 유지되는 조건이라면 어떤 휴전협정에도 서명하려 하
지 않았으며, 1953년 6월 중순 이승만은 갑자기 약 2만 5000명의 전쟁
포로를 석방했다. 이에 미국은 이승만이 한 번 더 휴전을 방해하려 하면
쿠데타로 제거하기로 하고 계획("상비 작전Operation Everready")을 수립했다.
그러나 이승만은 여느 때처럼 제 갈 길을 갔다. 드와이트 아이젠하워 행
정부는 종전 후 방위조약 체결과 막대한 '원조'를 약속하며 이승만을 매
수하려 했지만, 이승만은 그래도 휴전협정 체결을 거부했다.

북한은 미국과 연합국의 많은 전쟁포로를 학대했다. 가혹하게도 음

판문점의 북한 협상 대표 남일. (미국 국립기록보관소)

식을 주지 않았고 특히 잠을 재우지 않았으며, 많은 전쟁포로에게 미국에서 '세뇌'로 알려진 사상전향을 강요했다. 동시에 미국이 개인의 권리와 인간의 존엄성, 제네바협약을 존중한다고 끝없이 이야기했는데도, 남한의 포로수용소에서는 전쟁포로들이 북한파, 남한파, 중국파, 대만파로 나뉘어 서로 싸우고 다른 전쟁포로들의 충성을 얻으려 하면서 사실상 전쟁이 이어졌다. 미국의 예상과 달리 공산주의자들은 전쟁포로에게 보다 차등적으로 폭력을 가했던 반면에, 남한은 포로를 전쟁포로로 삼기 전에 일상적으로 살해했으며 살려둔 포로는 고문하고 정신적으로 괴롭혔다. 1940년대의 소요 때 흔히 보던 우익 청년단체들은 반공 포로를 조직하려 했으나 대체로 마구잡이 폭력을 가했을 뿐이다. 양쪽 모두 전쟁포로를 정치적으로 '전향'시키려 했으나, 공산주의자들은 긍정적인 메시지를 전달했고 자신의 말에 확신을 지닌 것으로 보였던 반면, 우익 청년단체 지도자들은 단순하게 기계적인 복종을 요구했다(이러한 이야기를 전하는 가장 좋은 자료 중 하나는 『딘 장군의 이야기General Dean's Story』이다). 한국군은 포로수용소에서 몇 년을 보낸 전쟁포로를 석방한 후에도 여섯 달 동안 "재교육"을 시킨 후에야 가족에게 돌려보냈다. 60명은 공산주의 사상의 "세뇌"에서 벗어나지 못했다는 이유로 억류되었다.[33]

전쟁포로 문제는 1953년 6월 8일에 가서야 마침내 해결되었다. 공산주의자들은 송환을 거부한 전쟁포로를 석 달 동안 중립국감시위원단의 통제에 맡기기로 동의했다. 그 기간이 끝난 후에도 여전히 송환을 거부하는 자들은 석방하기로 했다. 공산주의자들은 6월과 7월에 두 차례에 걸쳐 마지막으로 큰 희생을 치르며 공세를 퍼부어 땅을 더 빼앗으려 했지만 실패했고, 미군 공군은 북한의 식량 생산에 필요한 용수의 75%를 공급하는 거대한 댐을 타격했다. 1953년 6월 20일 《뉴욕타임스》는 소련 간첩으로 고발된 줄리어스 로젠버그와 에설 로젠버그 부부가 싱싱 교도소에서 처형되었다고 전했다. 미국 공군은 일간 전쟁 보도에서 작은 글씨로 자신들이 북한의 구성저수지와 덕산저수지를 폭격했다고 전했으며, 북한 라디오는 한층 더 작게 그 두 저수지가 "심한 손상"을 입었다고 인정했다. 이틀 후 《뉴욕타임스》는 국무부가 외국에 있는 미국공보처 도서관에서 미국 책 수백 권의 비치를 금지했다고 보도했다. 여기에는 대실 해밋의 『몰타의 매』도 포함되었다.

싸움은 훨씬 더 일찍 끝날 수도 있었지만, 소련과 미국 모두 전쟁을 더 지속되길 원했다. 한국전쟁은 이제 전면전으로 비화할 위험이 없었기 때문이다. 몇몇 역사가는 1953년 3월 스탈린이 사망하고 5~6월 아이젠하워 행정부가 공중전을 강화하면서 마침내 열전이 끝났다고 생각하는 반면에, 다른 이들은 1951년에 전쟁이 쉽게 끝날 수 있었다고 주장한다. 그러나 전쟁이 오래 계속되자, 미국도 병기고에서 가장 큰 무기를 꺼내 보였다. 1953년 5월 26일 《뉴욕타임스》는 대포에서 발사한 첫 번째 핵폭탄에 관한 기사를 실었다. 그 폭탄은 네바다 주 프렌치먼플랫*에서 10킬로톤의 파괴력(히로시마 핵 출력의 절반)으로 폭발했다. 며칠 뒤 네바다 주 핵실험장 역사상 "가장 강력한 핵폭발"이 일어났다. 어떤 이들은 그것이 수소폭탄이었을 것이라고 추정했다. 과거의 기밀 자료에 따르면, 1953년 5~6월에 아이젠하워 행정부는 전쟁을 끝내기 위해서라면 못할 일이 없음을 보여주려 했다. 5월 중순 아이젠하워는 국가안전보장회의에서 한국에서 핵무기를 쓰는 것이 재래식 무기보다 비용이 적게 들어간다고 말했으며, 며칠 후 합동참모본부는 중국에 핵공격을 가할 것을 권고했다. 네바다 주에서 실시한 핵실험은 이 핵 위협의 일부였다. 다시 말해 적에게 휴전협정에 서명하는 것이 낫다는 메시지를 전달하는 방법이었다. 그럼에도 아이젠하워의 핵 위협이 공산주의자들의 전쟁 종결 결정에 영향을 미쳤다는 증거는 없다. 그들의 종전 결정은 몇 달 전에 이루어졌기 때문이다(그러나 1953년 이후 『몰타의 매』가 순진한 자들을 여럿 망가뜨렸다는 것은 사실이다).

---

* '프렌치먼플랫(Frenchman Flat)'은 미국의 핵실험장인 네바다 주의 분지이다.

1953년 7월 27일, 전쟁 당사국 네 나라 중 세 나라가 휴전협정에 서명했다(남한은 여전히 이를 거부했다). 협정에 따라 한반도 중간을 가로질러 굽이치는 너비 약 4킬로미터의 완충지대가 설치되었고, 그곳에서 군대와 무기를 철수하기로 했다. 오늘날 엄중히 방어되고 있는 이 '비무장지대'는 1953년 휴전협정과 더불어 한국의 평화를 유지하고 있다. 평화조약은 체결되지 않았고, 그래서 한반도는 법률적으로는 여전히 전쟁 상태에 있다.

여러 백과사전은 이 3년간의 분쟁에 참여한 나라들이 도합 400만 명의 사상자를 냈다고 쓰고 있다. 그중 최소한 200만 명은 민간인이었다. 제2차 세계대전이나 베트남전쟁보다도 민간인 사상자의 비율이 더 높다. 미군은 한국전쟁에서 총 3만 6940명을 잃었다. 이 중 3만 3665명은 전사했고, 3275명은 교전과 무관한 이유로 사망했다. 9만 2134명의 미군이 전투 중에 부상을 당했고, 8176명은 수십 년이 지난 후에도 여전히 행방불명으로 보고되었다. 남한의 사상자는 131만 2836명이었고, 이 중 사망자는 41만 5004명이었다. 다른 국제연합군의 사상자는 1만 6532명이었고, 이 중 사망자는 3094명이었다. 북한의 사상자는 민간인 약 100만 명과 군인 약 52만 명을 포함하여 200만 명으로 추산된다. 전사한 중국군 병사는 대략 90만 명이다.[34]

기자들에 따르면 워싱턴의 미국 정부는 종전을 "단체로 어깨를 으쓱"하며[큰 관심 없이] 맞이했다. 뉴욕에서는 텔레비전 촬영기자들이 타임스퀘어에서 종잡을 수 없는 시민들을 구슬려 평화에 찬성하는 함성을 담아내고자 했지만, 거리에는 사람이 별로 없었다. 지하철 요금이 막

15센트로 인상되었기 때문이다. 다음 날 아이오와 주의 법정은 의회가 전쟁을 선언하지 않았기 때문에 한국은 결코 전쟁 상태에 돌입하지 않았다고 판결했다.

기억해야 할 점은 한국전쟁이 내전이며,[35] 영국의 어느 외교관이 말했듯이, "모든 나라는 자신만의 장미전쟁을 가질 권리가 있다"는 것이다. 진정한 비극은 전쟁 그 자체가 아니었다. 순전히 한국인들 사이에서 벌어진 내전이었다면 식민주의와 민족 분단, 외세 개입으로 초래된 엄청난 긴장을 해결했을지도 모른다. 비극은 전쟁이 아무것도 해결하지 못했다는 것이다. 이전 상태로 돌아갔을 뿐이며, 그저 휴전을 통해 평화를 유지했을 뿐이다.

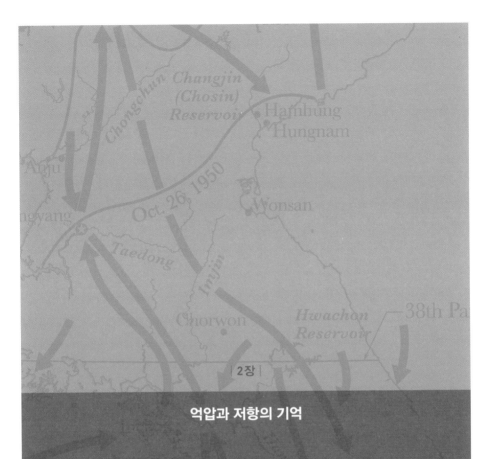

| 2장 |

억압과 저항의 기억

총 맞구 칼 맞구 몽둥이 맞구 가던 귀신

비행기 폭격을 맞구 가던 귀신

불에 타서 일그러지구 재가 된 귀신에

마차에 기차에 추럭에 땡크에 치여 죽던 귀신 (…)

왼갖 잡색 객사귀 원귀야

오늘 많이 먹구 걸게 먹구

모두 먹구 나가서라

　– 황석영, 『손님』

　2007년 4월 25일 《뉴욕타임스》는 창군 75주년 기념일에 평양 거리를 오리걸음으로 지나는 북한군 병사들의 사진을 실었다. 신문은 정권이 1948년에야 수립되었다고 썼을 뿐, 그 이상의 정보는 제공하지 않았다. 다른 기사는 일본 총리 아베 신조가 조지 W. 부시를 방문하고자 워싱턴에 도착했다는 소식을 전했다. 그 기사에서든 아베가 권력을 장악한 이후의 다른 어떤 기사에서든, 두 사건을 연결시키지는 않았다. 아베는 1급 전범이자 전후에 총리를 지낸 기시 노부스케의 손자이다. 기시 노부스케는 1930년대 만주국 총무청 차장을 지냈다.

최근에 총리를 역임했던 다른 인물인 아소 다로도 일본제국과 직접적으로 연결된다. 그는 탄광을 소유한 부자의 상속자인데, 그의 가족회사는 전쟁 중에 수많은 한국인에게 강제노동을 시켰으며 잔인함과 끔찍한 노동조건으로 악명이 높았다. 연합군 전쟁포로들, 특히 오스트레일리아군과 영국군의 포로가 그곳에서 강제노동을 했다. 아소 다로는 총리를 지낸 요시다 시게루의 외손자이므로, 그의 가계는 메이지유신의 지도자들까지 거슬러 올라간다. 또한 아소 다로는 혼인 관계를 통해 기시 노부스케와 사토 에이사쿠(역시 총리를 지냈다), 아베 신조는 물론 황실과도 인척이 된다.[1] 조선민주주의인민공화국이 세습 공산주의의 면모를 지녔다면, 전후 일본은 세습 민주주의이다. 의원들은 70~80%가 아버지로부터 의석을 물려받았거나 유명한 정치 가문 출신이었다. 일본에서 아베나 아소 같은 사람이 권좌에 오르면, 북한 지도부는 다른 이들은 모르거나 잊어버린 그들의 가계를 기억한다.

북한 지도자들의 타고난 유아론은 굳이 말하지 않아도 다 아는 것이지만, 이런 특성은 흔히 일본 자민당 우파에게도 해당된다. 아베와 가까운 인사로 알려진 일본 항공자위대 막료장 다모가미 도시오는 2008년 논문을 발표했는데, 이렇게 제목이 붙었어도 어울렸을 것이다. "1895년 이후 일본의 전쟁에 관해 내가 언제나 말하고 싶었지만 말하기 두려웠던 모든 것." 일본 엘리트층의 많은 사람이 그렇듯이, 다모가미 장군도 일본의 식민지 사명의 미덕과 중국 및 미국에 맞선 그 전쟁의 정당성을 확고히 신봉하는 사람이다. 다모가미의 주장에 따르면, 1937년에 일본은 코민테른의 조종을 받은 장제스에 의해 중일전쟁에 말려들었고,

미국 정부에 침투한 소련의 간첩들(해리 덱스터 화이트 같은 자들)이 음모를 실행하여 미국이 제2차 세계대전에 참전했으며(그래서 "일본도 휘말렸으며"), 루스벨트는 "공산주의의 무시무시한 본질을 몰랐기" 때문에 속았다. 다모가미는 내친김에 '김석원 대좌'를 칭찬했다. 김석원은 1000명의 일본군을 이끌고 "수백 년 동안 조선을 들볶았던 이전 종주국, 즉 중국의 군대를 짓밟았다. 그는 훌륭한 전쟁 수행으로 천황으로부터 훈장을 받았다."[2] 다모가미 장군은 자신들의 베네딕트 아널드*를 칭찬함으로써 한국인의 상처에 소금을 뿌렸을 뿐만 아니라, 너무도 분명하게 말해서 총리는 그를 해임할 수밖에 없었다(2008년 10월 31일). 그러나 그의 논문은 호텔과 콘도미니엄을 소유한 한 부자가 후원한 대회에서 1등(상금 3만 달러)을 했다.

아베로 말하자면, 그는 2007년 3월 1일 여러 부류의 태평양전쟁 "위안부"(실상은 성노예)에 여성이 "강제로" 모집되었음을 보여주는 "증거는 없다"고 선언했다. 즉 아베는 "좁은 의미에서만 강제적"이었다고 상세하게 설명했으며, 이후 여러 날에 걸쳐 그 불분명한 차이를 명확히 하려 했다. 결국 2007년 3월 26일 자신의 발언을 "사과했다"(최초의 발언을 결코 철회하지는 않았다). 아베는 자신이 무엇을 사과하는지 분명히 가리키지 않은 채 "지금 이 자리에서 사과한다"고 말했으며, 이렇게 덧붙였다. "위안부에게 위로의 말을 전하며, **그들이 처한 상황에 대해** 사죄한다."[3] 여기서 아베는 세상을 떠난 전우들에 신의를 지켰다. 예전에 성노예였던 이들이

---

* '베네딕트 아널드(Benedict Arnold, 1741~1801)'는 미국독립전쟁에서 식민지군으로 싸우다가 영국군으로 변절한 장군이다.

버마의 "위안부"(1944년). (미국 국립기록보관소, 소정희의 허가를 받아
게재)

종종 그 군인들은 몸을 깨끗이 씻었고 옷을 단정히 입었으며 문을 나가
며 어색하게 사과했다고 말했다는 것이다.

　일본의 역사가들은 수십 년간 성노예 제도에 관해 글을 썼지만, 당
국은 그들에게 기록보관소에는 이에 관한 문서가 없다고 거듭 말했다.
1992년 역사가 요시미 요시아키는 어느 군 도서관의 서가에서 그러한
내용의 문서를 많이 발견했다. 그가 1995년에 발표한 책 『일본군 군대위
안부從軍慰安婦』*는 이제 권위 있는 자료가 되었지만, 그의 발견은 외무대신
고노 요헤이가 1993년 사과 담화를 하는 직접적인 동인이 되기도 했다.

---

* 이 책의 영문본은 2002년에 *Comfort Women: Sexual Slavery in the Japanese Military
during World War II*로, 국내에는 『일본군 군대위안부』(이규태 옮김, 소화, 2006)로 번역되었다.

고노 요헤이는 많은 여성이 유혹과 "강압"을 통해 "자신들의 의사에 반하여" 모집되었다고 밝혔다. (아베는 근본적으로 고노 담화를 거부한다.) 요시아키 박사와 여러 역사가들은 성노예 체계가 완전히 완성된 시기에는 약 5~20만 명가량의 여성이 속해 있었고 그 대다수는 한국인이었다고 판단했다. 물론 많은 여성이 평범한 직업을 구해준다는 약속에 유인되거나 속아서 간 뒤 강압에 의해 성노예가 되었다.[4]

많은 여성을 민족적으로 멸시하면서 그 삶과 존엄을 짓밟은 것은 범죄이다. 현대사에서 군대가 저지른 짓 중에 이보다 더 더러운 범죄를 생각하기는 힘들다. 여성의 정숙함이라는 한국의 유서 깊은 전통은 아기에게 붙여준 흔한 이름에, 옛날 양갓집 여인이 외출할 때 머리부터 발끝까지 덮었던 장옷에, 집안 깊숙이 자리한 여성의 공간인 안채(평온함과 고요함이 집안 여인을 묘사하는 특징이었다)에 반영되어 있다. 소정희 교수는 성노예의 실제 숫자가 아마도 5만 명 정도였을 것이라고(이것도 끔찍하게 많은 숫자이다), 기록에 남은 최초의 위안소는 1932~33년 만주국에 설치되었다고, 일찍이 1938년에 약 3~4만 명의 "주로 한국인"인 여성이 중국에서 성노예 체제에 붙잡혀 있었다고 밝혔다. 소정희 교수의 책은 또한 일본군 위안소에 들어갈 이들을 데려온 조달자들 중 다수(절반 이상)가 한국인이었다고 상세히 설명한다.[5] 많은 수의 한국인 남성도 일본군에 입대했다. 물론 병사였으며, 자원병은 소수였고 대다수는 징용된 이들이었다. 한국인은 약 18만 7000명이 육군으로, 2만 2000여 명이 해군으로 전쟁 중에 복무했고, 이들도 위안소를 이용했다. 남한군은 한국전쟁 중에 이와 비슷한 위안소를 세웠고, 때로는 북한에서 납치한 여인들을 이용했다.[6] 많은 성노예들은 심신이 완전히 망가져 감히 가족에게 돌아갈 생각을 하지 못했고, 일본과 오키나와, 한국, 필리핀에 있는 미군 기지 옆 불결한 사창가에서 계속 일하는 것 외에 선택의 여지가 없었다.

"좁은 의미에서만 강제적"이었다는 아베의 말은 군 장교들이 집의 문을 박차고 들어가 10대 소녀들의 머리채를 잡아서 끌고 나오지는 않았다는 뜻으로 밝혀졌다. 그러나 아베가 나중에 인정했듯이, 민간인 중개인, 식민지 협력자, 거짓말을 한 포주, 공장에 좋은 일자리가 있다고 주장한 사업가들이 젊은 여인들을 속여 이 무참한 처지로 내몰았다는 점에서(시작은 대체로 강간을 의미했는데, 특히 처녀일 경우 더욱 그러했다), 그것은 '넓은 의미에서 강제적'이었다. 속아서 하루에 40~50명을 상대하는 "직업"에 빠져들어 몇 달에서 몇 년까지 자유를 빼앗기고 억류당한 채 겨우 목숨을 부지할 만큼의 음식만 받으며 살아간 젊은 여인들의 입장을 단 한 번만이라도 생각해본다면, 아베는 무릎을 꿇고 용서를 구해야 마땅하다. 이 주제에 관한 학문은 거의 언제나 여성들이 수행했는데, 동아시아에서(또는 그밖에 어느 곳에서나) 여성을 매춘에 끌어들인 힘든 삶의 기회, 가족의 파탄, 일상적인 지위의 하락을 설명한다.[7] 물론 '위안부' 중에 원래 매춘부였던 경우는 극소수에 불과했다. 그리고 많은 여성은 "좁은 의미에서만" 강제로 매춘부가 되었다. 한국의 어느 마을에서는 양반 가문에 속한 자들이 일본인 관리나 한국인 경찰에게 어디에 가면 평민 거주지에서 예쁜 소녀들을 찾을 수 있는지 알려주었을 것이고, 그녀는 공부를 시켜주겠다거나 직업을 구해주겠다는 약속에 속아 넘어갔거나 강제로 트럭의 짐칸에 내던져졌을 것이다.

아베 총리의 불분명하고 비겁한 행태는 일본의 신민통치에 반대하여 1919년 3월 1일에 시작된 전국적인 봉기를 기념하는 한국의 국경일에 벌어졌다. 3월 1일은 또한 1932년 일본이 (북동부 중국을 점령한 뒤) 만주국을 세운 날이다. 테사 모리스 스즈키는 이 논쟁이 독일에서 이루어진다고 생각하면 문제의 그 지도자의 이름은 크루프*일 것이라고 썼다.[8]

미국인은 자신들이 이 모든 일과 무관하다고 생각하거나 독일인에 비해 일본인이 얼마나 지독했는지 지적하면서(독일인은 자신들의 역사를 매듭지으려고 진심으로 노력했다) 안도해서는 안 된다. 미국은 일본을 단독으로 점령하여 놀랍도록 너그러운 평화협정을 체결했고, 그 이웃 나라들에 전쟁 피해를 배상하지 않도록 했으며, (허버트 빅스가 퓰리처상을 수상한 책 『히로히토 평전: 근대 일본의 형성*Hirobito and the Making of Modern Japan*』에서** 설명하듯이) 기시 노부스케 같은 자들을 권좌에 복귀시켰다. 미국인들은 또한 한국에서는 오늘날에도 일본과의 관계에 늘 따라다니는 일제 지배의 상처, 지금도 여전히 쓰라린 그 상처를 자주 잊는 것 같다.

기원과 시작

널리 알려진 대로 프리드리히 니체는 인간사의 기원에 의문을 제기

---

* '크루프(Krupp)'는 독일의 복합기업으로 독일군에 무기를 공급하여 나치의 공격전쟁에 기여하고 강제노동을 이용한 혐의로 뉘른베르크 재판에 회부되었다.
** 국내에는 『히로히토 평전: 근대 일본의 형성』(오현숙 옮김, 삼인, 2010)으로 번역됐다.

했지만(기원의 탐색은 늘 시간을 거슬러 올라가며 불가피하게 끝없이 수정된다), 그가 **시작**은 결코 일어나지 않는다고 말한 것은 아니다. 『도덕의 계보학』은 성경과 2000년간 이어진 그 가르침의 해석(오해)으로 시작한다. 한국전쟁의 시작은 일본군이 중국 동북3성을 침공하여 꼭두각시 국가인 만주국을 세웠던 1931~32년에 있다. 일본은 곧 잡다하기는 했지만 규모가 상당했던 유격부대와 비밀결사, 산적 무리의 저항에 직면했다. 한국인은 그 구성원의 압도적 다수를 차지했다. 중국공산당 같은 조직에서는 최고 90%까지 한국인이었다(1930년대 초에 중국공산당의 실질적인 최고 지도자들과 당의 주된 역사적 계보가 남동부 중국에 있었던 것이 한 가지 이유였다). 일본은 자신들과 협력하여 이 저항 세력을 분쇄할 소수의 한국인들을 빠르게 찾아냈다. 1930년대 중반 김일성이라는 가명을 썼던 인물이 강력한 유격대 지도자로 유명했다. 당시 만주에서는 도조 히데키가 관동국 경무부장이자 관동군(만주 주둔 일본군) 참모장을 맡고 있었다. 그는 일본이 진주만을 공격할 때 군을 지휘했으며, 이후 더글러스 맥아더 장군의 미국 점령군에 의해 전범으로 사형을 선고받은 인물이다. 도조는 일반 경찰과 두려움의 대상이었던 헌병대를 통합하는 데 결정적인 역할을 했다. 한국인과 중국인의 유격대를 추적하여 살해한 한국인 중에는 다모가미의 영웅인 김석원이 있었다. 그는 1949년 여름 38도선을 (당연히 남쪽에서) 지킨 자다.[9] 이 만주의 도가니는 전후 한국에서 가장 중요한 두 지도자인 김일성과 박정희, 그리고 전후 일본의 여러 핵심 지도자를 배태했다(예를 들면 기시 노부스케는 만주국의 군수품을 책임졌을 뿐만 아니라, 1950년대 중반에는 시나 에쓰사부로를 비롯한 몇몇 이들과 협력하

여 오랫동안 일본의 독특한 일당 지배 민주주의의 핵심이었던 자민당의 주류를 형성했다).[10]

북한 사람들에게 중요했던 것은 일본보다는 한국인 매국노였다. 그들이 철천지원수였던 것이다. 북한은 기본적으로 1950년의 전쟁을 남한군 최고 지휘부를 무너뜨릴 방법으로 보았다. 그들은 거의 전부가 일본을 위해 일했기 때문이다. 한국전쟁 중에 미국은 이런 사실을 거의 몰랐고, 알았을 때는 일본이 동맹국이었기에 중요하지 않게 여겼다. 그러나 미국인들이 어떻게 생각하는가는 중요하지 않다. **그들**이 어떻게 생각하느냐가 중요하다. 1910~45년까지 일본의 한국 점령은 그 이후로 한국 국민의 의식을 깊이 파고들어 괴롭혔다는 점에서 나치의 프랑스 점령과 비슷하다. 만주는 또한 고구려 왕국(기원전 37년~기원후 668년)이 그곳에서 널리 지배력을 행사했다는 사실을 기억하는 한국의 애국자들에게는 '대ᄉ한국'에 속했다. 그리고 고구려는 북쪽 공화국에 중요한 한국인 조상들의 계보가 시작되는 나라이다.

김일성은 1932년 봄부터 만주에서 일본과 싸웠고, 그의 후계자들은 모든 것의 기원을 이 먼 시작까지 추적한다. 이 정권에 덧붙여진 다른 모든 특징(공산주의, 민족주의, 불량국가, 사악한 적)을 뒤로 하면, 이 나라는 다른 무엇보다도 우선 항일 국가였다. 이 국가의 담론은 항일투쟁의 초기부터 현재까지 이어지며, 자신보다 어린 세대는 1930년대에 일본과 싸우고 1950년대부터 내내 미국(일본과 동맹했고 일본 전역에 기지를 세워 사용한 나라)과 싸운다는 것이 어떤 의미인지 알 수 없다고 믿는 나이 든 엘리트들은 모든 국민의 머릿속에 이 담론을 주입한다. 1950년 한국전쟁 발발 이후 어느 정도 지각 있는 성인들이 뿌리 깊은 유교의 가부장제와 효심을 지녔다고 생각하면, 왜 최근 몇 십 년간 북한 최고 지도부에 그토록 변화가 없었는지, 왜 이 엘리트들(그리고 그 가차 없는 민족주의)이 무대에서 사라지기 전까지는 근본적인 변화가 일어날 가능성이 없는지 약간은 이해할 수 있다. 2009년 북한의 서열 10위까지 최고위 지도자들의 평균 연령은 일흔다섯 살이었다. 2000년 서열 40위까지의 고위 지도자들 중에 예순 살 안 된 이는 단 한 명, 김정일뿐이었다. 이 노인 정치 체제는 1932년 이래로 죽 이어져, 북한에서 가장 중요한 이 정통성으로부터 벗어나는 것은 절대로 허용되지 않는다. 가장 좋은 사례는 아닐지 모르겠지만, 다이앤 소여는 2006년 말 ABC 방송국의 취재단을 이끌고 북한에 갔을 때 북한군 판문점대표부 대표 이찬복 장군과 회견을 했다. 소여는 그곳에 얼마나 오래 있었냐고 친절하게 물었다. "40년"이라는 답변에 소여는 깜짝 놀랐다. 베트남에서 구정 공세로 미국의 노력이 사실상 끝나기 1년 전부터, 이찬복은 매일 아침 일어나면 적의 전투서열을 확인했다.

수십 년 동안 남한 정보기관은 김일성이 남의 이름을 사칭했다는, 한국의 유명한 애국자의 이름을 빼앗은 소련의 꼭두각시라는 정보를 퍼뜨렸다. 이렇게 연막작전을 펼친 진짜 이유는 너무나 많은 자국 지도자들이 일본을 섬겼다는 슬픈 진실에 있었다(이런 반박을 생각해보라. [현재 인물과] 다른 사람일지언정 일본에 맞서 영웅적으로 싸운 김일성이라는 사람이 **있었다면**, 당신은 그때 무엇을 했는가?). 이러한 거짓 정보는 곧 진실 앞에 무너졌다. 1989년 서울에서 한국 공산주의 연구의 선도자인 서대숙이 젊은 청중에게 마침내 진실을 이야기할 수 있었을 때, 김일성이 실제로 항일 투사였다는 이야기를 들은 청중은 모두 박수를 터뜨렸다. 한편 북한은 열 살짜리 아이가 들어도 믿을 수 없을 만큼 김일성의 업적을 심하게 부풀리고 신화로 만들었다. 진실은 과거 남한 정부들의 필사적인 거짓말과 북한의 끝없는 과장의 드넓은 간극 사이 어딘가에 있을 것이다.

두 개의 한국은 1930년 초부터 모습을 드러냈다. 그중 하나는 어느 쪽도 사정을 봐주지 않는 끝없는 격렬한 투쟁에서 태어났다. 만주국에서 체험한 진실은 북한 지도부의 영혼을 불태웠다. 다른 진실은 도시 중간계급의 탄생이라는 뚜렷한 현상이었다. 사람들은 항일투쟁의 강화를 향해 나아가는 대신, 화신백화점과 극장, 도처에 퍼진 술집과 찻집 같은 편안한 공간 속으로 들어갔다. 주민의 75%가 아직 농민이었고 서울 거리에서 급증하는 노동계급이 소수의 중간계급과 나란히 북적이던 이 시기 한국의 복잡성은 강경애가 1934년에 발표한 소설 『인간 문제』에서 훌륭하게 포착했다.[11] 작가이자 '신여성'의 전형이었던 강경애는 한때 만주의 유격대에 합류하기를 원한 적이 있었고, 나중에는 인천의 새로운 직물 공장에서 수백 명의 여성들과 함께 일했다. 예리한 비판적 감수성을 지닌 강경애는 도시 근대성의 도래를, "모던 보이"와 "모던 걸"을 기록했으며, 동시에 한국 여성의 위험한 삶에 분노했고, "입으로만 떠드는 그러한 인텔리"를 풍자했다. 강경애는 의견을 내고 감옥에 간 지식인들도 결국 일본인의 설득에 넘어가 "변절"해서 벌을 면하고 풀려났다고 썼다. 앞선 세대의 한국 여성은 그녀가 겪은 일을 경험할 수 없었을 것이다. 그것은 브레히트식 경험이었다.

취해진 조치

당신들의 보고는 우리에게 세상을 바꾸려면 무엇이 필요한지 알려준다:

분노와 끈기, 지식과 의분

신속한 행동, 극도의 신중함

냉정한 인내, 끝없는 버티기

개인을 이해하고 전체를 이해하기

현실에서 배워야만

현실을 바꿀 수 있다.

— 베르톨트 브레히트

브레히트는 1931년에 발표한 희곡을 이렇게 시작한다. "그 나라에서
도 혁명은 전진한다. 그곳에서도 투사들은 잘 조직되어 있다. 우리는 취
해진 조치에 동의한다." 브레히트는 압제자들에 맞서 싸우라고 모스크
바에서 만주로 파견된 공산당 선동가들에 관해 썼다. 그러나 그 선동가
들은 동지도 죽였다("우리는 그에게 총을 쏘고 그를 석회 구덩이 속에 처넣었
다"). 왜? "그는 운동을 위험에 빠뜨렸다." 그 희곡은 그렇게 시작한다. 그
리고 위에 적은 문장으로 끝난다.[12] 마치 안티고네처럼, 쓰러진 동지는 구
덩이 속에 버려졌다. 마치 소포클레스처럼, 브레히트도 독자를 점점 더
넓게 휘몰아치는 권력과 정의의 소용돌이 속에 내던진다. "취해진 조치"
는 옳았는가 틀렸는가? 그러나 소포클레스와 달리 브레히트는 명확한
판단을 내리지 않는다. 대신 브레히트는 〈조치〉가 상연되는 밤마다 등장

인물과 관객에게 그 딜레마를 해결하라고 내맡긴다.

브레히트는 몇 달 후 한국인 선동가들이 새로운 꼭두각시 국가 만주국에 맞서 무기를 들었을 때, 이 희곡이 얼마나 적합하게 보였을지 알 수 없었을 것이다. 그들은 무정한 지배자들과 잡다한 한국인 이주자들, 민족적 증오로 가득한 현지 중국인들의 올가미에 걸렸음을 알게 되었다. 그리하여 날마다 생사를 넘나드는 위험, 무모할 정도는 아니지만 성패가 불확실한 승산, 나쁜 도덕적 선택과 더 나쁜 도덕적 선택에 직면했다. 브레히트의 희곡은 〈안티고네〉의 정반대로 보인다. 국가에 맞선 개인의 저항을 정당화하는 대신, 혁명의 승리를 보장하기 위해서라면 그것이 개인의 희생을 의미할지라도 모든 조치를 다 취해야 했다. 그것은 브레히트가 전하고자 하는 바와는 달랐을 것이다. 브레히트는 관객이 혁명적 행위 대 궁지에 몰린 현 질서의 일상적 폭력이라는 끔찍한 딜레마를, 즉 히틀러의 득세와 자유주의적 진로의 소멸, 그리고 공산주의 혁명이라는 대안을 붙잡고 씨름하기를 원했다.

이처럼 좌우의 극단 사이에서 선택해야 하는 냉혹한 정치적 환경은 대공황 시기에 유럽과 동아시아의 대부분에 깃들었으며, 바로 그 환경에서 북한 지도부는 성년이 되고 자리를 잡았다. 한국의 저항 투사들은 무슨 짓이든 할 수 있는 군국주의자들에 대면했고 실행 가능한 유일한 방안은 폭력 투쟁이라고 재빠르게 결론 내렸다. 거의 80년이 지난 후에도 그 나라는 온갖 난관을 무릅쓰고 여전히 건재하며 일본 군국주의(그리고 미국 세력)에 맞서 대비하고 있다. 그러나 태평양전쟁의 외딴 구석에서 벌어진 ("심지어 그 나라에서도") 잘 알려지지 않은 싸움에 있는 이 먼 기원은 미국의 지도자들이 자신의 적인 평양의 권력자들을 늘 과소평가한 이유가 무엇인지 알게 해주는 열쇠이다.

시간이 지나면서 일본은 저항운동에 맞서 필요한 모든 수단을 동원하여 싸우는 방법의 교과서적인 사례를 정립했으며, 조선인들은 일본이 미국에 패하면 그 잿더미에서 권력을 장악할 '유격대 국가'의 기초를 세웠다. 일본의 대對유격전의 전제는 기후와 지형과 무섭도록 잔인한 방법들을 이용하여 유격대를 농민과 떼어놓고, 모진 심문과 사상 통제를 이용하여 그들의 정신을 해하고 파괴하는 것이었다. 겨울이 오면 형세는 급격하게 진압군에 유리해졌다. 과거 일본군 장교들이 말했듯이, 겨울이 오면 유격대는 한곳에 머물 수밖에 없고 진압부대는 기동성을 띠기 때문이다. 유격대는 요새화한 동절기 은신처에 숨었지만, 진압부대는 이를 찾아 불태웠다. "모든 것이 얼어붙기 때문에" 은신처를 재건하는 것은 거의 불가능했다. 혹한의 날씨 탓에 유격대는 빽빽이 우거진 초목의 보호를 받지 못하여 들키지 않고는 이동할 수 없었으며, 군사적 포위와 봉쇄로 기지가 고립되고 식량과 무기의 공급이 방해를 받았다. 큰 규모의 군대가 산악 지대와 저지대의 벌판과 촌락 사이를 차단하면, 소규모의 수색 섬멸 부대들이 산악 지대로 침투하여 보통 눈에 난 발자국을 쫓아서 유격대를 사냥했다.[13]

일본제국 군대는 유격대와 그들이 헤엄쳤던 주민이라는 바다 사이의 관계를 끊기 위해서라면 어떤 일도 마다하지 않았다. 협력자로 의심되는 농민을 학살했고(수많은 중국인이 일본군이 말하는 이른바 삼광三光작전, 즉 '모두 죽이고[살광殺光], 모두 불태우고[소광燒光], 모두 빼앗는[창광搶光]' 작전에 의해 살해당했다), 많은 주민을 집결부락이나 보호부락으로 이주시켰으며, 체포한 유격대원을 처형하거나 '전향'시켰다. 일본의 대유격전 전문가들은 미국인들에게 유격대와 농민 사이의 친밀한 관계 때문에 "반半산적들[원문 그대로]을 반드시 제거해야 한다"고 말했다.[14] 누가 "반산적"이었는가? 유격대에 관한 정보를 제공하지 않거나 세금 납부를 거부함으로써 유격대를 지원한 농민들이다. 다시 말해서 농촌 마을에서는 거의 모든 사람이 "반산적"이었다. 일본은 유격대의 '붉은 세포'에 맞서고자 의지할 수 있는 협력자들로 '흰 세포'를 세웠다. 체포된 유격대원은 보통 사살하거나 집중적인 '사상 개조' 방법들을 거쳐 변절(일본말로 덴코轉向[전향])시켰다. 그렇게 전향한 자들은 반공 단체나 이른바 내선일체를 장려하기 위한 협회의 지도자나 회원이 된다.[15] 하얼빈 731부대의 일본 세균전 전범들은 생체 실험에 쓸 '통나무(마루타丸太)'가 더 필요할 때 현지 감옥에 전화를 해서 이렇게 말하곤 했다. "공산주의자들을 더 많이 보내시오."

최근의 상세한 연구는 새롭게 이용할 수 있게 된 한국, 중국, 일본, 소련의 문서와 젊은 세대 역사가들의 고된 작업과 열린 마음으로 가능해졌다. 이 연구는 일본이 청나라(1644~1911) 통치자들의 고향인 만주를 점령하는 데 맞서 싸운 투사들의 대다수가 조선인이었음을 밝혔다. 1930년대 초까지 간도(젠다오성間島省)에만 약 50만 명의 조선인이 살았다. 간도는 국경 바로 너머 중국 땅으로 오래된 조선인 이주민 사회가 있는 곳이며, 1949년 이래로 중화인민공화국의 조선족 자치주였다. 간도로 이주한 조선인은 대부분 일본의 압제를 피해 도망친 이들이었다. 몇몇 초기 이주민들은 만주의 비옥한 땅을 개간하여 부자가 되었기 때문에, 농가가 그곳으로 이주하면 수입을 두세 배 늘릴 수 있다는 소문이 돌았다. 그러나 이 조선인들은 대체로 매우 가난했고 식민국가를 마음속 깊이 증오했으며, 1945년까지도 여전히 그러한 상태에 머물렀다. 당시 미국 정보부는 거의 200만 명에 달하는 만주 거주 조선인 중에 95%가 일본에 반대하며, 겨우 5%만 동조자이자 협력자라고 판단했다. 일본 관료들은 식민지 조선을 만주의 모델로 여겼고, 조선인 협력자들에게 만주국의 식민화를 도우면 조선이 독립에 더 가까이 다가설 수 있을 거라고 생각하도록 조장했다.

물론 상당한 경제개발과 가혹함을 결합한 당근과 채찍 정책이 일본 지배의 특징임을 생각하면, 어느 정도의 협력은 불가피했다. 그러한 정책은 일본의 아시아 팽창으로 제국 전역에서 기술자와 전문가가 부족했던 조선 식민지 시기 마지막 10년 동안 특히 더 두드러졌다. 야심 많은 조선인은 식민지 역사에서 가장 억압적이었던 시기, 조선어 사용이 금지되고 창씨개명을 해야 했으며 수많은 조선인이 이리저리 끌려다니며 소모품처럼 이용당하던 바로 그 시기에 출셋길이 열렸음을 깨달았다. 조선인은 증오의 대상이었던 총독부 경무국 경찰의 약 절반을 차지했으며, 만주에서는 젊은 조선인들이 호전적인 일본군에 장교로 입대했다. 친일 귀족들은 특별한 작위로 보상을 받았고, 이광수 같은 초기의 저명한 민족주의자와 지식인 몇몇은 공개적으로 일본제국을 지지했다. 협력이 불가피했다 하더라도, 그 상당한 규모는 불가피했다고 할 수 없다. 남한에서는 이러한 협력에 대해 충분하고 솔직하게 논의되거나 처벌된 적이 전혀 없었기 때문에, 그 문제는 곪아터졌다. 2004년에 가서야 마침내 정부는 친일 협력에 관한 공식적 조사에 착수했다. 1990년 이전 남한 엘리트 가운데 어림잡아 90% 이상이 친일 협력자나 그 가문과 연고가 있었다.

일본군은 1932년 간도에서 처음으로 중대한 대유격전을 시작하여 '공산주의자'나 공산주의자를 도왔다고 추정되는 이는 누구든 죽였다. 많은 희생자는 무고한 농민이었다. 북한 자료에 따르면 2만 5000명이 사망했다. 이는 과장된 수치로 보이지만, 어쨌거나 사악한 학살이 벌어진 것은 분명했다. 이 경험은 북한에서 가장 유명한 가극 〈피바다〉[16]의 밑바탕이 되었다. 그러한 일들은 대공황과 세계경제의 붕괴로 농민의 생계가 급격히 악화된 시기에 발생했다. 달러 지폐를 보면 조지 워싱턴을 볼 수 있다. 북한 지폐를 보면 오른편에 〈피바다〉의 여주인공이 보인다. 평양호텔의 거대한 타일 벽을 비롯한 북한의 여러 상징적 장소에도 그녀의 모습이 새겨져 있다.

꼭두각시

바로 같은 시기인 1932년 봄에 자신의 첫 번째 유격대를 조직한 김일성은 꼭두각시, 즉 '취해진 조치'의 지배자였다. 그러나 김일성은 1933년 9월 둥닝東寧전투 전까지는 무명 인사에 불과했다. 둥닝전투에서 중국 지도자들은 김일성이 이끄는 조선인 유격대 2개 중대의 지원을 받아 이 도시에 전에 없이 대규모로 공세를 퍼부었다. 김일성의 부대는 이 전투에서 중국인 지휘관 스중형을 구했고, 그때 이후로 김일성은 중

김일성과 그의 아내, 그리고 아들 김정일(1947년경). (미국 국립기록보관소)

국 최고위 지도자들의 막역한 친구가 되었다. 그 덕분에 반역 혐의로 중국인 동지들에게 체포되었을 때 목숨을 구했다. 사령관 스중형은 "김일성 같은 위대한 인물"이 "일본의 주구"일 리가 없다고 단언했고, 김일성이 유죄 선고를 받으면 자신의 유격대를 이끌고 공산당을 떠나겠다고 말했다.[17]

김일성은 중국어가 유창했기에 만주의 유격전에서 중국인과 조선인의 협력을 이끌어내는 데 주된 역할을 담당했다. 만주국이 설립된 이후 항일 유격대의 약 80%가량이, '중국공산당' 당원은 90% 이상이 조선인이었다. 1936년 2월 막강한 동북항일연군이 출현했고, 김일성은 여러 명의 중국인 연대장들을 거느리고 제3사단을 지휘했다. 1930년대 말 조선인들은 두 연대에서는 80%, 다른 연대에서는 50%를 차지하는 등 여전히 가장 큰 민족 집단이었다. 한홍구의 평가를 빌리자면, 이때쯤이면 김일성은 "만주 동부에서 큰 명성과 높은 지위를 지닌 조선 공산주의자들의 지도자"였다. 서대숙은 이렇게 쓴다. "김일성은 1938년과 1939년 내내 주로 남만주 및 남동만주 일대에서 싸웠다. 그 가운데에는 1938년 4월 26일의 류다오거우六道溝 공격과 1939년 5월의 또 한 차례의 국내 진격 등 수많은 기록이 있다."[18]

그러나 김일성은 혼자가 아니었다. 최용건(한국전쟁 발발 당시 민족보위성상)과 김책, 최현 같이 자신의 부대를 가진 조선인 유격대 지도자들과 함께 일했다. 김일성의 평판은 일본인에 의해서도 부풀려졌다. 일본이 김일성을 추적하여 죽이려고 이용했던 김석원 대좌(당시에는 가네야마 샤쿠겐金山錫源으로 알려졌다) 같은 조선인 매국노들과 김일성 사이의 싸움이 일본 신문에서 크게 다루어졌기 때문이다. 김석원은 일본군의 "김일성 특별 토벌대" 사령관인 노조에 쇼토쿠 장군 밑에서 일했다. 김석원 대좌는 1940년 2월 저명한 중국인 유격대원이자 김일성의 친한 동지였던 양징위를 죽이는 가장 큰 성공을 거두었다. 4월 노조에의 부대는 김일성의 첫 번째 아내로 추정되는 김혜순을 체포했다. 일본은 그녀를 이용하여 숨어 있는 김일성을 끌어내려 했으나 소용이 없자 살해했다.[19] 마에다 다케시는 조선인이 다수 포함된 다른 특별경찰대를 이끌고 1940년 초 몇 달 동안 김일성의 유격대를 추격했다. 마에다 부대가 마침내 김일성을 따라잡자, 1940년 3월 13일 김일성의 유격대가 그들을 공격했다. 양쪽에서 똑같이 사상자가 발생한 뒤, 김일성 유격대는 더 빨리 이동하려고 전쟁포로를 풀어주었다. 마에다는 거의 2주 동안 김일성을 뒤쫓다가 3월

북한 민족보위성상 최용건(1948년 경). (미국 국립기록보관소)

25일 덫에 빠졌다. 김일성은 250명의 유격대로 일본군 150명의 마에다 부대에 대적하여 승리했고, 마에다와 일본군 58명 및 부대에 배속된 그 밖의 인원 17명을 죽였으며, 13명을 포로로 잡고 많은 양의 무기와 탄약을 노획했다.

히틀러가 폴란드를 침공하고 제2차 세계대전을 촉발했던 1939년 9월에, 일본은 관동군 6개 대대와 만주국 군대와 경찰 2만 명으로 '대규모 토벌대'를 편성하여 여섯 달간 대유격전을 수행했다. 주된 표적은 김일성과 최현이 이끄는 유격대였다. 1940년 9월 훨씬 더 큰 부대가 중국인 유격대와 조선인 유격대를 겨냥한 대유격전에 착수했다.

> 토벌작전은 1941년 3월 말까지 1년 8개월 동안 진행되었고, 산적 떼는 김일성이 이끄는 자들을 제외하면 완전히 궤멸되었다. 산적 지도자들은 총에 맞아 죽거나 항복할 수밖에 없었다.[20]

달리 말하자면 대규모 대유격전은 독일의 소련 침공 직전까지 이어진 이 싸움의 마지막 2년에 마침표를 찍었다. 김일성 부대는 1940년 7월이면 340명 규모로 확대되었고, 그때 다시 노조에 장군 토벌대의 표적이 되어 여러 동지들이 살해당했다. 이후 김일성은 '소부대' 작전을 수행할 수밖에 없었다.[21] 수많은 유격대원이 일소되었다. 그들은 일본이 1931년 만주사변 때부터 학살한 약 20만 명의 유격대와 공산주의자, 비밀결사 회원, 산적에 포함될 수 있다.

이주한 조선인들 사이에 통일성이 없었기에(생계를 유지하려 한 평범한 농민, 사업을 시작하려 한 상인, 많게든 적게든 일본에 협력한 부역자, 그리고 공산주의자와 민족주의자, 산적, 범죄자로 이루어진 저항운동), 김일성은 확신을 갖게 되었다. 다른 무엇보다, (브레히트의 표현을 빌리자면) 어떤 수단을 쓰더라도 단합이 필요했다. 그때 이후로 북한 지도부는 전체주의적인 정책을 추진했다. 이견도 정치적 대안도 허용하지 않았다. 시키는 대로 하지 않으면 떠나야 했다. 이들은 권력을 장악하자마자 곧바로 유격대의 핵심 지도자들에게 거의 모든 것을 맡겼다(예를 들면 최용건은 조선민주당 대표로 취임했다). 외부에서는 개탄스러운 일로 보았겠지만, 이는 1930년대 이래로 북한 정치의 핵심적인 요소였다. 그들에게 정치적 수단과 목적의 딜레마는 그때 이후로 늘 일본이나 미국과의 전쟁에 의해 정의되었다. 일찍이 브레히트는 이렇게 말했다. "단순하게 생각하는 법을 배우는 것이 가장 중요하다. 단순한 생각은 큰사람의 생각이다." 브레이트가 이런 말을 했던 위기 상황, 그리고 한국인들이 싸웠던 위기 상황은 바로 그렇게 거칠고 상스럽고 잔인했다.

김일성과 김책, 최현, 최용건, 그 외 200여 명의 핵심 지도자들은 만주국의 산야를 조선인의 피로 물들인 냉혹한 투쟁에서 운 좋게 살아남은 생존자들이다. 그러나 1945년 이 유격대원들은 평양으로 돌아와 정권을 장악했고, 전형적인 조선인의 방식으로 통혼하여 자녀를 낳아 엘리트 학교에 보냈다. 그들의 후손이 오늘날 북한의 권력자들이다. 요컨대 평양의 터무니없고 끝도 없는 우상화가 어떻든 간에, 김일성은 항일운동에서 흠결 없는 혈통을 지녔다. 그의 가족도 마찬가지였다. 그의 아버지는 1924년 항일 활동으로 투옥되었다가 2년 후 석방된 뒤 곧 사망했다. 김일성의 동생 김철주는 1935년 일본에 의해 체포된 뒤 만주국에서 스무 살의 나이로 죽었다고 한다. 어머니의 오빠인 외삼촌 강진석은 1924년에 체포되어 일본의 감옥에서 13년을 복역했다. 북한이 중시하는 이와 비슷한 가족 이야기는 수백 가지나 된다. 조선인민군 차수에 올랐던 주도일은 일본군의 토벌작전에서 한 형제를 잃었고, 나머지 두 형제는 유격대원으로 싸우다 전사했으며, 어머니는 봉쇄된 유격대 기지에서 굶어죽었다. 이오송의 아버지도 아들이 식량 공급 담당자였는데도 유격대 기지에서 굶어죽었다. 그의 처남은 처형되었고, 유격대원이었던 두 여동생도 굶어죽었다. 극도의 영양실조에 걸린 이오송은 키가 일반 성인보다 작았다. 1971년 조선인민군 중장이었던 이오송은 만경대혁명학원의 원장이 되었다. 이는 1947년 수백 명의 고아를 위해 설립한 혁명자유가족학원의 후신이었다. 한국전쟁의 참화로 수천 명의 어린이가 이 부모 없는 안식처로 들어왔으며 지도부에 충원되었다. 만경대혁명학원은 북한의 핵심 권력층을 위한 주된 교육기관이며, 두 차례의 파괴적인 전쟁에서 탄생한 놀라운 '가족국가'의 상징적 도가니이다.

이 엘리트층의 최고의 관심사는 1930년대에는 몹시 부족했던 대규모 군대와 완전한 군비를 갖추는 것이었다. 1948년 2월 8일 조선인민군이 창설되면서(여러 해 후 이들은 창건일을 1932년 4월 25일로 변경했다) 이

군사국가의 기본적인 특징이 완전히 드러났다. 흔히 볼 수 있었던 스탈린 초상화 없이 오로지 김일성 초상화만이 내걸렸다. 김일성의 연설은 자주국가가 군대를 보유해야 할 필요성을 강조했다. "우리 조선 인민은 언제든지 어디까지든지 자기 운명을 자기 손에 틀어쥐고 자기가 주인으로 되는 완전 자주독립국가 건설을 위하여 자기의 손으로 통일적인 정부를 수립하기 위하여 모든 준비와 대책을 하여야 할 것입니다." 김일성은 조선인민군이 "백전백승"의 전통을 지닌 만주의 유격전에서 성장했다고 말했다. 그는 소련이 조선인민군의 건설을 도왔다는 말은 하지 않았다.[22] 한 해 뒤 조선인민군 창건 1주년에 김일성은 처음으로 '수령'으로 지칭되었다. 이는 고구려 시대에 '최고 지도자'나 '위대한 지도자'를 뜻했던 말로 그때까지는 오직 스탈린에게만 붙여진 호칭이었다. 이는 당시 공산주의 세계에서는 완전한 이단이었으나, 이후 1994년 사망할 때까지 그의 호칭이 되었다.

소련과 김일성

1991년 소련이 붕괴한 뒤, 소련군 군복을 입고 옷깃에 훈장을 단 김일성 사진이 발견되었다. 호치민처럼 김일성에게도 행적이 잘 알려지지 않은 '모호한 시기'(1941~45)가 있으며, 마침내 소련과의 밀접한 관계를 보여주는 명확한 증거가 나타났을 때도 그것은 거듭 부정되었다.[23] 내가 보기에 이 정보는 우리가 오래전부터 알았던(예를 들어 로이 메드베데프 같은 소련 반체제 인사의 글에서 알았던) 엄정한 사실과 비교 검증되지 않았다. 이를테면 스탈린은 1930년대 말 코민테른의 조선인 요원들을 한 명도 남기지 말고 사살하라고 명령했고, 소련 극동 지방에서 카자흐스탄과 우즈베키스탄으로 약 20만 명의 조선인을 이주시킴으로써(그 과정에서 수만 명이 사망했다) 종속 주민들의 집단적 강제 이송을 시작했다.[24] 두 경우에 공히 근거는 이들이 일본 간첩이거나 일본의 영향을 받는 이들이거나 전반적으로 믿을 수 없는 이들이라는 민족적인 것이었고, 이에 더하여 조선인과 일본인을 구분하기 어렵다는 이유도 있었다. 김일성과 소련의 관계는 그다지 깊지 않고 꽤나 불편했다고 밝혀졌다.[25]

안드레이 란코프는 소련 국내 자료에 의존하여, 소련이 1945년 8월 북한을 점령했을 때 "분명한 계획이나 미리 결정한 행동 방침"이 없었으며 여러 달 동안 모스크바의 명령 없이 현지에서 그날그날 임시로 결정을 내리며 그럭저럭 일을 처리했음을 증명했다. 김일성은 소련이 선택한 사람은 아니었다. 여러 달 동안 러시아인들에게는 민족주의 지도자 조만식이 김일성보다 우위에 있었다. 김일성은 조만식이 주도한 과도정부에서 국방장관이 된다. 1946년 2월 김일성은 란코프의 말을 빌리자면 "거의 우연히" 권력 구조의 가장 높은 곳에 올랐다.[26] 그러나 스탈린이 김일성을 선택하여 자신의 충실한 하인으로 평양의 권좌에 올려놓았다고 해도 크게 놀랍지는 않았을 것이다. 스탈린은 동유럽 전역에서도 그렇게 했기 때문이다. 그렇지만 다음과 같은 점을 지적하지 않는다면, 이 또한 크게 치우친 견해가 아닐 수 없다. 미국은 앞서 미국에서 35년을 보낸 망명 정치인 이승만의 일에 관여했으며, 전시의 주된 정보기관이었던 전략사무국은 비밀작전을 통해 이승만을 서울로 들여보냈다. 작전의 목적은 첫째로 이승만을 다른 망명 지도자들에 앞서 귀국시키고, 둘째로 특정 정치인을 두둔하는 데 반대한 미국 국무부를 피해가는 것이었다. 국무부는 특히 이승만에 호의를 베풀기를 거부했는데, 이승만이 한국인을 통치한 적이 없는 "대한민국임시정부"의 "전권공사"를 자칭하여 화가 났기 때문이다.[27]

3장

한국전쟁은 어떻게 잊혔나

인간은 과거의 커다란 하중, 점점 더 커지는 하중에 저항한다. 이 과거의
하중은 그를 짓누르거나 옆으로 휘게 만든다. 그것은 보이지 않는
어두운 짐으로 그의 앞길을 힘들게 한다.

　－ 니체

　이상한 일이다. 순간은 지금은 여기 있고 곧 사라지지만, 그럼에도
"유령처럼 다시 온다." 그리고 "인간은 '기억이 난다'라고 말하면서 동물
을 부러워한다." 들판에서 풀을 뜯고 신나게 뛰노는 소 떼는 현재를 살
며, 숨길 수 없고, 솔직할 수밖에 없다. 울타리 사이에서 노는 아이도 마
찬가지로 과거와 현재는 안중에 없다. 그러나 아이는 놀이에 방해를 받
을 것이며 "그랬다"라는 말을 이해하게 될 것이다. **"그랬다"**는 "투쟁, 고통,
권태와 함께 인간에게 다가와 그의 존재가 근본적으로 무엇인지 — 결코
완성되지 않는 미완료 과거임을 상기시켜주는 저 암호"이다.[1]
　구스타프 마이링크는 "지식과 기억은 동일하다"라고 썼다.[2] 어느 병
사는 79고지에서 벌어진 전투를 알고 기억한다. 그러나 마이링크가 완전
히 옳지는 않다. 지식은 당연히 기억에 관계되지만, 기억도 역사를 갖는
다. 기억은 오고 가지만 우리는 그것이 **어디서** 오는지, 어디로 가는지 이

해하지 못할 때가 많다. 기억은 불안정하고 변하며 진화하고 생각과 무관하게 변전한다. 시간적이고 물리적인 위치 이동, 제거, 동요, 전진과 후퇴, 확신, 공포, 경험의 획득과 상실이 존재한다. 인간의 기억은 난민이 겪은 경험을 발생학적으로 되풀이한다. 미셸 푸코의 추론은 기원의 추적 불가능성과 인간 의식의 불연속적 발달에 관한 니체의 추론을 닮았다. 니체의 추론에 따르면 인간의 의식은 완전성, 기억, 지혜라는 정해진 목표를 향해 불안정하게 발달하는데, 그 과정에서 경험을 쌓고 잊고 감추고 기억하고 억압하고 하나의 기억을 다른 기억으로 지운다. 기억은 이전의 이해와 해석이 쌓여 만들어진 "여러 겹의 침전층"을 통해 우리에게 다가온다. 인간은 역사를 겪고 기억 속에 넣고서는 자신의 필요에 맞게, 특히 자신이 범죄에 연루되었을 때 다시 쓰기 때문이다. 이러한 조형의 힘은 억압을 대가로 마음의 평안을 유지하지만 긍정적인 특성이기도 하다. 티나 로젠버그가 말한 "인류의 창의성과 재능을 보여주는 증거"인 것이다. 그렇지만 사람들은 "주체의 주권"을 보존하기 위해 온갖 난관을 무릅쓰며 투쟁한다. 이는 시작과 중간과 끝이 있는 삶의 이야기이다.[3]

기억의 반대, 혹은 약속 지키기의 반대는 망각이다. 니체의 말을 빌리자면, 망각 덕분에 우리는 "의식의 문과 창들을 일시적으로 닫을" 수 있다. 망각은 실제적인 능력으로 보자면 "문지기처럼 정신적 질서와 안정, 예법을 관리하는 관리자"이다. 인간에게는 망각이 필요하다. 그 반대인 기억도 마찬가지로 필요하다. 기억은 의지의 행위이다. 기억은 우리에게 "인과적으로 사고하라"고, 평가하고 반성하고 예측하라고 요구한다. 이것이 "**책임**의 유래에 관한 오랜 역사"이다. 책임을 진다는 것은 진지하게 기억을 돌보는 것이다. 망각도 의지의 문제이다. "일종의 능동적인, 엄밀한 의미에서의 적극적인 저지 능력"인 것이다. 우리 인간은 나약하다. 그래서 잊을 필요가 있다. 그러나 사람들은 "마음속에 각인된" 것을 기억하지 않을 수 없다. "끊임없이 **고통을 주는 것**만이 기억에 남는다." 고통은 기억 능력을 돕는 가장 강력한 조력자이다. 버지니아 울프도 "회상이라는 지하로 흐르는 강"인 트라우마가 기억을 가져다준다며 같은 통찰력을 보여주었다.[4] 한국인들이 기억하고 미국인들은 망각하는 이유가 본질적으로 여기에 있다.

한국전쟁은 현대의 다른 어떤 전쟁보다도 더 기억의 찌꺼기와 지연된 기억으로 둘러싸여 있다. 제1차 세계대전은 '현대의 기억에서' 지울 수 없다. 모든 것을 소멸한 그 폭력이 전쟁의 살육을 영원히 떠올리게 하기 때문이다. 제2차 세계대전은 선한 전쟁이었고 축하해야 할 완전한 승리였다. 베트남전쟁은 미국을 분열시켰다. 한국전쟁에서는 존재보다는 부재가 더 두드러졌고, 따라서 미국에서 처음에 한국전쟁을 가리켰던 '잊힌 전쟁forgotten war'이라는 명칭은 이러한 부재를 반영한다. 한국전쟁 참전 군인들은 자신이 무시당하고 오해받는다고 느낀다. 그들 또한 잊었다. 남한 사람들은 끔찍한 손실, 비극, 고통, 운명, 보이지 않는 고생의 옹이를, 다시 말해 기를 꺾고 내향적이게 만드는 내적 부정인 '한恨'을 경험한다. 북한 사람들은 모든 가족에게서 평균적으로 적어도 친족 한 명은 앗아간 재난을 기억한다. 그러나 여기에 온 정신을 집중하여 과거를 기억하고 이를 마음속 깊이 새긴 기억의 당파가 있다.

여러 해 동안 나는 '잊힌 전쟁'이라는 명칭을 거부했다. **알려지지 않**

은 전쟁unknown war이 더 나아 보였다. 그러나 미국인들에게 한국전쟁은 둘 다에 해당한다. 잊힌 전쟁이자 전혀 알려지지 않은 전쟁인 것이다. 한국전쟁은 전투가 고착되자마자 의식에서 사라졌다. 내가 알기로 "잊힌"이라는 이름표는 1951년 5월 《유에스 뉴스 앤 월드 리포트*U.S. News & World Report*》의 어느 기사 제목에서 처음 나왔다. (또한 이미 1973년에 마사 겔혼은 이렇게 썼다. "합의된 기억상실은 베트남전쟁에 대한 미국인의 반응, 거의 즉각적인 반응이었다." 텔레비전은 1973년 미군이 철수한 뒤 "정중히 침묵을" 지킴으로써 그 망각을 강화했다. 심지어 이 갑자기 "잊힌 전쟁"이 아직 끝나지도 않았을 때였다.)[5] 참전 군인들은 전장에서 고생하며 얻은 경험과 귀국했을 때 받은 이해할 수 없는 반응을 근거로 이 별칭이 한국에도 들어맞는다고 판단했다. 〈안티고네〉의 합창단은 이렇게 말한다. "전쟁이 끝났으니, 전쟁을 잊어라." 그러나 전쟁이 결코 끝나지 않았다면, 어떻게 전쟁을 잊을 수 있겠는가?

미국인들에게 한국전쟁은 잊는 편이 나은 여러 전쟁 중 하나일 뿐이다. 미국은 1945년 이래로 큰 전쟁에서 그다지 좋은 성과를 내지 못했기 때문이다. 한국전쟁은 그저 제3세계에 대한 무수한 개입 중 또 하나의 덧없는 사건에 불과하다. 그것은 이란이나 과테말라의 사례처럼 미국의 자존심을 걱정한다면 면밀한 검토를 견딜 수 없지만, 혼란스러운 경로로 돌아와 미국을 괴롭힌다. 그렇지만 정보와 경험의 범람은 탐구심이 매우 강한 사람조차 "다 소화할 수 없는 엄청난 양의 지식의 돌멩이"를 남긴다. 그래서 우리는 "토끼 한 마리를 통째로 삼킨 다음 조용히 햇볕에 누워 가장 필요한 동작 외에는 꿈쩍도 하지 않는 뱀처럼" 우리의 지식이 조용히 휴식하기를 원한다. 이는 마음을 어지럽히는 기이한 일이다. 인간적인, 너무나 인간적인 결점이다. 왜냐하면 "우리는 역사가 인간에게 **정직하게** 되라고 격려했다고 생각하기" 때문이다.[6]

내전

미국의 '완료시제'는 완전히 자동적으로 한국전쟁이 1950년에 스탈린과 김일성이 시작했고 1953년에 끝났으며(승리인지 교착상태인지 패배인지는 당파적 이해에 따라 좌우된다), 이후 그 별칭은 언제나 '잊힌 전쟁'이었다는 독단적 견해로 이어진다. 그러나 우리가 알아야 할 것은 시작이 전부라고 가정해보자. 김일성은 스탈린의 지원을 받아 6월 25일에 버튼을 눌렀고, 그렇게 전쟁이 시작되었다. 미국은 성공리에 김일성을 저지했고 남한을 회복했다. 이것이 끝이다. 성가신 문제가 여전히 남는다. 폴란드를 침공한 히틀러나 진주만을 공격한 도조 히데키나 쿠웨이트를 침공한 사담 후세인과 달리, 한국전쟁에서는 한국인들이 한국을 침공했다. 이를 어떻게 생각해야 하는가? 북한을 '해방'하기로 한 미국의 결정에 불가피하게 따라온 1950년 12월의 심각한 위기 중에, 다른 견해가 나타났다. 역설을 직관적으로 이해했던 영국 공공사업부 장관 리처드 스토크스의 견해였다. 미국이 일방적으로 내린 1945년의 38도선 분할 결정이 "실제로 발생한 충돌의 초대장"이었다는 것이다.

남북전쟁에서 미국인들은 북부군과 남부군 사이의 가상의[원문 그대로]
경계선 설정을 단 한 순간도 묵인하지 않았을 것이며, 영국이 남부를
위해 무력 개입을 실행했다면 미국인들이 어떻게 대응했을지는 너무도
분명하다. 이 두 전쟁은 매우 닮았다. 왜냐하면 한국의 경우처럼,
미국에서의 충돌은 두 미국인 집단 사이에서 벌어진 싸움일 뿐만
아니라 상충하는 두 경제체제 사이의 충돌이기도 했기 때문이다.[7]

1950년 이후 늘 이런 내전 간의 비교는 김일성이 다른 나라를 공
격했다는 미국의 공식적 견해 앞에서는 룸펠슈틸츠헨*과 같았다. 그것
을 말하면 논리는 무너지고 해석은 힘을 잃는다. 그러나 스토크스는 자
신의 주장을 한 단계 더 끌고 갔다. 한국전쟁은 내전이었을 뿐만 아니라,
상반되는 두 개의 사회적·경제적 체제 사이의 전쟁이었다는 이야기다.

스토크스는 우연히 옳은 이야기를 했다. 이 분쟁이 그토록 오래 지
속된 이유는 그 본질적인 성격에 있다. 우리가 먼저 알아야 할 것은 그
전쟁이 내전이었다는 것이다. 즉 기본적으로 상호 대립하는 두 사회체제
의 한국인들이 그들만의 목적을 위해 싸운 전쟁이라는 사실이다. 전쟁은
3년 동안만 지속된 것이 아니었다. 그 발단은 1932년에 있었고, 전쟁은
결코 끝나지 않았다. 미국이 베트남전쟁에서 명백히 패했던 1970년대 초
에는, 애덤 울람 같은 반공주의 성향의 학자(그는 1990년대에 한국전쟁을
"스탈린의 전쟁"이라고 불렀다)조차도 북한이 38도선 너머로 공격해 들어간

---

* '룸펠슈틸츠헨(Rumpelstilzchen)'은 독일의 전래동화로서, 룸펠슈틸츠헨이라는 도깨비가 자신의
이름을 맞추면 소원을 들어주겠다는 내기를 했다가 져서 사라졌다는 이야기다.

것은 마오쩌둥 군대가 양쯔강을 건너 남부 중국으로 들어간 것과 다르지 않다는 점을 숙고할 수 있었다.[8] 그리고 우리는 1975년 베트남 중부 고지대에서 쏟아져 나온 북베트남 군대를 또 하나의 사례로 추가할 수 있다. 중국과 베트남의 내전은 보병의 침공으로 끝났다. 그리고 1950년 6월을 수십 년 간 이어진 한국인들 간의 싸움의 끝으로 생각한다면, 시작이 아니라 대단원이었다면, 한국의 내전도 그렇게 끝났을 것이다.

미국인들은 이 전쟁을 1950년 6월에서 1953년 7월까지 이어지는 시간대로 제한하여 가둔다. 이러한 구조는 그 전에 일어난 모든 일을 단순한 전사前史에 머물게 한다. 6월 25일이 원죄이고, 그 이후에 따라오는 것은 전부 종전 후의 일이다. 이러한 구도는 또한 미국이 적극적으로 관여했던 시기를 구별하려 한다. 이 구별에 따르면, 1950년 6월 이전은 이승만이 스탈린과 마오쩌둥(아니면 둘 중 한 사람)의 지원을 받은 김일성과 대립한 시기이고, 1953년 7월 이후는 이승만이 자신의 신생 공화국이 위협받는 상황하에서 동족과 대립한 시기였다. 이러한 해석에 따르면, 우리는 누가 전쟁을 일으켰느냐는 질문에 주의를 집중하게 된다. 그 밑에는 이러한 질문의 올바른 답변이 다른 모든 질문에 답을 준다는 전제가 깔려 있다. 여기서 강조되는 것은 그에 앞서 일어난 모든 일과 그 뒤에 발생한 모든 일을 모호하게 만든다. 그 모든 것을 무관한 일로 치부하는 것이다. 오로지 미국인만 믿을 만한 이 미국적 해석으로 인해 오해되고 전혀 알려지지 않은 하나의 내전은 미국인의 눈앞에서 사라진다. 그러나 미국인의 자존심은 여전히 멀쩡하다. 미국인들이 "누가 시작했는가"라는 질문에 초점을 맞추는 것은 정치적이고 종종 이데올로기적이기도 한 태도이며, 1950년 6월 25일에 관한 미국 정부의 공식적 이야기로 시작된 정치적 평결을 요약하고 이를 매끄럽고 이해하기 쉽게 만드는 명예의 문제이다.

한국전쟁은 내전이었다(현재도 그렇다). 1991년 소련 자체가 잊힌 뒤 평양에 자리 잡은 소련의 꼭두각시 정권도 분명히 무너질 것이라는 가정이 있음에도 불구하고, 오직 이러한 이해만이 1950년 6월 **이전에** 남한에서 사라진 10만 명의 생명과 현재까지 지속되는 싸움을 설명할 수 있다. 따라서 최초의 전쟁 철학자인 투키디데스가 동족상잔의 전쟁에 관하여 무슨 말을 해야 했는지 보면 도움이 될 것이다. 그의 책에서 아마도 가장 유명한 글귀일 "전쟁은 난폭한 교사이다"라는 문장은 케르키라의 내전을 다룬 데서 나온다.

전쟁은 난폭한 교사이다. 그리하여 도시들에 잇달아 내란이 발생했다. (…) 만용은 충성심으로 간주되고, 신중함은 비겁한 자의 평계가 되었다. 절제는 남자답지 못함의 다른 말이 되고, 문제를 포괄적으로 이해하는 것은 무엇 하나 실행할 능력이 없음을 뜻하게 되었다. 충동적인 열의는 남자다움의 징표가 되고, 등 뒤에서 적에게 음모를 꾸미는 것은 정당방위가 되었다. 과격파는 언제나 신뢰받고, 그들을 반박하는 자는 의심을 받았다.[9]

이 인용문은 한국의 내전에 꼭 들어맞는다. 상세히 설명할 필요도 없다. 그리고 그 전쟁에 말려든 한국인들의 마음에 마치 피를 뽑는 의

사처럼 지금까지도 드리워져 있는 어두운 그림자를 설명해준다. 한국전쟁을 "모든 관점에서" 이해하는 것은 북한에서는 여전히 감옥에 갈 일이고, 이제는 (그리고 마침내) 민주화된 남한에서도 용서받지 못할 일이다. 이 인용문은 또한 미국 남북전쟁에도 적합하다. 남북전쟁은 지금까지 미국인들이 치른 모든 전쟁 중에서 가장 큰 참화를 초래했지만, 너무 오래전의 일이라 대다수 미국인은 전쟁이 전 국토를 휩쓰는 것이나 형제끼리 싸운다는 것이 어떤 의미인지 전혀 모른다.

오, 얼마나 문학적인 전쟁인가

이는 폴 퍼셀이 제1차 세계대전에 관하여 쓴 책의 한 장에 붙은 제목이다.[10] 한국에 관하여 이렇게 말할 사람은 결코 없을 것이다. 한국전쟁이 미국 문학에 등장한다면, 그것은 보통 전쟁에 참전했든 아니든 간에 1950년대에 성년이 된 인물의 배경 정도로만 쓰인다. 이 전쟁에서는 노먼 메일러의 『벌거벗은 자와 죽은 자 *The Naked and the Dead*』나 조지프 헬러의 『캐치-22 *Catch-22*』, 마이클 허의 『특보 *Dispatches*』 같은 작품은 나오지 않았다. 제2차 세계대전 같은 승리도 아니었고 베트남전쟁 같은 패배도 아니었던 한국전쟁은 큰 전쟁에서 싸웠던 부모를 존경했던 젊은이들을 비켜 지나갔다. 그들은 아직 베트남전쟁은 대면하지 못했으며, 한국전쟁에 궁극적으로는 당황했으나 그 전쟁을 온전히 **보지는** 못했고 빠르게 지나쳤다(그 전쟁에서 싸우지 않았다면 말이다). 어쨌거나 한국전쟁은 평화로운 1950년대와 극명히 대비되는 요소였고 지금도 그렇다. 거의 완전고용을 이루었던 편안한 "나는 아이크[아이젠하워]가 좋다" 시절, 할리우드에 등장한 총천연색 영화와 반항심이 절정에 달한 사춘기의 제임스 딘, 〈오지와 해리엇의 모험〉* 같은 가벼운 가족 오락의 시대에 들어선 텔레비전, 화려한 색깔에 크롬 도금을 한 '레드 슬레드',** 로켓 같은 꼬리판과 메릴린 먼로처럼 가슴이 부푼 전면 범퍼를 단 자동차를 생산하는 디트로이트의 시대였다. 이 모든 것이 1955년(뉴트 깅리치가 언젠가 아메리칸 드림의 정점이라고 말했던 해)까지는 그곳에 있었다. 이 향수는 인종분리와 어리석은 순응을, 그리고 당연히 한국전쟁을 묵살한다. 그러나 젊은이들은 대부분 그 시절을 사랑했다. 이전에는 (백인의) 시야에 나타난 적이 없던 엘비스 프레슬리와 리틀 리처드, 패츠 도미노 같은 음악가들을 미래에 대한 강렬한 희망을 품은 채 경험하는 것, 그것이 한국전쟁이 묻힌 다른 이유였다.

제임스 설터***의 아름다운 회고록 『뜨거운 시절Burning the Days』은 한국에서 보낸 여섯 달을 간략하게 설명한다. 그는 제2차 세계대전이 막 끝났을 때 처음으로 공군 조종사의 임무를 맡았기에, 한국전쟁은 그에게 제2차 세계대전을 대신한 전쟁이었다. 이 회고록은 영화 〈원한의 도곡리 다리〉****의 대본이 될 수도 있을 것이다. 한국전쟁을 다룬 가장 유명한

---

* 〈오지와 해리엇의 모험(The Adventures of Ozzie and Harriet)〉은 1952년부터 방송된 ABC방송국의 시트콤이다.
** '레드 슬레드(lead sled)'는 '납 썰매'라는 뜻으로, 차체의 장식을 떼어낸 뒤 생긴 틈에 납을 채워 넣어 차체를 크게 바꾼 자동차를 말한다.
*** '제임스 설터(James Salter, 1925~2015)'는 미국 공군 조종사였던 작가이다.
**** 〈원한의 도곡리 다리(The Bridges at Toko-ri)〉는 캐나다 태생의 마크 롭슨(Mark Robson)이 감독

할리우드 영화일 이 작품은 대부분 일본에서 촬영되었고, 이야기의 흐름은 제2차 세계대전에서 가져왔다(도코리Toko-ri는 도곡리의 일본어 발음이다). 이 영화는 할리우드가 매카시즘의 "포위공격을 받는다고 느꼈을 때" 등장했고 그 전쟁의 모든 논쟁을 교묘하게 피했다.[11] 마찬가지로 그 나라와 국민은 설터의 마음에도 별다른 흔적을 남기지 않는다. 설터는 싸늘한 겨울 아침과 자신에게 아침으로 "분자[오렌지] 주스"을 내어준 이름 모를 한국 여성(없을 때는 "하바 노 분자hava-no bunja"라고 말하며 주지 않았다), 폭격하러 북한으로 들어가는 비행경로, 일본 미요시의 소녀들을 기억한다. "내게는 당시의 전투 이름 하나도 남아 있지 않다. 심지어 밴 플리트 말고는 장군 이름도 기억나지 않는다." 그는 한국에서 알게 된 것들을 비밀로 간직했다. "일어난 모든 일들에 대한", 그리고 자신의 모습이 되어버린 것에 대한 "강한 집착, 내가 아는 한 그 어느 것보다 더 깊은 집착"을 "모든 것을 잃을 위험을 무릅쓰고" 분명하게 밝히기는 너무도 어려웠기 때문이다. 그것은 그의 삶의 "위대한 항해", 뜨거운 젊은 시절이며, 그것이 한국에서 일어난 건 그저 우연일 뿐이다. 한국전쟁에 관한 미국인의 회고록은 많지 않지만, 거의 전부 도곡리 이야기의 형식을 따르고 있다. 한국은 전적으로 피해야 할 전혀 알려지지 않은 악몽이었고, 일본은 객석의 여흥을 돋우는 쇼, 긴자 거리, 여러 골프장은 물론 경탄할 만한 작은 문화를 지닌 아름다운 문명국이었다.[12]

　　필립 로스의 『울분Indignation』은 처음에는 버크넬대학교에 다니던 자

한 1954년 영화로 한국전쟁을 배경으로 하고 있다.

신의 학생 시절을 다루는 것처럼, 그의 첫 번째 소설 『굿바이, 콜럼버스 Goodbye, Columbus』의 공간인 미드웨스트로 돌아간 것처럼 보인다. 뉴어크 출신 도축업자의 아들인 마커스 메스너는 클리블랜드 인근 와인스버그 대학으로 떠나, 문학 작품의 주인공들을 공부하고 자동차의 뒷좌석에서 여학생들을 주물럭거리고 결국에는 학장의 요주의 학생 명부에 오른다. 그것은 한국이 부른다는 뜻이었다.* 로스는 소설에서 자신이 겪은 한국 전쟁을 다루었는데 당대의 진부한 표현들을 넘어서지 못한다. 이를테면 이런 것들이다. "벌 떼 같은" 중국군, 눈, 중국군의 "인해", 또 내리는 눈, "고함을 지르며 덮쳐오는 수많은 중국인", 그리고 여전히 내리는 눈. 한국 전쟁은 무엇을 위한 전쟁이었나? 그것은 여전히 불가사의이다. 그렇게 중 국군은 떼로 몰려오고 눈은 내린다. 그러나 로스의 정점인 "매우 추운 겨울"은 1951년 와인스버그의 눈보라에, 표면상으로는 그를 대학에서 부 당하게 내쫓게 만든 팬티 빼앗기**에 나타난다. 그리고 한국이 그를 기 다린다. 한국전쟁은 대규모 중국군 무리와 "한반도 중부의 거친 능선의 철조망"으로 단순하게 변형되지만, 그곳에서 그의 청춘은 사그라들고 그 의 영혼은 평범한 도축업자인 아버지가 그에게 가르치려 했던 것, 다시 말해 "매우 평범하고 우연적인, 심지어 희극적인 선택이 끔찍하고 불가해 한 경로를 거쳐 생각지도 못했던 엄청난 결과를 초래한다는 것"을 곰곰 이 되씹는다.

---

* 제적은 곧 징집을 의미했다.
** '팬티 빼앗기(panty raid)'는 대학교 기숙사의 남학생들이 여학생 숙소로 가서 팬티를 빼앗는 장 난이다.

그러나 로스는 "나를 '나 자신'으로 지속시키는, 모든 것을 아우르는 매체"이자 삶의 피난처인 기억에 관한 설교로 그의 이야기를 끊는다. "인생의 매 순간을 매우 작은 구성 요소까지 기억하게 될 것이라고 누가 상상이나 할 수 있었겠는가?" 로스가 사후에 쓰고 있다는 것이 독자들에게 서서히 밝혀진다. 그는 죽었고, 그의 내세는 기억 속에서, "다른 사람의 내세와는 다른, 지울 수 없는 지문" 속에서 경험된다. 그것은 내세이다. 그러나 "기억 위에 기억, 오직 기억뿐"인 영원한 상태 속의 유일무이한 그 자신의 내세이다. 그는 옳다. 기억은 자아와 동의어이다. 그의 기억은 불멸이다. 한국전쟁은 그렇지 않다. 한국전쟁은 망각 속으로 멀어진다.

『최고의 인재들The Best and the Brightest』의 진지함과 베트남의 용감한 취재부터 [농구팀] 시카고불스나 [미식축구팀] 뉴잉글랜드 패트리어츠와 함께 한 지방 순회에 이르기까지, 데이비드 핼버스탬은 자신의 시대에 완전히 정통했으며 이해의 폭이 매우 넓었다. 이 점에서 그를 능가할 미국 기자는 없다. 자신이 겪은 역사를 그렇게 심도 깊게 탐구한 기자가 어디 있는가? 필립 로스와 돈 드릴로***는 소설로 그렇게 했지만, 논픽션으로 한 사람이 또 누가 있는가? 사이공에 있든 야구장에 있든 핼버스탬은 같은 사람이었다. 나는 핼버스탬을 두 번 만났다. 내가 그를 시카고대학교로 초대했을 때 처음 만났고, 두 번째 만났을 때는 한국전쟁에 관해 이야기하며 그날 오후를 보냈다. 그는 내게 한국전쟁에 관한 책을 쓰고 있다며 이야기를 나누고 싶다는 메시지를 남겼다. 놀랍게도 그의 맨해튼

*** '돈 드릴로(Donald Richard "Don" DeLillo, 1936~)'는 미국의 작가이다. 핵전쟁, 스포츠, 정치, 행위 예술, 냉전 등 다양한 주제에 관해 글을 썼다.

번호는 공개되어 있었기에 나는 전화를 할 수 있었고, 그는 전화를 받았다! 핼버스탬은 매력적이고 친절했으며 활력이 넘치고 호감이 가는 사람이었다. 한국전쟁에 관하여 견해가 일치하지는 않았지만 말이다. 그리고 매우 추웠던 2007년 4월에 핼버스탬은 전설적인 [미식축구] 쿼터백 Y. A. 티틀과 회견하러 가던 중에 사망했다. 예측 불가능한 충격적이고 비극적인 자동차 사고가 큰 반향을 일으켰던 기자를 고등학교 시절 이래 처음으로 침묵하게 만들었다.

한국전쟁은 베트남전쟁이 발발하기 불과 몇 년 전에 끝났지만, 그 두 전쟁 사이에는 마치 한 세대가 끼어 있는 것 같다. 아마존 웹사이트에 "한국전쟁"이라고 치면, 아직까지 살 수 있는 책이 몇 권 나온다. 대개는 참전 군인이나 군사사가가 쓴 책이다. 아마존닷컴Amazon.com에 에드먼드 버크라는 사람이 "한국전쟁에 관한 최고의 책 열 권"을 올려놓았다. 한 권을 제외하면 전부 미국인이나 서방측 사람이 쓴 것인데, 그 한 권은 하진*이 쓴 소설이다(한국인은 아마도 자신들의 전쟁에 관해 쓰지 않는 것 같다). 이 책들은 대부분 나온 지 수십 년이 되었고, 학자들의 책은 없다.[13] 도서관에 가면 베트남전쟁에 관한 서가는 많이 찾을 수 있지만, 한국전쟁에 관한 서가는 고작 한두 개에 지나지 않는다. 핼버스탬은 키웨스트에 있는 한 공공도서관에서 실제로 세어봤다. 베트남전쟁에 관한 책은 여든여덟 권이었는데 한국전쟁에 관한 책은 단 네 권뿐이었다.

메릴린 먼로가 한국전쟁 중에 모습을 드러냈고 별명이 "미스 화염방

---

* '하진(哈金, 1956~)'은 미국으로 이민한 중국계 소설가이다. 그가 한국전쟁에 관해 쓴 소설은 『전쟁 쓰레기(War Trash)』(2004)(한국어 번역본은 왕은철 옮김, 『전쟁 쓰레기』, 시공사, 2008)이다.

사기"였다는 것과, 마거릿 버크화이트[**]가 《라이프_Life_》를 위해 그 전쟁과 병사들뿐만 아니라 남쪽에서 벌어진 잘 알려지지 않은 유격전까지도 수많은 사진에 담았다는 사실을 알아내기까지는 몇 년간의 조사가 필요했다. 피카소가 사망했을 때에야 나는 작은 글씨의 사망기사에서 〈게르니카〉 양식으로 그린 벽화 〈한국의 학살〉에 관해 알았다. 〈매시M*A*S*H〉는 한국을 무대로 했기에 공전의 인기를 끌던 텔레비전 연속극이지만, 실제로는 베트남전쟁에 관한 이야기이다. 한국전쟁에 대한 민감도는 딱 그 정도였다. 그래서 핼버스탬이 자신의 마지막 책을 이 전쟁에 관해 쓴 것은 크게 칭찬할 만한 일이었다(물론 우리는 그 책이 그의 마지막 책이 되지 않을 수 있었음을 안다).

데이비드 핼버스탬은 누군가 테드 윌리엄스의 1941년 타율 0.406이 경탄할 만하지 않다고 생각한다면 그 사람과 반드시 야구 이야기를 할 필요는 없다고 누구보다도 먼저 말했을 것이다. 불행히도 『콜디스트 윈터_The Coldest Winter_』는 역사가에게 같은 인상을 주는 문장들로 가득하다. 이를테면 딘 애치슨이 1950년 1월 내셔널프레스클럽National Press Club에서 남한을 미국의 방어선 밖에 두겠다고 발언하는 "엄청난 실수"를 했다든가, 김일성이 소련과 중국에 예속된 노리개였다든가, 1950년 가을 북한을 침공한 것이 맥아더의 생각이었다든가, 1950년 6월의 침공이 이 분쟁의 출발점이었다는 것 등을 예로 들 수 있다. 그의 책에 등장하는 한국인의 이름은 정확히 둘이다. 대통령 이승만과 그가 종전 이후

[**] '마거릿 버크화이트(Margaret Bourke-White, 1904~1971)'는 미국인 다큐멘터리 사진작가이다.

저명한 기자들이 방문할 때마다 항상 동행시켰던 쓸모가 많은 전직 장군 백선엽이다. 백선엽은 일본제국 편에 서서 싸웠고, 수십 년간 사사카와 료이치 같은 일본 전범들이나 전혀 잘못을 뉘우치지 않은 여러 나치들과 가까운 친구였다.[14] 핼버스탬은 전후 한국 역사에 깊은 족적을 남긴 1945~48년의 미군정을 단 한 문장으로 언급한다. 그 전쟁의 잔혹한 학살과 미국의 소이탄 공습에 관한 내용은 전혀 없다. 대신 한국은 "고래 싸움에 등 터진 새우"였고(1900년부터 이어진 상투적인 이미지), 진지하게 받아들이기 어려워 보이는 한 무리의 지도자를 가진 하찮은 나라였다. 『콜디스트 윈터』는 미국 특유의 통속적인 장르에서 최고의 책으로 꼽을 만하다. 이 책이 설명하는 전쟁은 한국이나 그 역사에 관해 거의 아무것도 알려주지 않고, 고작 두세 명의 한국인을 언급하며, 한국인과 중국인이 훨씬 더 많이 참여했던 전쟁에서 미국의 경험에 초점을 맞추고, 선한 편과 악한 편에 관한 1950년대의 고정관념들에 의문을 제기하지 못한다.

그럼에도 이 장르는 미국에서 큰 영향력을 행사한다. 그 전쟁에 관한 폭넓은 지식이 요구되지 않는다는 점에서 잠재의식에 호소하는 장르일 수 있고, 유명한 분석가들이 몇 개의 문장으로 쉽게 그 논리를 펼칠 수 있다는 점에서 지배력을 행사하는 장르일 수도 있다. 조지 W. 부시 행정부와 이라크·아프가니스탄에서 벌인 전쟁을 가장 통찰력 있게 소개하는 작가는 《뉴요커The New Yorker》의 헨드릭 허츠버그이다. 그는 최근 1945년 이후 미국이 참전한 다섯 차례의 대규모 전쟁 중 두 번, 즉 한국전쟁과 페르시아 만 전쟁[걸프전쟁](1991)이 "그 발단이 합법적"이었고 "실행이 양심적"이었기 때문에 선한 전쟁이었다고 썼다. 두 전쟁 모두 "국경을 침탈한 무장 공격에 대응하여" 싸운 전쟁이었고, 미국의 지도자들은 공히 "최초의 공격에 책임이 있는 정권의 파괴와 정복까지 포함하도록 전쟁의 목표를 확대하라는 강력한 정치적 압력에 저항했다."[15] 독자는 이 책의 남은 부분을 보면서 이러한 일반화가 얼마나 잘 유지될지 판단할 수 있을 것이다.

애치슨의 프레스클럽 연설은 분별없는 실언이 아니라 그 반대였다. 오히려 그 연설은 전쟁 이전 미국의 한국 정책이 지닌 주된 측면을 누설했다. 애치슨은 왜 한국을 방어선 안에 넣지 않았는가? 최선의 답변은 애치슨이 "미국의 한국 방어 약속을 비밀로 하기를 원했다"는 것이다.[16] 애치슨은 한국이 공격을 받는다면 미국이 그 문제를 국제연합 안전보장이사회에 회부할 것임을 암시했다. 바로 이것이 전쟁 발발 1년 전인 1949년 7월에 딘 러스크가 그에게 은밀히 권고했던 것이며 전쟁이 발발했을 때 애치슨이 했던 일이었다. 애치슨의 연설을 낳은 여러 초안에서 남한은 일본과 더불어 언제나 미국의 직접적인 책임으로 여겨졌다. 그러나 애치슨은 이를 공개하고 싶지 않았다. 이승만이 겁 없이 전쟁을 시작할까 두려웠기 때문이다. 애치슨이 남한의 전차와 공군력의 보유를 막은 이유도 바로 여기에 있었다. 흥미롭게도 북한은 이 연설에 관해 논평했을 때, 남한을 그 방어선 안에 **포함시켰다**. 왜 그랬을까? 몇 주 동안 그 연설의 공식적인 필사본은 나오지 않았고, 북한은 아마도 연설 이후 《뉴욕타임스》의 일요일판 "이 주의 논평Week in Review"에서 한국이 방어선 안에 포함되었다는 기사를 읽었을 것이기 때문이다. 결국 모든 것이 애치슨에게는 더할 나위 없이 좋았다. 애치슨은 모호함을 추구했고, 공산주의자들뿐만 아니라 이승만과 장제스 같은 쉽게 흥분하는 협력자들까지 남한이나 대만이 공격을 받으면 미국이 어떻게 나올 것인지 추측해야 하는 상황을 원했기 때문이다. 영국 육군부는 1949년 12월에 북한군이 큰 어려움 없이 전쟁에서 이길 것이라고, 그리고 "공격 문제에 관하여" "그들의 궁극적인 목표가 남한을 괴멸하는 것임에 의문의 여지가 없다"고 예상했다. 영국 육군부에 따르면 미국은 남한이 스스로 방어할 수 있다고 판단했지만, 최근에 "그들은 우리의 견해에 가까워지고 있었다." 이것이 애치슨의 가정을 정확히 반영한 것이다. 스탈린은 킴 필비와 여타 간첩들 덕분에 아침을 먹으면서 읽은 보고서를 통해 애치슨의 비밀을 알았기에 대중에 공개할 목적으로 한 연설에 주목할 이유가 없었다.[17]

『콜디스트 윈터』는 미국의 중요한 주역들, 즉 애치슨과 트루먼, 케넌, 맥아더(그리고 특히 그의 어머니인 '핑키Pinky' 맥아더)를 능숙한 인물 묘사를 통해 매우 잘 고찰한다. 그때가 "애치슨의 시대"였다는 핼버스탬의 말은 옳다. 애치슨은 한국전쟁에 관한 기본적인 결정을 좌우했는데, 이는 "한 명의 지지자" 즉 해리 트루먼이 있었기에 가능했다. 조지 케넌을 솜씨 좋게 묘사한 부분은 그 책에서 제일 뛰어난 부분이며, 왜 그가 미국 고위급 지도자로는 유일하게 북한 침공이 재앙 같은 발상임을 이해했는지 설명한다. 핼버스탬은 맥아더도 잘 파악했지만, 다소 지나칠 정도로 완벽해서 그의 영향력을 과대평가했다. 맥아더는 북으로 진격할 때 군대를 둘로 나눈 치명적인 결정을 제외하면, 그 전쟁에 중요한 결정을 전혀 내리지 않았다. 인천상륙작전은 핼버스탬이 "훌륭하고 대담한 도박"이자 북한에는 완전한 기습이었다고 제시했으나, 둘 다 아니었다. 1950년 6월 중순에 나온 미국 국방부의 계획이 이미 그러한 작전을 예시했다. 또한 다수의 노획한 문서를 보면, 북한은 8월 말 정도(더 일찍은 아닐지라도)에는 인천상륙작전이 수행될 것을 알았다. 다만 그에 대처할 방도가 없었을 뿐이다.

헬버스탬은 많은 참전 미군의 견해에 초점을 맞춘다. 헬버스탬은 이 "당혹스럽고 암울한, 매우 먼 곳에서 일어난 충돌, 희망도 해결도 없이 계속됐던 전쟁, 대다수 미국인이 (…) 될 수 있으면 알고 싶어 하지 않는 전쟁"에 관해 그들과 인터뷰하는 것을 분명히 즐겼다. 헬버스탬은 그것이 "역사에 의해 고아가 된" 전쟁이라고 생각했다. 이는 1950년대에는 진실이었겠지만, 미국과 세계 도처의 역사가들이 채운 서가의 책들이 몇 십 년 전에 이를 교정했다. 그러한 연구를 진지하게 읽었다면, 헬버스탬은 『콜디스트 윈터』를 쓸 수 없었을 것이다. 누군가 베트남전쟁에 관하여 이와 같은 책을 썼다면, 그는 가장 먼저 이를 비판했을 것이다. 더 정확히 말하자면 그의 책은 특정 세대, 즉 제2차 세계대전을 경험하기에는 너무 어렸고 한국이 광란에 휩싸였을 때 학교에 다니고 있었으며 베트남이 문제가 되었을 때는 생업으로 바빴던 세대에 한국전쟁이 미친 영향을 보여주는 사례이다. 기록보관소의 어떤 문서도 내게 리처드 닉슨의 본질적인 선함을 납득시키지 못했듯이, 어떤 역사가도 데이비드 헬버스탬에게 딘 애치슨과 해리 트루먼이 좋은 사람이 아니라고, 맥아더가 한국전쟁의 근본적인 실패를 가져온 장본인이 아니라고 말해주지 않았다. 헬버스탬은 1부를 다음과 같은 애치슨의 말로 끝낸다. "우리는 맥아더가 이 악몽을 실행하는 동안 마비된 토끼처럼 빈둥거렸다." 여기서 우리가 보는 것은 바로 애치슨의 뛰어난 복화술과 딴청 피우기일 뿐이다.

멜빈 호위츠는 1951~52년에 전선 근처의 육군이동외과병원에 배치된 젊고 영리한 의사였는데, 그가 아내에게 보낸 애정 어린 편지는 그의 복잡한 경험을 반영한다. 호위츠가 애초에 지녔던 극동의 이미지는 할리우드 영화가 만든 것으로 "어두운 뒷골목에 테러리스트가 숨어 있는" 곳이었다. 한국은 그가 즐기고 음미할 수 있었던 점령지 일본과 미국인의 고정관념 속 중국인 세탁부 사이의 어딘가에 존재했다(호위츠는 샌들[게다]에 관해 이렇게 썼다. "보이 상, 보이 상, 고무로 해줘요." '상'은 물론 일본어의 존칭이다). 한국전쟁의 마지막 2년간 다른 대다수 미국인처럼 호위츠도 한국인과는 최소한으로 접촉했다. 전임으로 한 달에 2.25달러를 받고 일한 일꾼, 가정부, 언어장벽 때문에 벙어리나 다름없던 한국군 부상병들이 전부였다. 호위츠는 마치 관광객처럼 말을 타고 시골을 다니며 산과 논벌의 아름다움과 황금색 초가지붕 위에 널어 말리는 빨간 고추의 광택을 감상했다. 전쟁을 피한 유일한 도시인 부산은 그에게는 피난민과 누더기를 걸친 아이들, 뚜쟁이질을 하는 젊은 놈들("나, 뚜쟁이…… 예쁜 여자 있어. 입으로 해줘")로 득실대는 악몽이었다. 호위츠는 자신이 알았던 대부분의 군인들처럼 "아무도 진정으로 믿지 않는" 전쟁에서, 특히 몇 마일 이상 이동하는 일이 드물었던 전선을 따라 "고통과 죽음"에 맞서 싸웠다. 한국의 조지 워싱턴이었던 이승만이 미국 정치인들에게는 "폭군이자 장제스 같은 파시스트"였다. 한국은 "일어나지 말았어야 할 또 하나의 전쟁"이었을 뿐이다.[18] 설터와 로스, 핼버스탬, 호위츠는 (남은 우리들처럼) 사라질 세대의 표지이며, 그 이후에는 어떤 미국인도 다시는 이 먼 곳의 전쟁을 젊은이들의 향수와 그 성장기 경험 속에 묻어버리지 않을 것이다.

그레고리 헨더슨은 한국전쟁 이전과 전시에 한국에서 일한 수많은 미국인 중(전쟁 기간 동안에만 600만 명이 일했다)[19]에서 처음에는 외교관으로서, 이어서 학자로서 그 나라에 감동을 받고 언어와 문화를 배우고 그곳을 제2의 고향으로 삼은 극소수 중 한 명이었다. 헨더슨이 쓴『소용돌이의 한국정치 *Korea: The Politics of the Vortex*』는 20세기 한국에 관한 일급 연구 중 하나로 꼽히며, 특히 그가 직접 경험한 이 시기에 관해 예리한 시각을 보여준다. 중심 도시로서 그 '소용돌이'의 핵심이었던 서울에서는 모두가 서로를 다 알았다. 헨더슨의 일은 자신의 나라를 위해 엘리트들을 더 잘 알아두는 것이었다. 그의 눈은 다른 사람들이 놓친 이례적인 것들을 주시했다. 예를 들면 한국군 최고사령부의 일본군 복무 경력과 이들이 일본 천황을 위해 싸우고 그에게 충성했다는 사실에 자부심을 가졌던 것 등이었다. (박정희는 만주국의 명목상의 지도자인 다른 황제 푸이를 섬겼다. 박정희는 그로부터 금시계를 받았다.) 헨더슨은 한국을 미국 "남부의 생활방식"에 비유했다. 많은 소작농을 부리는 지주계급의 우세를 생각하면 적절한 비유이다. 남한이 결코 아테네가 아니었다면, 북한은 그 적과 많이 비슷했다. "더 강고했고 더 스파르타 같았고 더 억셌고 더 이데올로기적이었으며 덜 고분고분했고 덜 기회주의적이었다."[20]

중국인의 시각

한국이 미국인의 마음에 새긴 덧없는 흔적과는 대조적으로, 하진의 소설 『전쟁 쓰레기』는 쪽마다 진실을 담고 있는 것 같다. 세밀히 관찰하고 깊이 생각한 경험처럼 보인다. 관심이 있고 공정하고 명민한 평자였던 그(그래서 목격한 것에 큰 충격을 받았다)는 그 전쟁 중에 한국에서 많이 볼 수 있었던 기묘한 인간성을 묘사한다. 소설 주인공의 부대는 압록강을 건넜을 때 "집들이 적어도 4/5는 완전히 무너져" 텅 빈 땅을 발견했다. 남쪽으로 내려갈수록 남아 있는 집은 더 적었다. "주름진 흰 치마를 입은" 채 음식 쓰레기 더미를 뒤지는 눈 먼 여인과 그녀의 등에 끈으로 묶인 갓난아이의 모습은 인간의 회복력을 보여주는 징표로 그에게 영원히 남아 있다. 희망이 사라진 땅에서도 한국 여인들은 때로는 저녁에 몇 시간 동안이나 노래를 불렀고, 화장품을 너무나 좋아해서 대부분의 여성이 얼굴에 바를 화장품을 담은 작은 주머니를 지녔다(중국 여인들은 마흔 살이 넘으면 화장은 고사하고 귀찮아서 치마도 입지 않는다). 그는 여성 유격대원 수백 명이 수감된 포로수용소를 우연히 보았다. 그곳에서도 여성들은 노래를 불렀다. "그들의 노래를 들으며 나는 상상의 나래를 펼쳤다." 그는 중국군과 북한군의 병사들은 민간인으로부터 물건을 취할 때 값을 지불했지만, 남한군은 대가 없이 가져갔다고 언급했다. 중국군 보병이 이런 일들을 목격했는데 어째서 미군 병사들은 보지 못했을까? 그 이후로 그는 포로가 되었고, 미국인 의사와 간호사들이 자신을 매우 친절하게 대하는 것에 놀랐다.[21]

하진은 1952년 5월 8일 거제도에서 폭동이 일어났을 때 북한군 전쟁포로들이 프랜시스 도드 준장을 사로잡은 유명한 일화를 소설로 재구성했다. 하진의 생각에 수용소의 북한군 병사들은 전쟁포로라기보다 고도로 잘 조직된 의용군처럼 보였다. 여성들은 섬의 유격대가 북한의 상관들과 연락하는 통신수단이었다. 성이 이 씨인 조선인민군의 한 대령은 만주국에서 여러 해 동안 일본군과 싸웠고 중국어가 유창했다. 그를 비롯한 여러 사람들은 김일성이 자신에게 수용소에서 "제2전선"을 구축하라고 명령했다고 설명했다. 전쟁포로들은 도드 장군에게 불만을 토해냈다. 왜 미군 병사들은 포로가 된 북한군 병사들을 벌거벗겼는가? 미군 전투기는 왜 마을들을 파괴했는가? 도드가 풀려난 뒤 미군은 화염방사기를 써서 수용소를 되찾았고, 그 과정에서 전쟁포로 77명이 사망했다.[22]

1987년 나는 평양에서 박창욱을 면담할 수 있었다. 두 다리를 절단한 그는 몸통을 앞으로 내던지며 체중으로 나무로 된 의족을 지탱하여 의자에서 일어섰다. 그는 도드의 체포와 제76수용소의 북한군 전쟁포로들의 진압을 세세히 설명했다. 표현이 너무도 인상적이어서 그가 마치 그 모든 싸움을 다시 할 준비가 된 것 같았다. 종전 후 그는 딸 셋과 아들 하나를 낳았는데, 장녀는 건축가이고 아들은 철도 기관사이다.

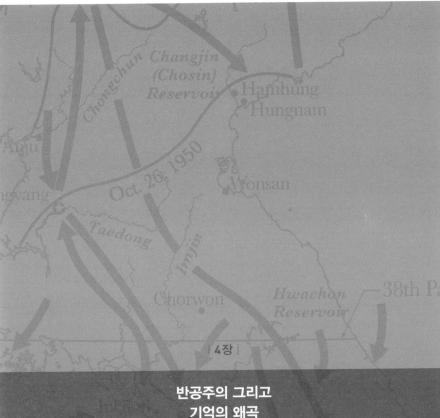

| 4장 |

**반공주의 그리고
기억의 왜곡**

북한 꼭두각시 정권의 명목상 지도자이자 외견상 북한군 사령관인 김일성은 서른여덟 살의 거구로 출신지인 남한에서는 도망친 범죄자로 수배된 인물이다. 그의 진짜 이름은 김성주로 추정되나, 그는 한국의 전설적인 혁명 영웅의 이름을 따서 개명했다. (…) 그리고 많은 한국인은 여전히 북한을 통치하는 자가 사기꾼이 아니라 '진짜' 영웅이라고 믿고 있다.

－《뉴욕타임스》 사설, 1950년 7월 27일.

한국전쟁은 잘 알려지지 않은 전쟁이다. 왜냐하면 공개적인 조사와 시민 불복종을 불가능하게 했던 매카시즘의 절정기에 일어났기 때문이다(줄리어스 로젠버그와 에설 로젠버그는 한국전쟁이 발발했을 때 기소되었고 그 전쟁이 끝나기 직전에 처형되었다). 이 국내 전선은 억압되었으면서도 매혹적인 곳이었다. 할리우드 영화는 제2차 세계대전의 각본을 한국에서 재연했고, 주간지들은 기사와 사진을 통해 매우 다른 종류의 새로운 전쟁(베트남전쟁을 미리 보여준다)을 상세히 보여주었다. 또한 모든 미국인을 위협하고 공포에 몰아넣은 이야기들이 전해졌다(9·11 이후 시기와 다르지 않다). 이를테면 베를린부터 광둥까지 공산권으로 통합되었고, 전장에서는 이해할 수 없는 압도적인 패배를 당했으며, 잔인한 "세뇌"가 이루어졌고, 전쟁이 끝날 무렵에는 21명의 미국인이 공산주의자로 전향한 놀라운 일이 있었다(전부 중국으로 갔으며, 결국 거의 대부분 미국으로 돌아왔다).

사람들이 알고 관찰했던 한국전쟁은 처음 여섯 달 동안에 일어났다. 그때는 19개 나라에서 온 270여 명의 기자가 부대와 수시로 바뀌는 전선을 따라다니며 대체로 검열을 거치지 않은 원고를 편집자에게 송고했다.[1] 그들은 이 전쟁이 5년 전에 끝난 전 세계적인 전란과는 매우 다른 전쟁임을 즉시 이해했다. 그리고 대부분은 그 사실을 감추었다. 한국전쟁은 분명히 더 작고 제한된 전쟁이었지만(베트남전쟁이 발발하기 전에는 한국전쟁의 이름이 '제한전limited war'이었다) 동시에 새로운 전쟁이었다. 내전, 즉 한 민족 안에서 벌어진 전쟁이었던 것이다. 그들 중 최고의 기자는 그때까지 중요한 20세기 전쟁은 빼놓지 않고 취재한 경험 많은 영국 기자 레지널드 톰프슨이었다. 톰프슨은 검열이 시작되기 전에 한국을 취재했다. 정직하고, 캐묻기 좋아하고, 탐구적이었으며, 두 눈으로 확인한 진실을 믿었고, 자신의 생각을 기꺼이 말했던 톰프슨은 바람직한 종군기자였다. 톰프슨의 『울부짖는 한국Cry Korea』은 한국전쟁에 관한 서구의 책으로는 유일하게 그레이엄 펙의 『두 종류의 시간Two Kinds of Time』이나 잭 벨던의 『중국, 세상을 흔들다China Shakes the World』 같은 중국 내전을 다룬 고전과 비교할 수 있는 책이다. 그러나 다른 증인의 설명도 거의 그만큼 흥미롭다. 윌리엄 딘 장군은 대전전투에서 패한 뒤 한 달 이상 인근의 구릉지대에서 헤맸고, 이후 북한 포로수용소에서 3년을 보냈다. 그의 솔직하고 신중한 관찰에는 공산당의 악과 자유세계의 미덕이라는 냉전의 제

분소에 줄 곡물이 거의 없다. 대신 둘 다 목격자의 진실로 향한 문을 열었다.

전쟁 초기를 다룬 취재는 매혹적이며 많은 것을 알려준다. 전쟁의 본질적인 성격을, 즉 그 **내전**의 성격을 드러냈기 때문이다. 여섯 달 동안 한반도는 전쟁으로 격렬하게 들썩였으며, 온갖 것이 다 드러났다. 이후 2년간의 전쟁은 비무장지대를 따라 전개된 진지전이었고, 서방 사람들은 한국인을 거의 적이나 군인, 하인, 매춘부로만 접촉했다. 톰프슨은 장군부터 사병까지 미국인들이 어디서나 드러낸 일상적인 인종차별주의와 기가 막힐 정도로 한국을 무시하는 행태에 기겁했다. 미국인들은 남북을 가리지 않고 모든 한국인을 '국gook'[동양인을 가리키는 멸칭]이라는 말로 불렀는데, 특히 북한 사람들을 가리킬 때 많이 썼다. 중국인을 따로 구분할 때는 '칭크chink'[중국인을 가리키는 멸칭]를 썼다. 수십 년 뒤의 구술사 연구에서도 많은 사람들이 여전히 그 말을 쓴다.[2] 이 인종차별적 비방은 먼저 필리핀에서 발달했고, 이어서 태평양전쟁을 거쳐 한국과 베트남으로 전파되었다. 벤 앤더슨은 '국'을 적군의 "이름 없는 찌꺼기"의 저장소라고 불렀다. 그리고 미국인들이 보기에는 그때나 지금이나 두드러진 것은 한국인의 익명성일지도 모른다. 예를 들어 도널드 녹스의 방대한 구술사는 한국인의 이름을 좀처럼 거론하지 않는다. 그러나 미군 병사들은 실제로 "저들의 국"이 필사적으로 싸웠던 반면, "우리의 국"은 비겁했고 도망쳤으며 결코 신뢰할 수 없었다는 역설을 이야기했다. (딘 장군은 북한 사람이든 남한 사람이든 한국인들이 "국"으로 불리는 것에 사나운 분노를 드러낸 사례를 들었다.)[3] 반식민주의 투사들에게는 싸워야 할 문제가 있다는 것을 대부분의 미국인들은 알지 못했다.

1950년 여름 조선인민군과 그 지도자들에 관한 기본적인 사실은 일종의 폭로로서 다루어졌다. 예를 들면 조선인민군 병사들 대다수가 중국내전에서 싸웠다는 것처럼 말이다. 전쟁이 시작되고 석 달이 지났을 때, 《뉴욕타임스》는 맥아더 사령부가 배포한 민족보위성상 최용건의 일대기에서 중대한 뉴스를 찾아냈다. 최용건이 1931년 옌안延安에서 중국 공산주의자들과 함께 싸웠다는 사실을 알아낸 것이다(결코 하찮은 업적이 아니며, 장정長征이 시작되기 3년 전의 일이다). 또한 그가 조선인민군을 전체적으로 지휘했다는 정보도 알아냈다. 이는 국제공산주의가 현지인들에게 지휘권을 주고 있음을 암시하는 것처럼 보였다. 이틀 후 《뉴욕타임스》는 사단장 무정[김무정]도 중국에서 싸웠으며 조선인민군 장비의 대부분이 1948년 소련으로부터 구매한 것이라는 뉴스를 발굴했다.

광신과 정치, 동양인의 매우 기본적인 전투 능력이 독특하게 결합되어 (…) [조선인민군은] 이상한 무언가가 되었다. 어떤 평자들은 우리가 전쟁 이전에 지니고 있던 정보 중에는 쓸 만한 것이 없기에, 이제 막 그들에 관해 알아가고 있다고 생각한다.[4]

《뉴욕타임스》는 북한이 국제연합에 전하는 성명서에서 일찍부터 야릇한 논조를 발견했다. 그들은 자신들에 관해 "어떤 열정을 지녔다." 마치 자신들이 정말로 미국 제국주의에 관해 말하고 있다고 믿는 것 같았다. 김일성을 "사기꾼"이라고 표현한 《뉴욕타임스》의 기사는 다음과 같다.

인천상륙작전 중에 포로가 된 조선인민군 병사들. (미국 국립기록보관소)

북한 꼭두각시 정권의 명목상 지도자이자 외견상 북한군 사령관인 김일성은 서른여덟 살의 거구로 출신지인 남한에서는 도망친 범죄자로 수배된 인물이다. 그의 진짜 이름은 김성주로 추정되나, 그는 한국의 전설적인 혁명 영웅의 이름을 따서 개명했다. (…) 그리고 많은 한국인은 여전히 북한을 통치하는 자가 사기꾼이 아니라 '진짜' 영웅이라고 믿고 있다.[5]

어찌된 일인지 《뉴욕타임스》의 "게재에 적합한 모든 뉴스"는 마치 이승만이 작성한 것처럼 보인다. 보통의 독자라면 조선인민군 병사들이 미국인을 호되게 다루었다고, 오로지 뇌하수체 기능이 과도하게 활발한 사기꾼, 즉 남한의 존엄한 사법기관으로부터 도망친 존 딜린저[*]를 위해 수천 명씩 죽어갔다고 믿을 것이다.

톰프슨이 미국인의 인종차별주의를 처음 목격한 것은 맥아더의 위대한 인천상륙작전 승리가 보여준 오싹한 광경이었다. 그는 묻는다. 미군은 왜 패배한 조선인민군 병사들을 완전히 발가벗겨 줄지어 끌고 다녔는가? '국'의 비인간화는 패배했을 때(대전)나 승리했을 때(인천)나 똑같이 감지되었다. 그러나 이러한 치욕은 "학살당한 자들에게서나 살아있는 자들에게서나 인간적 동질성을 빼앗을 수 없었고, 마치 몸에 무기를 숨겨 놓을 수 있다는 듯이 발가벗겨진 채 두 손을 머리 위로 올리고 행진하는 포로들에게서 거칠고 비극적인 존엄성을 빼앗을 수 없었다." 다른 기자들도 이 수치스러운 나체 행렬을 목격했지만(그런데 누구의 수치인가?), 거의 아무도 이를 언급하지 않았다. 그리고 그 발가벗겨진 남성들이 젊고 미숙한 미끼였다는 사실이 밝혀졌다. 약 2000명의 북한군이 270척의 군함을 타고 온 7만 명의 국제연합군에 대적했던 것이다. 실제 조선인민군은 "유령처럼 산악 지대로 사라졌다." 맥아더의 덫은 "닫혔고, 그 안은 텅 비었다."[6]

다른 기자의 눈에 비친 최악의 존재는 남한 경찰이었다. 이들은 부정한 방법으로 돈을 벌었고, 가난한 소녀들을 유곽에 넘겼으며, 공산주의자로 간주하겠다며 사람들을 위협하여 재물을 갈취했고, 수많은 정치범을 처형했다. 1950년 11월 오스트레일리아 기자 앨런 다워는 두건을

---

[*] '존 딜린저(John Dillinger, 1903~1934)'는 대공황 시대 미국의 조직폭력배로, 여기서는 김일성의 은유적 표현이다.

쓴 여자들이 새끼줄로 서로 묶인 채 남한 경찰에 끌려가는 것을 목격했다. 그들 중 여럿이 아기를 데리고 있었다. 다위는 이들이 기관총에 둘러싸인 채 "새로 판 깊은 구덩이" 앞에 무릎을 꿇는 순간까지 따라갔다. 다위는 자신의 소총으로 지휘관을 겨냥한 채 말했다. "만일 저 기관총들이 불을 뿜는다면, 나는 당신의 미간에 총알을 박아 넣을 거요." 다위는 그렇게 적어도 잠시 동안은 그 여인들을 구했다. 미군 병사들도 북한군 전쟁포로의 즉결 처형을 거의 일상적으로 목격했다. 때로는 미군 병사들이 한국 경찰에 포로를 넘겨주어 총살하게 했다. 그리고 때로는 직접 포로를 처형했다. 그러나 이따금은 옳은 일을 하기도 했다. 잭 라이트 일병은 노인, 임신부, 여덟 살짜리 아이를 포함한 약 100명가량의 민간인이 자신이 묻힐 무덤을 파고 있고, 남한 경찰들은 모조리 죽일 채비를 하고서 감시하고 있는 것을 목격했다. 라이트는 그들에게 중단하라고 말했고, 한국인 책임자는 자신은 명령을 받았으며 "이 사람들을 처형할" 계획이라고 말했다. 라이트는 기관총을 가리키며 그에게 움직이지 말라고 말했고, 동시에 다른 미군 병사들이 그 민간인들을 안전하게 호위했다. 훗날 그는 이렇게 말했다. "이러한 일들이 전선 도처에서 발생했다(이는 용감한 개입이 아니라 학살을 가리킨다)."[7]

　남한이 영토를 회복하고 북진하면서 유사한 잔학 행위들이 한국 전역에서 발생했지만, 이때 용감하고 정직한 저널리즘도 갑자기 사라졌다. 세계가 남한의 잔학 행위에 격분했으나, 미국의 정책은 바뀌지 않았다. 1951년 1월 "종군기자들은 완전히 군대의 사법권 아래 들어갔다." 동맹국과 동맹국 군대를 겨냥한 비판은 금지되었다. "평판을 떨어뜨리는 논평은 무엇이든" 검열관의 검은 붓질에 지워졌다. 미국 기자들이 가장 심하게 위협을 받았고, 따라서 필립 나이틀리의 생각에 따르면 가장 쓸모가 없었다. 설상가상으로 미국의 기자와 편집자들은 거짓 기사를 날조하기도 했다. 곧 외국 기자들은 국제연합 사령부의 "거짓말, 절반의 진실, 심각한 왜곡"에 넌더리가 나서 적의 편에서 글을 썼던 윌프레드 버쳇과 앨런 위닝턴의 정보가 더 유익하다고 판단했다.[8]

검열을 통과한 것도 매카시에 의해 테러를 당한 국내 전선에서 삭제되기 일쑤였다. 심지어 에드워드 머로의 기사조차도 뉴욕의 CBS 본사에 전달되자마자 폐기되는 일이 간혹 있었다. 사나울 정도로 독립적이고 예리한 눈을 가졌던 I. F. 스톤은 세계의 인쇄매체를 꼼꼼히 읽고 훌륭한 반론이 담긴 책 『한국전쟁의 숨은 역사*The Hidden History of the Korean War*』를 썼다. 원고는 스물여덟 군데 출판사로부터 거절당한 뒤 먼슬리 리뷰 Monthly Review 출판사가 1952년에 발행했다.[9] 맥아더가 "나의 작은 파시스트"라 불렀던 찰스 윌러비 장군에 관한 좋은 사료는 많지 않은데, 여러 해 동안 그중 하나로 꼽을 수 있었던 것은 1950년대 자유주의자들의 커피 탁자에는 빠지지 않고 놓여 있던 잡지 《더 리포터*The Reporter*》의 중요한 폭로 기사였다. 그러나 이 잡지는 또한 중앙정보국이 날조한 기사도 실었으며(북한군 양성을 도왔던 소련 망명자가 전했다는 특집 기사도 그렇게 날조된 기사였다), 성전을 지지하는 그 잡지의 편집자 맥스 아스콜리는 앨런 덜레스(당시 중앙정보국의 고위직에 있었다)에게 차이나로비*에 관한 장

---

* '차이나로비(China Lobby)'는 1940년 중국의 대일항쟁 중에 중국 원조를 위해 생겨난 원외 압력 단체로, 이후 미국의 대중국 정책을 반공적인 방향으로 몰고 가도록 압력을 행사했다.

소련의 꼭두각시놀음에 관한 《더 리포터》의 날조된 기사. (하워드 고틀립 기록보관 연구센터Howard Gotlieb Archival Research Center의 허가를 받아 게재)

문의 기사 두 편의 교정쇄를 검토하도록 했다. 중앙정보국 정보가 그 기사들에 스며들었을 가능성이 높으며, 실제로 새로운 정보를 많이 담고 있기도 했다.[10]

할리우드가 이 역사를 영화로 담기까지는 10년 이상이 걸렸다(진실을 말하자면 영화로 담은 적이 전혀 없다). 한국전쟁을 다룬 드문 고전 영화로 1962년에 나왔다가 케네디 암살을 예견한 것처럼 보인 이후로 몇 십 년간 사라진 〈맨츄리안 캔디데이트The Manchurian Candidate〉[꼭두각시]가 있다. 테러와 하이캠프*의 기묘한 혼합인 이 영화의 뛰어난 점은 자기만족적인 방식으로 매카시 같은 인물을 웃음거리(여자에 쥐여사는 바보이자 악당으로 표현된다)로 만들면서, 1950년대의 오리엔탈리즘과 공산주의 혐오를 1960년대의 블랙 유머로 포장한 것이다. 이 영화를 보면 누구나 자신의 편견에 당할 수 있다. 전투 자체는 야외촬영장에서 되는 대로 서둘러 찍었다. 동양인 악당 옌로는 카이 디가 훌륭하게 연기했는데, 그 이후 언론에서 악마 같은 동양인을 가리키는 근사한 기표signifier가 되었다. 카이 디는 할리우드 영화에서 오랫동안 비슷한 역할을 맡았다(《하와이 파이브 오Hawaii Five-O》의 우 팻, 《노블 하우스Noble House》의 포 핑거 우, 《파괴자들The Destructors》의 저우언라이로도 불리는 킹 저우라이 등이 그렇다. 카이 디는 자신의 첫 번째 영화 《제한시간Time Limit》에서 한국의 미군 전쟁포로를 심문하는 역겨운 인물인 김 대령을 연기했다). 케네스 디커슨으로도 알려져 있는 그는 뉴저지 주 스프링레이크에서 태어났고 시리아와 이집트의 혈통을 지녔다. 《맨츄리안 캔디데이트》는 오랫동안 중요성을 유지한 유일한 한국전쟁 영화이지만, 대체로 아시아의 공산주의자들과 그 전쟁에 관한 고정관념을 강화한다.

* '하이캠프(high camp)'는 예술적으로 진부한 기법을 의도적으로 사용하는 것을 뜻한다.

억압의 본능

1950년이 지나가면서 상원의원 조지프 매카시는 한 기자에게 이렇게 말했다. "나는 똥으로 가득한 양말 한 짝을 얻었고, 그것을 어떻게 써야 할지 알고 있다." 매카시는 곧 국무부를 비롯하여 여러 곳에서 205명, 혹은 57명, 실제로는 약점을 지닌 몇몇 자유주의자들을 "4억 명의 아시아인을 무신론적 노예제에 팔아넘긴 공산주의자와 동성애자"라고 비난했다.[1] 매카시는 꼬리표가 논증을 대신하고 증거는 거의 중요하지 않은 파괴적인 이데올로기 시대를 구현했다. 오늘날 미국 텔레비전에 나오는 격한 말싸움에서도 동일한 현상을 볼 수 있지만, 테일거너 조**와 그 협력자들은 1930년대의 진보 세력을 심문하고 비난하고 거의 묻어버림으로써 극적으로 미국의 정치적 스펙트럼을 오른쪽으로 비틀었다. 이들의 무기는 소련의 핵폭탄과 중국혁명이 폭발시킨 부정할 수 없는 세계적 위기였다. 그로써 세계의 절반이 붉게 물드는 것 같았고, 1945년의 큰 승리에 젖어 있었으나 여전히 놀라울 정도로 현실 감각이 없던 미국인들은 충격에 빠져 소수의 내부 외국인, 즉 반역자들이 그 모든 일을 꾸몄다고 생각했기 때문이다. 매카시가 상원에서 처음으로 정부에 침투한 공산주의를 비난했던 바로 그날, 인디애나 주 상원의원 호머 케이프하트는 이렇게 외쳤다. "우리는 얼마나 더 많은 것을 감수할 작정인가? 푹스와 애치

** '테일거너 조(Tailgunner Joe)'는 매카시의 별명으로, 전투기의 미포(tailgun) 사수이자 정찰병으로 전투에 참여한 적이 있어서 그런 별명을 얻었다.

슨, 히스,* **밖에서 위협하는** 수소폭탄, 뉴딜 정책이 국가의 근간을 잠식하고 있지 않은가! 하늘에 맹세코, 이것이 미국이 할 수 있는 최선인가?"[12]

'공산주의자는 어떤 사람들인가'라는 말을 들어야 했던 미국인들에게,[13] 매카시는 그럴듯한 모범을 여럿 제시했다. 이를테면 주로 동부 주류사회Eastern Establishment[공화당의 자유주의적 인사들] 출신, 국무부의 삼류 글쟁이, 촌스러운 교수, 정체를 감춘 동성애자, 외국에 너무 오래 있었던 중국 전문가, 다시 말해서 미국의 심장에 어울리지 않는 내부의 외국인으로 간주할 수 있는 모든 사람이다. 《프리먼*The Freeman*》은 언젠가 공산당의 선전은 "아시아의 쿨리coolies[막일꾼]와 하버드 대학교 교수들"에게만 호소한다고 주장했다.) 좋은 교육을 받은 사람은 거의 전부 해당될 수 있었다. 따라서 1950년대 자유주의자들이 파멸한 이유는 잘못된 정체성을 지녔다는 사실에 있다.

미국 국내 정치는 마치 럭비와 같다. 유권자와 로비 때문에 자율성을 잃고 수많은 협상에 이리저리 끌려 다니느라 절름발이가 된 채 골라인을 향해 힘겹게 전진한다. 외교정책은 발레나 쿼터백의 긴 패스, 강편치를 지닌 권투선수 같다. 매카시는 아무것도 믿지 않는 허무주의자였다. 상원의 규칙 파괴자였던 매카시는 국내 정치의 네트워크에서도 벗어나 누구도 이해하지 못하는 외교정책 문제를 취하여 내달렸다. 매카시는 불만을 품은 대중을 기반으로 의회의 더딘 정치를 벗어나 트루먼-애치

---

* '클라우스 푹스(Klaus Fuchs, 1911~1988)'는 독일인 물리학자로 맨해튼 프로젝트의 정보를 소련에 제공한 혐의로 유죄 판결을 받았다. '딘 애치슨(Dean Acheson, 1893~1971)'은 공산주의에 적극적으로 대응하지 못했다고 매카시의 비난을 받았다. '앨저 히스(Alger Hiss, 1904~1996)'는 국무부 관료로 소련 간첩으로 고발되어 위증죄로 유죄 판결을 받았다.

슨 행정부를 이데올로기적으로 공격했고, 그로써 1941년 이후 외교정책 엘리트들이 누린 엄청난 자율권을 제약했으며, "신뢰할 수 있는" 외교정책 담론의 범위를 확실하게 제한했다. 이는 오늘날까지도 지속된다.

매카시는 가톨릭과 독일계 미국인이 많은 농촌 선거구 출신으로, 영국에 우호적인 영국계 동부인들에 대한 그들의 증오를 다채롭게 표출했다. 그들에게 엉터리 영국 말투와 긴 콧수염, 최고급 모자와 코트를 갖춘 애치슨은 파리 잡는 끈끈이였다. 이 광대극에 기괴한 성정치가 동반되었다. 매카시는 보스턴 명문가 억양을 지닌 자, 또는 지적 허식이나 세속의 지식을 갖춘 자라면 누구라도, 어떻게든 동성애자까지는 아닐지언정 여자 같은 사내처럼 보이게 했다(중도파인 에버렛 더크슨은 국무부 내의 "라벤더 사내들"** 을 언급했으며, 실제로 그 시기에는 동성애자들이 정부에서 널리 숙청되었다).

매카시는 J. 에드거 후버, 맥아더 참모진의 찰스 윌러비와 코트니 휘트니, 심지어 중앙정보국의 월터 베델 스미스로부터도 파괴분자로 추정되는 자들에 관한 기록을 제공받았다. 대부분은 기밀로 분류된 것이었다. 윌러비는 1947년에 특히 "극좌파"인 태평양국제관계연구소Institute of Pacific Relations를 위해 일했던 자들을 매카시식으로 직접 조사했다. 첫 번째 사례는 앤드루 그라이단제프였다. 그가 1944년에 쓴 책은 지금까지도 영어 책으로는 일본의 한국 지배를 가장 잘 설명한 책이다. 윌러비는 사람을 붙여 그를 미행했고, 그의 편지를 읽었으며, 그가 "소련의 고정간첩"일

** '라벤더 사내들(Lavender Lads)'은 1950년대 미국 정계에서 동성애자를 색출할 때 사용됐던 멸칭이다.

수 있다고 판단했다. 존스홉킨스대학교 교수인 오언 래티모어*가 그를 위해 추천서를 써주었다는 것과 그가 맥아더와 윌러비가 지지한 일본 지도자들을 1945년 이전의 불미스러운 기록을 이유로 숙청하기를 원했다는 것이 증거였다. 윌러비는 애나 루이즈 스트롱**과 아그네스 스메들리***같은 교활한 파괴분자들이 밖으로 드러나지는 않았지만 원격 제어로써 마오쩌둥을 권좌에 올려놓았다고 주장했다. 1950년 5월 하원반미활동조사위원회HUAC 위원장에게 보낸 편지에서 윌러비는 "미국 공산주의 지도자들이 중국의 공산화를 계획했다"고, 동조자들이 "외국의 대의에, 서구 세계를 정복하기 위한 범슬라브주의의 공산주의 '지하드'[성전]에 까닭 모를 열의"를 보였다고 말했다. 윌러비는 유대인 출신임을 드러낼 수 있는 이름과 출생지에 특별히 주목했다.[14]

오언 래티모어의 경험은 매카시즘과 차이나로비, 그리고 그들과 한국의 관계에 관해 많은 것을 이야기해준다. 매카시가 한국전쟁이 발발하기 한참 전부터 공격을 시작했다는 것과 래티모어의 한국에 관한 견해가 매카시의 주된 주제 중 하나였다는 것, 그리고 1950년 6월이면 매카시즘이 동력을 잃고 있었다는 것, 즉 '중국'을 미국 정치의 한 가지 문제로 설정하는 능력을 잃고 있던 것 같다는 점은 잊었다. 매카시는 먼저 1950년 3월 13일에 래티모어를 간접적으로 공격했고, 한 주 뒤 "중요한

---

* '오언 래티모어(Owen Lattimore, 1900~1989)'는 1950년 매카시로부터 소련 첩자로 고발당했다.
** '애나 루이즈 스트롱(Anna Louise Strong, 1885~1970)'은 소련과 중국의 공산주의 운동을 지지한 미국 기자이다.
*** '아그네스 스메들리(Agnes Smedley, 1892~1950)'는 중국내전을 공산주의자들에 호의적으로 기록한 미국의 기자이자 작가이다.

러시아 간첩"을 찾아냈다고 주장했으며, 마지막으로 자신의 위원회[국내 안보와 정부활동에 관한 상원위원회United States Senate Committee on Homeland Security and Governmental Affairs]에서 정보가 새 나갔을 때 래티모어의 이름을 거론했다. 래티모어의 배후에는 "위험스러울 정도로 유능한 래티모어 전선"인 필립 제섭이 있었지만(제섭은 당시 컬럼비아대학교 법과대학의 국제법 교수였다), 매카시의 궁극적인 표적은 그가 "래티모어의 정신을 지지하는 목소리"라고 했던 애치슨이었다.[15] 애치슨이 그의 최종 목표였다. 왜 그랬을까? 한편으로는 (트루먼을 제외하면) 애치슨이 1950년 봄에 장제스와 그가 공산주의자들의 임박한 침공을 견디고 살아남으려면 절실하게 필요했던 미국의 후원을 연결하는 마지막 고위 관료였기 때문이다.

4월 초 매카시는 래티모어가 소련 첩자임을 밝히는 문서를 입수했다며 래티모어를 자극하여 그 문서를 언론에 공개하게 했다. 그것은 래티모어가 1949년 8월 국무부에 제출한 비망록으로 "미국이 남한의 복잡한 상황에서 최대한 빨리 벗어나야 한다"고 주장했다. 래티모어는 한국을 "작은 중국"으로 보았고 이승만을 또 하나의 장제스로 여겼다. 래티모어는 장제스와 함께 승리할 수 없다면, 어떻게 "중국과 아시아의 다른 곳에 흩어져 있는 '작은 장제스들'"과 함께 승리할 수 있겠냐고 말했다. 더 중요했던 것은 래티모어의 비망록이 1949년 여름과 가을에 관료 사회에서 공산주의의 봉쇄뿐만 아니라 그에 대한 반격에도 찬성하는 힘이 커져가는 것을 넌지시 비판했다는 사실이다.

극동에서 공산주의에 맞선 무력 충돌이 (…) 불가피해졌다거나 단연

바람직해졌다고는 (…) 분명코 아직은 말할 수 없다. 또한 극동이 최적의 작전 지역이라고 (…) 확실하게 말할 수도 없다. 우리 앞에는 여전히 다른 대안들이 있다. 비교적 장기적으로 평화를 유지하거나 빠르게 전쟁에 돌입하는 것이다. 만약 전쟁을 해야 한다면 북한이나 베트남, 심지어 중국도 아닌 러시아를 격파해야만 승리할 수 있다.[16]

1950년 5월 중순 매카시는 래티모어의 한국 계획이 수백만 명을 "공산주의의 노예제"에 넘겨줄 것이라고 말하며 한국 정책에 관하여 "애치슨-래티모어 축"(혹은 "소련공산당 정치국의 피리 부는 사나이들")을 다시 공격했다. 그는 국민당의 주적인 애치슨을 직접 겨냥하여 이렇게 외쳤다. "아시아에서 우리를 배신한 교장을 파면하라."[17]

한국에 관한 래티모어의 견해는 1949년 가을 국무부가 전문가들을 불러 새로운 아시아 정책을 협의했을 때 더 완전하게 제시되었다. 일반적으로 말해서, 래티모어와 코라 두보이스, 존 페어뱅크 같은 자유주의적 학자들은 동아시아 대부분을 휩쓴 혁명이 자생적인 것이라고, 100년에 걸친 서구 제국주의의 영향이 정점에 달한 것이라고 지적하려 했다. 반면 윌리엄 콜그로브와 데이비드 넬슨 로, 버나드 브로디 같은 보수적 학자들은 아시아 공산주의의 배후에는 소련의 음모가 도사리고 있다고 주장하려 했다. 그러나 학계에서는 자유주의자들이 우세했고, 이 모임에서는 중화인민공화국과의 외교 관계 수립을 기대하는 합의가 도출되었다.

래티모어는 아시아에 진보적인 자유주의 세력이 있으면 미국이 그들과 함께 해야 하지만, 중국혁명처럼 이미 기정사실이 된 변화를 방해하는 것은 어리석은 짓이므로 해서는 안 된다고 말했다. 그리고 동시에 이런 말도 했다. "한국은 그다지 중요하지 않은 것 같아서 무시되는 경향이 있지만, 외견상으로 드러나는 중요성보다 더 큰 영향을 미치는 나라가 될지도 모른다." 래티모어는 이 예언의 말을 한 후 남한이 정치적으로 "점점 더 심한 골칫거리" "극도로 고약한 경찰국가"가 되고 있다고 주장했다.

> 일본에 부역했던 자들의 손에 중요한 권력이 집중되어 있다. (…) 현재 정권에서의 남한은 과거 일본인의 지배와 그 결사들이 완전히 돌아오지 않으면 일본과의 긴밀한 경제적 관계를 재개할 수 없을 것이다. (…) 지금 남한에 수립된 정권은 향후 아시아 전역의 민주주의자가 될 이들에게는 지극히 실망스러운 장애물이다. (…) 한국은 앞으로 일어날 일을 무섭게 경고한다.

그러나 한국전쟁이 발발하자 래티모어는 미국의 개입에 지지를 표명했다.[18]

래티모어를 겨냥한 매카시의 마녀사냥은 명백히 정치적인 성격을 띠었고 거짓이었지만, 몇 주 안에 주요 여론 기관은 이미 매카시의 공격을 피할 전형적인 공식을 제시하고 있었다. 래티모어가 자신만의 견해를 지닐 권리가 있다고 말하면서도, 그들이 무책임하다거나 극단적이라고 비난했던 것이다. 4월 중순 《뉴욕타임스》는 한국에 관한 그의 "불합리한" 견해를 실었다. 《뉴욕타임스》는 국무부가 "한국에서 손을 떼고 나오라는 래티모어 씨의 조언을 단호히 거부했다"며 래티모어의 견해가 "매우 충격적"이라고 평했다.[19] 역사가 메리 매콜리프의 다음 지적은 옳다. "그 시기의 큰 역설 중 하나는 자유주의자들이 우선은 미국 좌파를 거부하는 새로운 자유주의의 건설에서, 그다음으로 공산주의 공포증의 기본적인 가정과 전술 가운데 몇몇을 받아들이는 데에서 수행한 예상치 못한 역할이었다."[20]

매카시즘의 위압적인 분위기 속에서, 영국 작가 고드프리 호지슨은 "자유주의자들은 거의 언제나 보수주의자들과의 차별성보다는 좌파와의 차별성을 드러내는 데 관심이 더 많았다"고 썼다. 따라서 그들은 "보수적 자유주의의 (…) 아성"에 합류했다. 1950년대 초에 조사를 받는 두려움이 지식인들에게 "채찍"을 보여주었다면, 그 후 "자신들에게 조언을 구하는 일이 생길 수 있다는 희망은 당근을 보여주었다." 영향력 있는 피보호자가 된다는 것은 후원자가 정한 범위를 수용한다는 뜻이었다.[21] 그러나 1950년에 중요했던 것은 채찍이었고, 그 채찍은 강력했다.

누군가 한국전쟁에서 북한이나 중국을 지지했다고 가정해보자. 미국 시민이 그러한 견해를 호전적으로 드러냈다면 어떤 일이 닥쳤을까? 모리스 앰챈(뉘른베르크 전범재판의 부주임검사)에 따르면, 국제연합은 그 침공을 "평화의 파괴"라고 결론지었다. 따라서 한국전쟁은 "침략이자 범죄"였다. 이후 북한 편으로 "실질적으로 관여"하는 자들은 누구라도 "불법적인 침략 전쟁의 수행에 참여한다는 사실을 알고 있다는 비난을 받아야 한다." 그런 짓을 하는 "고위직 인사들"은 전부 "국제재판소에서 책임을 져야" 한다.[22] 한국인이거나 공산주의자라면 북한을 옹호하는 태도나 가벼운 항의만으로도 가혹한 형벌을 받았다. 연방수사국은 미국 영주권을 가진 한국인 중에 이승만에 반대하는 좌파로 알려졌거나 북한 편을 든 여러 명을 조사하고 추방했다. 그 일에 관한 기록은 지금도 기밀로 분류되어 있지만, 추방된 몇 사람은 이후 남한에서 처형되었고 다른 이들은 북한으로 간 것으로 추정된다.[23]

1950년 9월 23일 발의자인 패트릭 매캐런(네바다 주 민주당 상원의원)의 이름을 따서 명명된 매캐런 국내보안법(매캐런법)이 통과되었다. 매캐런은 중국학 학자들을 심문한 무지하고 부패한 조사관으로 영화 〈대부 2〉에 등장하는 상원의원의 모델이었다. 다른 무엇보다도 이 법으로 미국의 안보에 위협이 된다고 여겨진 이들을 가둘 강제수용소가 설치되었다. 폴 더글러스(일리노이 주 민주당 상원의원)와 휴버트 험프리(미네소타 주 민주당 상원의원) 같은 자유주의자의 상징 같은 인사들이 찬성표를 던졌다. 초당적 협력으로 법안이 통과된 것이다. 《유에스 뉴스 앤 월드 리포트》는 그 법에 제시된 "공산주의자에 관한 규정"을 발표했다. 정부는 공산주의자들을 가둘 수용소를 "당장" 세울 계획은 없었다. 그러나 수용소가 일단 건립되면 누가 그곳에 들어갈 것인가? "많은 공산주의자와 동조자들. 다른 사람들도 체포될 수 있을 것이다. 미국의 안보를 위협한다고 생각되면 누구라도 억류될 수 있다." 그러나 쿠클럭스클랜*은 포함되지 않을 것이다. 왜냐하면 "공산주의자들과 연계"가 없기 때문이다.[24] 아무도 수용소에 갇히지 않았다고 성급히 지적하고 싶은 독자들은 1950년 9월

---

* '쿠클럭스클랜(Ku Klux Klan)'은 남북전쟁 후에 생겨난 인종주의적 극우 비밀조직이며, 약칭인 KKK단으로 흔히 불린다.

1950년 12월 트루먼 대통령이 국가비상사태 포고문에 서명하고 있다.
(미국 국립기록보관소)

에는 그 사실을 아무도 알 수 없었다는 걸 생각해보라.

이상하게도 매카시와 그 동료들은 중국의 한국 개입으로 초래된 위기(트루먼은 이를 "국가비상사태"라고 보았다)에 대해 침묵했다. 아마도 맥아더의 명백한 실수 때문이었거나, 애국적인 공화당이 후원할 때보다 숨은 좌파인 민주당 정권에서 방위비 지출이 엄청나게 많이 늘었기 때문이었을 것이다. 그것도 아니면 단순히 매카시가 다른 문제에 골몰했기 때문이었을 수도 있다. 워싱턴의 사정에 훤했던 드루 피어슨은 수도를 활기차게 했던 중요하지만 감춰져 있던 성정치를 건드려 한 번 더 매카시의 사람됨을 비꼬았다. 12월 13일 피어슨의 쉰세 번째 생일에 설그레이브 클럽Sulgrave Club의 휴대품 보관실에서 매카시는 피어슨을 구석에 밀어붙이고, 다정한 테일거너 조의 방식으로 그의 사타구니를 두 차례 무릎으로 가격하고는 그를 바닥에 내동댕이쳤다. 그때 리처드 닉슨이 끼어들었다. "퀘이커 교도 하나 데려와 이 싸움을 멈추게 하지 그래."[25]

이 시기의 미국이 전쟁 이전의 일본이나 독일, 또는 소련 같은 권위주의적 국가들에 비할 정도는 아니었다. 미국은 오랫동안 1950년대의 몇몇 심히 과도한 행위와는 다른 반대의 행위들을 포용했다(물론 그런 것을 전부 다 관용하지는 않았다). 언론에 재갈을 물리지 않았으며, 공산당의 지도자가 아니라면 누가 이견을 표명해도 구금하지 않았다(훗날 연방대법원은 스미스법*에 따라 내려진 유죄 평결을 뒤집었다). 그러나 이것이 진정한 핵심은 아니다. 미국이 자신들을 위해 설정한 이상과 세계적 차원의 자유를 위한 미국의 투쟁에 비추어 볼 때, 1950년대 초는 진정한 암흑기였으며 토크빌이 경고했던 전제정치적 순응의 잠재성이 극대화한 시기였다. 비판자들은 총살이나 고문을 당하지는 않았지만, 출세의 기회를 빼앗겼고 추방되었으며 심한 심리적 압박을 받았고 생각을 바꾸라는 충고를 받거나 정치적으로 수용될 수 있는 범위에서 배제되었다. 테일거너 조는 뛰어난 저격수였다. 그자 때문에 한 세대의 자유주의자들은 다시 정체를 오인당할까 두려워하며 불안감에 휩싸여 오른쪽을 향했다.

---

* '스미스법(Smith Act)'은 1940년 제정된 외국인 등록법(Alien Registration Act)을 가리킨다.

매카시즘은 또한 국민당이나 차이나로비와 관계가 있는 고위 관료들의 부패와 음모에서 이목을 빼앗는 데 이바지했다. 여기에는 외국 정부를 위한 일급비밀 빼내기와 사법기관이 비열한 외국 비밀경찰과 긴밀히 협력한 것이 포함된다. 이를테면 1953년에 법무부는 래티모어와 존 페이튼 데이비스*의 사건에서 윌러비와 호시라이, 장징궈와 협력했다. 장징궈는 장제스의 아들로 국민당 비밀경찰에서 오랫동안 일했다. 가장 충격적인 것은 이러한 조사가 상당수 조작되었다는 사실이다.[26] 매카시즘을 통해서 몇몇 이해관계가 결합하여 20년간 미국-대만 관계를 유지하는 결과를 냈으며(물론 매카시즘 하나로만 가능하지는 않았다), 중국에 관해 진실을 이야기했던 정부 관료는 거의 전부 경력을 망쳤고, 수많은 하수인들의 주머니가 두둑해졌다. 의회와 법무부는 이에 관해 조사해야 했고 지금이라도 해야 한다. 그러나 매카시의 사납고 거친 공격은 세간의 이목을 다른 방향으로 이끌었다.

동양, 서양, 그리고 억압:
훌륭한 자들이 고정관념을 만드는 방식

매카시즘의 주요 학자는 칼 비트포겔이었다. 비트포겔은 베르톨트 브레히트와 동일한 환경에서 이상한 삶의 궤적을 그린 자였다. 그는

---

* '존 페이튼 데이비스(John Paton Davies Jr., 1908~1999)'는 중국 전문가인 미국 외교관으로, 매카시로부터 공산주의자라고 공격을 당해 조사를 받았고 결국 사임했다.

1930년대 초 독일공산당의 주요 이데올로그였으며 독일에서는 카를 마르크스의 '아시아적 생산양식' 이론의 주된 옹호자였다. 완전히 분명하지는 않은 몇 가지 이유로 스탈린에 의해 숙청된 비트포겔은 미국으로 건너가 걸작『동양의 전제주의*Oriental Despotism*』로 학자로서 확고한 자리를 잡았다.[27] 마르크스의 이론은 아시아를 평가할 때 봉건제, 부르주아의 발흥, 자본주의라는 유럽의 표준적인 발전 모델에 견주어 무엇을 결여했는지를 기준으로 삼았다. 잔인한 군주가 관료기구와 군대를 지휘하며 큰 강의 물줄기를 조절하고 엄청난 노예 노동력을 이용하여 거대한 공공 토목공사(예를 들면 만리장성)를 수행하면서 반*건조 지대를 통합했다. 위에서 지배하는 전제군주와 아래에서 굽실거리는 백성이 근대적 중간계급과 유사한 것의 출현을 방해했다.

레프 트로츠키와 그의 전기를 쓴 아이작 도이처, 니콜라이 부하린, 비트포겔은 전부 스탈린을 동양의 권력자, 특히 칭기즈칸에 비유했으며, 그의 정권을 아시아적 생산양식의 최악의 특징들이 전면에 드러난 일종의 동양 전제주의라고 생각했다. 트로츠키가 스탈린 전기를 쓰면서 첫 문장에서 옛 혁명가 레오니트 크라신이 "내가 잘못 안 것이 아니라면 스탈린을 처음으로 '아시아인'이라고 불렀다"고 언급한 것은 매우 놀랍다. 트로츠키는 "아시아의" 지도자들이 교활하고 잔인하며 엄청난 수의 농민을 기반으로 정적인 사회를 통합한다고 설명한다.[28] '교활한'과 '빈틈없는'은 아시아인에 대한 고정관념에 따라붙는 기본적인 형용사이다. 특히 그들에게 시민권을 주지 않고 백인 전용 주택 규정으로써 그들을 차이나타운에 가두어놓았던 시기에 이러한 표현을 썼다. 이는 결국 멀리서,

말하자면 높은 울타리 너머에서 힐끗 쳐다보며 그들에게 획일적으로 정해진 역할만 맡기는 것으로 귀결된다. '잔인한'은 적어도 칭기즈칸 이래로 적용되어온 다른 형용사로서, 우리 시대에 들어서서 폴 포트와 마오쩌둥이 그 이미지를 강화했다. 정적이고 게으른 아시아와 역동적이고 진보적인 서구 사이를 가장 폭넓게 구분한 자를 찾자면 멀리 헤로도토스와 아리스토텔레스까지 거슬러 올라간다.

마르크스는 실제로 동아시아를 연구한 적이 없지만, 중국이 자신의 이론에 적합하다면 봉건제를 겪은(그리고 "작은 문화petite culture"를 지닌) 일본은 명백히 그렇지 않다는 것은 알았다. 그러나 비트포겔은 자신의 동양 전제주의에 담긴 관념을 강이 관통하여 흐르는 모든 왕조 제국에, 즉 중국과 제정러시아, 페르시아, 메소포타미아, 이집트, 잉카제국, 심지어 애리조나의 인디언 호피족Hopi에게도 적용했다. 이때쯤이면 비트포겔은 대담한 전향을 완료하여 체계적인 반동분자로 모습을 바꾸었고, 미국의 여러 도시 중에서도 가장 완벽한 중간계급 도시인 시애틀에 자리를 잡으려 했다. 비트포겔은 여러 극우 출판사에서 책을 냈으며, 매카시즘의 광풍이 몰아칠 때 중국학 학자와 외무부 관료들을 숙청하는 데 중요한 역할을 했다. 상원의원 조지프 매카시의 주된 표적이었던 교수 오언 래티모어에 불리한 증언을 한 학자는 거의 없었지만, 워싱턴대학교(시애틀에 있다)에는 세 명이나 있었다. 비트포겔과 니콜라스 포페(소련의 몽골 전문가로 1943년에 변절하여 나치로 넘어갔다), 그리고 영국인 학자이자 기자 조지 테일러가 그들이었다.[29]

나는 1970년대 중반 필라델피아 지역에서 가르친 뒤(그곳에서 나는 비트포겔의 첫 번째 부인 올가 랭을 만날 수 있어서 기뻤다. 내가 "왜 이혼 하셨죠?"라고 묻자, 그녀는 "화해할 수 없는 정치적 차이 때문에"라고 대답했다), 미국에서 가장 오래된 동아시아 과정 중 하나가 있는 워싱턴대학교로 갔다. 그즈음에 페리 앤더슨이 『절대주의 국가의 계보The Lineages of the Absolutist States』를 발표했다. 이 걸작의 끝머리에는 아시아적 생산양식 이론에 관한 87쪽 분량의 "주해"가 붙어 있는데,[30] 여기에서 앤더슨은 마르크스의 아시아관이 헤겔과 몽테스키외, 애덤 스미스, 그 밖의 일군의 명사들의 견해와 별반 다르지 않음을 보여준다. 이들은 전부 망원경의 잘못된 쪽이나 거울을 통해 보고 있어서, 아시아를 서구의 발전 과정에 관한 이해에 견주어 수박 겉핥기식으로 고찰했다. 마르크스도 "아시아적 형태"를 매우 진지하게 생각한 적이 없다. 마르크스는 언제나 진정으로 한 가지에만 관심이 있었다. 그것은 자본주의였다(심지어 공산주의를 이야기할 때에도). 앤더슨은 비트포겔의 이론을 "천박한 소동"이라고 칭했고, 이 이론을 그냥 묻어버리라고 권고하며 이렇게 결론 내렸다. "모든 낯선 형태들이 같은 색조를 띠는 것은 무지의 어둠 속에서이다." 나는 동료들에게 그 책을 강력히 추천했다. 한 착한 친구는 이렇게 말했다. "그는 중국인을 몰라." 다른 친구는 이렇게 반응했다. "그는 마르크스주의자 아닌가?" ('그'는 비트포겔이 아니라 앤더슨을 말한다.)

그렇지만 그 이론은 결코 제대로 매장되지 않았다. 모호한 형태로 다시 등장할 뿐이다. '동양적'이나 '아시아적'이라는 말을 쓰는 것은 이제 정치적으로 옳지 않다(심지어 그런 의미를 담고 있지 않더라도 말이다). 스탈린은 죽은 지 오래 되었지만 스탈린주의는 명백히 죽지 않았으며, 아직도 스탈린주의에 관해서는 무엇이든 이야기해도 괜찮다. 게다가 이상하게도 일련의 '동양적인 것들'이 스탈린주의를 살아남게 했다. 기자들은 북한을 설명할 때 자신의 견해에 조금도 제한을 두거나 의문을 품지 않고 그 용어를 거듭 사용한다. 북한이 순수한 형태의 "동양 스탈린주의"[31]라는 관념은 1940년대까지 거슬러 올라가며, 캘리포니아대학 버클리캠퍼스의 로버트 스칼라피노가 지속적으로 강화했다. 그는 냉전학자로서 1950년대 말에 두드러졌고, 매카시즘 이후 우파와 중도파 사이의 화해로부터 누구 못지않게 혜택을 보았다.

북한의 정치적 관행은 비난받아 마땅하지만, 그것이 우리 탓은 아니다. 더 곤혹스러운 것은 미국에서 이 정권을 끊임없이 판에 박힌 형태로 제시하고 악마로 취급하는 것이다. 1994년 김일성이 사망했을 때,《뉴스위크*Newsweek*》는 "우두머리 없는 짐승"이라는 제목으로 특집기사를 실었다. 그의 아들이 미치광이라는 주장이 많았지만, 사실 확인이라는 훌륭한 전통을 가진 잡지《뉴요커》의 스티븐 콜[32] 같은 뛰어난 분석가들이 그런 주장들에 대해 생각할 때는 이런 질문이 가능할 것이다. 어떤 정신과 의사가 김정일을 진단했는가? 최근에 한 전문가는 마치 누구나 알고 있다는 듯이 이렇게 썼다. 북한은 "스탈린주의와 동양 전제주의 사이에서 난 잡종이다."[33]

물론 김정일은 스스로 고정관념을 만드는 데 능한 전문가이다. 키높이 구두를 신고 1970년대식 겹으로 뜬 바지 정장을 입은 공산주의 희가극의 최고 지도자로 가장했고, 국민은 굶주리는 데 홀로 비만했다. 이 때문에 그의 정치를 "동양 전제주의"로 부를 수 없다고 주장하기가 어렵다.

그렇지만 북한의 역사에는 명백히 스탈린주의를 특징짓는 모든 계급을 겨냥한 대규모 폭력이나 대대적인 '숙청'의 증거는 없다. 그런 특징은 중국과 북베트남의 토지개혁과 문화혁명의 숙청에서 발생한 대량 사망에서 특히 현저하게 나타난다. 그럼에도 북한은 누구에게나 최악의 사회주의의 사례이자 (1991년까지는) 소련의 꼭두각시였기에, 미국의 주요한 평자들은 당시에나 그 이후에나 북한이 1950년에 독립적인 행동을 취할 능력을 갖는 것은 불가능했다고 생각한다.

실제로 김정일과 사망한 그의 아버지, 그리고 그들 주변을 에워싼 이데올로그들은 동양과 서양의 옛 군주제의 "왕의 두 몸", 즉 정치적 몸 body politic과 "타고난 몸body natural"의 관행을 지속했다.* 타고난 몸은 보통의 덧없는 인간으로 우연히 왕이 되고 다른 이들처럼 죽음을 맞을 것이다. 요컨대 김정일은 소화불량에 냉소적인 데다 태어날 때부터 자기 아버지를 따라갈 가망이 없었던 사람의 짜증스러운 얼굴을 지녔지만, 그래도 왕이 되어야 했다. 정치적 몸은 초인적인 실체로서 수백 년 동안 훌륭한 지도자의 원형으로 유지되어온 신이자 왕인 존재를 대표하는 절대적으로 완벽한 몸이다. (이로부터 김정일이 처음 골프 코스를 돌면서 이글을 기록했다는 북한의 공허한 이야기를 우리는 이해할 수 있다.) 타고난 몸은 죽음과 동시에 사라지지만, 신이자 왕인 존재의 영혼은 다음 왕으로 이전된다. 북한에서 이는 첫 번째 아들 김정일을 낳는 김일성의 '씨앗'으로 바뀐다. 그로써 그의 서기들이 지칠 줄 모르고 찬양하는 완벽한 '혈통'이

---

* 역사가 에른스트 칸토로비치(Ernst Kantorowicz, 1895~1963)가 『왕의 두 몸(The King's Two Bodies)』에서 처음 제시한 개념이다. 여기에서 정치체(body politic)라는 개념이 비롯한다.

지속되는 것이다. 따라서 가문의 혈통은 불멸이 되며, 김일성이 평생 동안 수령일 뿐만 아니라 사후에도 조선민주주의인민공화국의 수령으로 남는 이유가 설명된다. 북한의 고위급 망명자인 황장엽은 브래들리 마틴에게 김일성과 김정일은 "유교 관념으로 돌아감으로써 스탈린주의와 마르크스─레닌주의를 거꾸로 뒤집었다"고 말했다.[34]

그러므로 북한은 고도로 민족주의적이고 탈식민주의적인 국가로 실현된 현대적 형태의 군주국이다. 프레드릭 제임슨이 지적했듯이, "'전제 군주의 몸'에 표현되는 사회적 통일체"는 정치적이지만 동시에 다양한 종교적 관행과도 유사하다. 그러한 정권들이 선호한 현대적 관행이 민족주의(지도자의 몸, 정치적인 몸, 민족의 몸)라는 사실도 완벽하게 예상할 수 있다. 그러나 서구 좌파(자유주의자는 말할 것도 없다)는 "민족주의가 지닌 거대한 유토피아적 호소력"을 전혀 이해하지 못한다. 그 섬뜩한 속성은 쉽게 파악된다. 그러나 그것이 집단에, 탈식민주의 시대의 지도자들이 간절히 원하는 견고한 통합에 갖는 건강한 속성은 부정된다.[35] 탈식민주의 시대의 민족주의에 수백 년간 이어진 한국의 왕조와 신新유교적 철학을 더하면, 북한을 군주제와 민족주의와 한국 정치 문화의 특이하지만 예측 가능한 결합으로 이해할 수 있을 것이다.

그림자가 드리우다

서구의 자유로운 사회에 사는 우리의 잠재의식은 태어나면서부터 자동적으로 (불완전할지언정) 생기며, 우리는 성인으로서 누리는 비교적 안정된 사회를 당연시한다. 그래서 요구되는 일을 별다른 생각 없이 수행한다. 시민사회는 그렇게 내면화되고 재생산된다. 이는 수백 년에 걸친 서구 정치의 관행이 낳은 결과물이다. 그렇지만 그러한 관습의 형성, 좋은 시민과 좋은 노동자의 자발적인 출현, 불충의 기회도 지닌 충성스러운 신민 등은 그것들이 존재하지 않는 곳에서는 알 수 없는 신비처럼 보인다. 사회적 교류가 어떻게 그토록 개방적이고 부드럽고 질서정연한 동시에 권력에 위협적이고 그러면서도 그토록 안정적일 수 있는가? 조지 케넌은 이렇게 썼다. "사람들이 정부의 긍지와 계몽을 증진하는 방식은 국가의 운영에서 가장 심오하고 가장 본질적인 과정을 이룬다. 외국인들에게 이보다 더 이해하기 어려운 것은 없으며, 외국의 영향이 이보다 더 이롭지 않은 영역도 없다."[36] 김정일에 대한 증오의 핵심을 이루는 것은 우리의 무지, 검증되지 않은 가정이라는 우리의 숨은 콤플렉스이다. 이것이 그를 그렇게 우스꽝스럽게 만드는 동시에, 그토록 경솔하고 포악하게 만든다. 우리는 그를 욕하지만, 그는 우리와 우리의 가치관을 조롱하며 그래도 무탈하다. 우리는 70년 동안 우리가 북한을 이해하지 못하며 아무리 무엇인가 하고 싶어도 할 수 있는 일이 없다는 사실을 증명했다. 무엇인가 할 수 있는 분야는 우리의 편견이다.

한국은 냉전이 처음 도달한 곳이고, 냉전이 전혀 끝나지 않았고 떠난 적도 없는 곳이며, 여전히 케이블 텔레비전에서 냉전을 볼 수 있는 곳이다. 냉전의 양극화한 세계에서, 우리는 옳은 편에 있고 우리의 동기는 순수하며 선한 일을 하고 전혀 해를 끼치지 않는다. 그들은 몹쓸 폭도이고 공산주의자일 뿐만 아니라 범죄자이며 정체를 알 수 없고(1950년대 영화에서는 심지어 외계인이나 화성인으로 나온다) 기괴하고 정신이상자이며 무슨 짓이든 할 수 있는 자들이다. 우리는 인간적이고 품위 있고 개방적이지만, 저들은 비인간적이고 불가사의하며 우리가 존중할 가치가 있는 권리를 지니지 못한 격리된 '타자他者'이다. 이 적이 옳은 일을 하고 증발하고 사라지며 스스로 소멸할 때만이, 우리는 행복하게 쉴 수 있을 것이다. 그러나 이 적은 완고하고 고집 세며 늘 악의를 품고 있다(2009년 여름 CNN은 "북한의 위협"이라는 제목으로 날마다 북한 소식을 전했다). 70년간의 대결 이후 미국인이 지닌 북한의 주된 이미지는 여전히 오리엔탈리즘의 편협한 몽고반점을 띠고 있다.

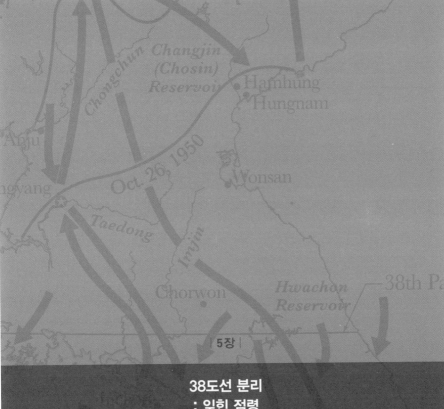

5장

38도선 분리
: 잊힌 점령

1945년 8월 9일 오전 11시, '복스카Bockscar'라는 별명을 가진 B-29 폭격기가 나카사키 상공에 나타났다. 플렉시 유리창으로 덮인 비행기의 앞머리에는 커밋 비핸이라는 폭격수가 앉아 있었다. 비핸은 "팻맨Fat Man"이라고 부르던 무게 9000파운드[약 4톤]의 플루토늄-239 폭탄 한 발을 투하했다. 폭탄은 낙하산에 매달린 채 흔들거리며 40초 동안 1.5마일[약 2.4킬로미터]을 하강하여, 오랫동안 동양에서 가장 멋진 성당으로 찬탄을 받았던 우라카미 성당浦上天主堂의 붉은 돔 위 500미터 지점에서 폭발했다. 그 뜨겁고 무더운 아침에 서른여섯 살이 된 가톨릭 사제 이시카와는 우라카미 병원에서 환자를 돌보고 있었다. 성모승천일이 가까웠고, 신도들은 8월 15일로 예정된 큰 축제에 앞서 고해성사를 하려 했다. 11시쯤 사제가 자신의 방으로 돌아왔을 때, "갑자기 흰 섬광이 복도를 빛으로 가득 채웠다." 뒤이어 "큰 노호"와 더불어 그는 공중으로 솟구쳤다가 콘크리트 기둥에 머리를 부딪쳤다. 사제는 비틀거리며 가까스로 예배당으로 돌아갔고, 바닥에 누워 있는 그를 간호사들이 발견했다. 그들은 사제를 깨웠고, 그는 머리에 부상을 입었는데도 곧 병원 현관에 나타난 다 죽어가는 사람들에게 마지막 의식을 집전했다. 한국인이었던 이시카와 신부는 나중에 고국으로 돌아가 가톨릭 주교가 되었고, 1970년대 말까지 생존했다.[1] (대부분이 징용된 노동자였던 한국인 중 최소한 1만 명이 히로시마와 나가사키에서 사망했다.)

다음 날 당시 육군부에서 일했던 존 매클로이는 딘 러스크와 찰스 본스틸을 옆방으로 불러, 일본군의 항복을 받아들인 뒤 한국을 어디에서 분할해야 할지를 물었다. 이들은 위도 38도선을 선택했다. 러스크가 훗날 말했듯이, 그렇게 하면 권력이 집중된 수도 서울이 미국 점령지구 안에 들어오기 때문이었다. 미국은 그렇게 결정을 내리면서 한국인은 말할 것도 없고 다른 강국과도 협의하지 않았다. 그러나 매클로이는 이미 공인된 '똑똑한 인간'이었고 제 뜻대로 일을 처리했다. 그 결정은 1945년 8월 15일 발포된 맥아더 장군의 일반명령 제1호로 구현되었다. 이 고도로 정치적인 분할은 일본군 병사들이 중국과 북부 베트남에서 (마오쩌둥이나 호치민이 아닌) 장제스에게 항복하도록 했고, 결국 동아시아의 냉전적 분할에서 첫 번째 결정적인 행위가 되었다. 소련군은 8월 8일 한국의 북부에 진입했고 남쪽으로 밀고 내려왔지만, 38도선 분할을 논평이나 서면 합의 없이 조용히 수용했다. 존 리드 하지 장군이 지휘하는 오키나와의 제24군단은 한국 점령 임무를 받았으나, 워싱턴에서 빨리 도착하라고 거듭 재촉했음에도 9월 8일에야 상륙할 수 있었다. 얼마나 성가시게 했는지 하지는 훗날 이를 두고 "그 성급한 이동"이라고 불렀다. 오키나와의 격렬했던 "마지막 전투"에서 가혹한 손실을 입은 보병 제6사단과 제7사단, 제40사단으로 구성된 이 군단은 곧 국무부가 오랫동안 계획했던 대로 38도선 이남의 한국을 완전히 점령했다.

대다수 미국인은 미국이 일본과의 전쟁을 끝낸 직후 한국을 점령했고, 정식 군사정부를 세워 3년 동안 통치하며 전후 한국 역사의 형성에 깊이 관여했다는 사실을 모르는 것 같다. 전쟁의 법칙과 전후의 법칙이 희생된 민족의 '평화적인'(평온한) 점령(이 경우에는 내정 간섭이 금지됐다)과 적지의 '적대적인' 점령을 구분했다. 국무부는 즉시 한국은 일본 침략의 희생자라고 결정했지만, 점령군 사령부는 남한을 거듭 적의 영토로 취급했을 뿐만 아니라 실제로 몇몇 곳(특히 남동부 지역)은 적지라고 선언했다. 또한 점령군은 전후 어느 나라 정권도 그토록 분명하게 미국의 간섭으로부터 도움을 받은 적이 없을 정도로 남한 정치에 개입했다.

한국의 내전을 초래한 사회적이고 정치적인 힘의 기원은 일본이 한국과 만주에서 식민통치를 펼친 시기까지 거슬러 올라간다. 특히 불평등한 토지 보유, 한국인 중 일부는 항일운동에 참여하고 다른 일부는 일본에 협력했던 것, 그리고 수많은 한국인이 여기저기 끌려 다니며 일본의 방대한 산업화와 전시 동원 노력에 복무해야 했던 1935~45년의 10년 동안 평범한 한국인이 겪은 경악스러운 혼란에 그 뿌리가 있다. 전쟁이 끝날 무렵 주민의 1/5이 외국(대개 일본이나 만주)에 있거나 고향이 아닌 곳(대개는 한국 북부)에서 일하고 있었다. 한국인 '위안부'와 20만 명이 넘는 징용된 한국인 병사들은 명백한 피해자였으나, 수백만 명의 평범한 한국인들도 광산과 공장, 강제노동부대 등에서 착취를 당했다. 1945년에는 전체 인구(2500만 명)의 10%가 일본에 있었다. 당시 일본에 있던 대만 사람은 겨우 3만 5000명이었던 것과 비교된다. 이주민이 열두 살 미만이거나 예순 살을 넘겼을 가능성은 적기 때문에, 이 매우 큰 무리의 사람들은 대부분 태어난 고향 마을에 강한 애착을 지녔다. 일본의 지배가 무너졌을 때 이들은 전부 고향으로 돌아가기를 원했고, 대다수는 '잉여' 인구가 많았던 한국 남부 출신이었다.

진주만공격 이후 미국의 한국 정책은 극적으로 변했다. 미국은 1905년 이후 일본의 한국 지배에 아무런 이의를 제기하지 않았다. 1905년은 시어도어 루스벨트가 러일전쟁을 끝낸 포츠머스조약을 주선했다는 이유로 노벨평화상을 받고 일본의 한국 '근대화' 노력을 칭찬한 해였다. 그러나 1942년 중반 국무부의 정책 입안자들은 주인을 잘못 찾은 한국이 전후 태평양의 안보를 위협할 수 있다고 걱정했고, 일본이 패망한 뒤 한국 전체나 그 일부를 군사적으로 점령할 계획을 수립했다. 프랭클린 루스벨트는 더 영리한 정책을 세웠다. 4개국(미국, 소련, 영국, 국민당의 중국)이 "신탁통치"를 실시하여 일본 세력을 몰아내고 미국이 진출하며, 동시에 국경을 마주하고 있는 나라에 대한 소련의 관심이 정당함을 인정하기로 한 것이다. 루스벨트는 신탁통치를 얼마나 오래 유지할 것인지에 관해 철저히 비현실적인 견해를 지녔지만(아마도 40~50년이었을 것이다), 전시에 처칠과 스탈린과 의논할 때 그 생각을 여러 차례 밀어붙였다. 그리고 그 정책이 점진적으로 전개됐으면 한국을 하나의 나라로 유지하는 데 도움이 되었을지도 모른다. 그러나 핵폭탄 투하로 태평양전쟁은 갑작스럽게 종결되었고, 트루먼이 대통령 집무실의 주인이 된 상황에서 국무부 관료들은 점령 정책을 실행에 옮겼다.

제24군단 정보과장 세실 니스트 대령은 서울에 도착한 지 한 주가 지나지 않아 전후 한국의 좋은 지도자가 될 수 있는 "수백 명의 보수주의자들"을 찾아냈다. 니스트 대령에 따르면 그들은 대부분 일본 제국주

1920년 덴버의 한국친선협회the Association of the Friends of Korea 사무실 앞의 이승만(오른쪽). (안형주* 의 허가를 받아 게재)

의에 협력했지만, 그는 그 오점이 빠르게 씻겨나갈 것으로 기대했다. 이들 가운데 이후 남한 정치를 결정하는 지도자가 대부분 배출됐다. 선택된 수백 명이 부역자였기 때문에, 하지 장군은 간판으로 내세울 애국적 우두머리 한 명을 찾으려 했다. 전략사무국이 찾은 인사는 수십 년간 국무부를 들락거리며 괴롭혔던 망명 정치인 이승만이었다. 전략사무국은 국무부의 반대를 넘어 이승만을 군용기에 태워 도쿄로 보냈고, 그곳에서 이승만은 비밀리에 맥아더를 만났으며 이어서 1945년 10월 중순 맥아더의 전용기 '바탄the Bataan'을 타고 서울에 내렸다. 이승만은 미국인과

---

* [지은이] 안형주, 『박용만과 한인소년병학교』, 지식산업사, 2007.

1945년 10월 20일 연합국 환영회에서 발언하는 이승만. 사진 왼쪽에 존 리드 하지 장군이 앉아 있다. (미국 국립기록보관소)

그들의 무분별하고 무지한 반사적 반공주의를 이해했으며, 이를 한국 국민의 대중 봉기로 마침내 축출되는 1960년까지 자신의 [정치적] 밑천으로 삼았다. 이승만은 한국에서 오래 떠나 있었고 친척이 거의 없었기 때문에, 아랫사람들의 가족적·지역적 유대를 조종하는 데 능숙했다. 무슨 일이든 극한까지 밀어붙이기로 유명한 강퍅한 인간이었던 이승만은 재빨리 미국인들에게 자신이 물러나면 혼란이 초래될 것이라고, 자신의 지휘가 끝나면 끝없는 나락이 있을 뿐이라고 확신시켰다.

점령 후 겨우 2년이 지났을 때, 갓 등장한 햇병아리 기관이었던 중앙정보국은 남한의 정치를 "좌익 인민위원회의 잔여 세력과 우익 사이의 경쟁이 지배하고 있다"는 보고서를 냈다. 인민위원회는 "1945년 8월 한국 전역에 수립된 인민위원회에서 출구를 찾은 풀뿌리 독립운동"으로 설명되었다. 지배적인 정치 집단에 관해서는 이렇게 설명했다.

> 우익[원문 그대로]의 지도부는 (…) 사실상 그 나라의 타고난 부와
> 교육을 독점한 수적으로 적은 계급이 공급한다. 이들은 귀속된
> 일본인의 자산[다시 말해 식민지 자본]을 균등하게 분배하면 조선인이
> 소유한 집중된 부의 몰수에 선례가 될까 두려웠기에 기본적으로
> 좌익과 대립하게 되었다. 이 계급은 일제강점기에 최소한의 '협력'
> 없이는 유리한 지위를 얻을 수도 없고 유지할 수도 없었기에, 우익은
> 정치적 직무에 적합한 후보를 찾는 데 어려움을 겪었으며 어쩔 수
> 없이 이승만이나 김구처럼 추방되었다가 입국한 정치인들을 지지했다.
> 이들은 친일의 오점은 없었지만 기본적으로 독재 성향이 있는
> 선동가이다.

그 결과로 "미국 점령 지구에서는 극우파가 공공연히 정치 구조를 장악했다." 그 주된 수단은 일본이 설치한 경찰인 경무부였다. 그들이 "소요를 진압할 때 무자비하게 잔인"했기 때문이다. 남쪽 정부 관료제의 구조는 "본질적으로 이전의 일본 기구"로서, 내무부가 "국민 생활의 사실상 거의 전 부문을 고도로 통제"했다.[2] 1940년대 말은 실로 그 이후 한국 정치를 만들어낸 도가니였고, 미국 앞에 씻을 수 없는 엄청난 책임이 남겨졌다.

두 강국은 당연히 자국의 이익과 세계관에 적합한 국내 세력을 지

원하는 데 착수했다. 그러나 미국 점령군 지도자들은 1945년 말에, 북한에 제대로 작동하는 정부를 수립하기로 한 소련의 결정보다 더 빨리 여러 가지 결정적인 조치를 취했다. 식민지 시대 경찰을 재건했고, 새로이 군대를 창설했으며, 남한 단독정부 수립을 준비했다. 나아가 미국은 '조선인민공화국'을 저지하려는 계획을 실행해야 했다. 조선인민공화국은 북한의 인민공화국과 다른 독자적인 움직임으로서, 9월 6일 서울에서 선포되었으며 지방에 수많은 '인민위원회'를 설립했다. 1945년 12월 미국과 소련은 외무장관 회담에서 두 나라가 한국에서 5년간 신탁통치를 시행하기로 합의했지만, 한국에서 두 나라 사령부가 취한 조치 때문에 그 합의의 이행은 불가능했다. 1946년 초 한국은 사실상 분단되었고, 1948년에 별개의 한국 국가를 세운 두 명의 지도자(이승만과 김일성)와 그들의 두 정권이 확고하게 자리를 잡았다.

점령군 사령관 하지 장군은 전사로서 훌륭한 평판("태평양의 패튼")을 지닌 성실하고 정직하며 겸손한 사람이었다. 그러나 그는 군인으로서 사방에 퍼진 정치적·사회적·경제적 혼란을 대단히 걱정했다. 그는 도착한 지 석 달이 지나지 않아 공산당에 "전쟁을 선포했다(여기서 공산당은 남조선노동당[이하 남로당]을 말한다. 하지는 좌파와 항일저항운동, 인민주의자, 토지개혁 옹호자의 잡다한 세력을 '공산주의자'로 오인했다)." 1946년 봄 하지는 본국 정부에 북한의 침공이 임박했다고 첫 번째 경고를 보냈다. 그리고 정부의 분명한 지시를 어기고 1945년 11월 말에 한국군 창설에 착수했다.

1945년 12월에 장교를 위해 설립한 군사영어학교는 1946년 5월에

평양에서 열린 해방 축하 행사에서 연설하는 김일성(1945년 10월 14일). 그의 뒤로 연단에 서 있는 소련 장군들의 모습은 북한 검열관들이 지워 버렸다. (북한; 미국 국립기록보관소)

설치된 조선경비사관학교의 전신이었고, 조선경비사관학교는 육군사관학교의 전신이었다. 1948년 이승만이 취임한 직후 웨스트포인트의 미국 육군사관학교를 모델로 그렇게 개명했다. 육군사관학교는 1961년 한국의 첫 번째 군사 쿠데타와 이후 1980년의 군사 쿠데타를 일으킨 음모자들을 배출했다(각각 육사 제8기와 1955년에 임관한 자들[육사 제11기]이 주도했다). 예를 들면 일본 관동군 대위였고 (종전 후에는) 육군 참모총장과 총리를 역임한 정일권이 군사영어학교 출신이었다. 1946년 가을 조선경비사관학교 제2기 생도들이 졸업했는데, 그중에는 1961년 쿠데타를 지휘한 박정희와 1979년 그를 살해한 중앙정보부장 김재규가 있었다. 두 사람 모두 만주국의 일본군 장교였다. 미국이 후원한 전투정보학교는

집결해 있는 경무부 경찰대(1946년경). (미국 국립기록보관소)

1949년 6월 남산정보학교로 개명했고, 이는 훗날 공포의 대상이었던 중
앙정보부의 남산 고문실이 되었다.[3]

　이러한 결과에 맞선 저항은 북쪽보다 남쪽에서 훨씬 더 강했다.
1946년 10월과 11월에 큰 반란이 일어나 미군 점령을 뿌리째 흔들었다.
이는 앞선 몇 달 동안 지방에서 강력했던 인민위원회를 둘러싼 수많은
싸움이 극에 달한 결과였다. 1948년 10월 남서부의 항구 여수와 그 인
근에서 다시 큰 반란이 일어났고, 이후 유격대 저항이 빠른 속도로 퍼졌
는데 대부분 남쪽에서 자생한 것이었다. 여수반란은 한국 남서부와 제주
도에 큰 영향을 미쳤고, 이 때문에 1948~49년에 미군의 조언을 받는 남
한의 군대와 경무부는 매우 바빴다. 한편 1947년 초 김일성은 중국내전

에 한국인을 파견하여 공산당 편에서 싸우도록 했으며, 이후 2년간 수만 명이 귀중한 전투 경험을 획득했다. 이 병사들은 나중에 조선인민군의 핵심 타격 부대가 되며 한국전쟁에서 싸운 여러 사단의 근간을 이룬다.

미국의 한국 정책은 1945~46년에 현지에서 벌어진 사건들이 결정했다. 특히 남한의 강력한 좌익 때문에 점령은 때 이른 냉전 봉쇄정책으로 이어졌다. 미군정의 사실상의 정책 수립이나 우파 지원은 대체로 미국 국무부의 반대에 부딪혔다. 이 시기에 남한은 훗날 미국의 제3세계 정책의 특징이 되는 정책 갈등과 반공산주의 정책의 축소판 세계였다. 그러나 1947년 초 미국 정부에서 봉쇄가 주된 정책이 되었을 때, 이는 군정의 조치들을 재가하는 효과를 가져왔다. 내부 문서를 보면 남한은 그리스와 터키와 함께 주요 봉쇄 국가에 가까스로 포함되었다. 공개적으로 인정된 적은 없지만, 남한은 사실상 1948~50년의 봉쇄에서 전형적인 사례가 되었다. 주한미군사고문단과 마셜플랜의 경제지원단, 국제연합의 지원, 세계 최대의 사절단 활동이 이를 보여준다.

새로운 한국 정책은 트루먼 독트린과 일본에서 진행된 '역(逆)코스*'에서 유래했다. 역코스는 새로운 지역적 정치경제의 논리를 만들었고, 그 안에서 일본 산업은 다시 동아시아와 동남아시아의 일터가 되고 과거의 식민지와 보호령을 시장과 자원 공급처로 삼을 필요가 있었다. 그렇지만 이것이 일본 군국주의의 부활로 이어지지는 않았다(미국이 그때부터 지금

---

* '역코스(reverse course)'는 제2차 세계대전 후 미국의 일본 점령 정책에 나타난 변화이다. 애초에 점령군은 전쟁에 책임 있는 관료들의 숙청과 재벌 억압, 토지개혁 등으로 민주화를 추진하려 했다. 그러나 냉전이 도래하면서 미국은 일본을 봉쇄의 주된 동력으로 삼고자 처벌하는 대신 강화하는 쪽으로 정책을 바꾸었다.

까지 줄곧 일본을 방어했기 때문이다). 국무장관 조지 마셜이 1947년 1월 29일 딘 애치슨에게 보낸 메모에서 "남한에 확실한 정부를 수립할 정책 초안을 만들고 그 경제를 일본 경제와 **연결하라**[원문 그대로]"고 썼을 때, 그는 1947년부터 1965년 남한과 일본의 외교 정상화에 이르기까지 향후 미국의 한국 정책이 나아갈 방향의 핵심을 선견지명으로 이해한 것이다. 훗날 애치슨은 정부 내에서 남한을 미국과 일본의 세력권 안에 둘 것을 옹호하는 주된 인사가 되었고, 미국의 한국전쟁 개입을 단독으로 주도했다.

이승만이 이끄는 한국은 1948년 8월 15일에 수립되었고, 당시 맥아더는 자랑스럽게 연단에 서 있었다. 이승만은 1948년 5월 국제연합의 감독하에 치러진 선거로 구성된 입법부에 의해 [대통령으로] 선출됐다. 존 포스터 덜레스는 국제연합 총회에서 이 결과를 지켜냈다. 이러한 선거는 일제강점기에 확립된 매우 제한적인 참정권에 부합하는 것으로서, 투표권은 큰 도회지의 지주와 납세자에 한정되었고 촌락 차원에서는 원로들이 다른 사람을 대신하여 투표했으며 무장 경찰과 청년단체들이 투표소 주변을 에워쌌다. 마찬가지로 국제연합도 "1947년에는 비교적 작은 기구였고 실질적으로 미국이 지배했다."[4] 소련은 안전보장이사회의 결의를 거부할 수 있었지만, 국제연합을 통제하는 것은 미국이었다. 그럼에도 국제연합 감시관은 자신들이 들어갔던 한국(북한은 아니다)에서의 선거가 자유롭고 공정했다고 선언했으며, 그로써 국제연합은 대한민국에 결정적인 합법성을 부여했다.

군정 시기 한국 남서부

일본 패망 후 첫 해에는 미국의 한국 점령이 다른 미래로 이어질 수 있는 창문이 열려 있었다. 그것은 한국의 분단과 2년 후 서로 죽고 죽이는 전쟁으로 귀결되지 않을 수 있는 미래였다. 남서부 지방은 일본 제국주의에서 해방된 후 한국 전역에서 일어난 일들의 축소판이었다. 때는 위기의 정치가 작동하는 매혹적인 시절이었고, 한국 현대사의 어떤 시기와도 다른 근본적인 전환점이었다. 훗날 가장 반항적인 지역이 되는 전라남도에서 미국인들은 현지 지도자들과 협력했고, 적어도 한동안은 주민의 의사를 반영한 지역 기구들의 정치적 성격을 바꾸려 하지 않았다. 역사가 김용섭이 여러 저작에서 밝혔듯이, 전라남도는 1890년대 초 동학농민전쟁의 싸움터였다. 한국의 부(논이 많은 호남의 곡창지대로 알려졌다)와 한국의 쌀을 남서 지방 항구들을 통해 일본과 세계경제로 내보냈던 일본인 수출업자들이 합류하는 지점이었기 때문이다. 달리 말하자면 근대성과 제국의 교차가 그곳에 집중되었다. 그곳에서 한국인의 자주와 자강의 열망은 최초의 민족주의적 저항이라는 형태를 띠었고, 세계경제에서 서로 경쟁하는 제국들(일본, 미국, 러시아, 영국)은 단호히 한국의 부(그리고 약점)를 이용하려 했다. 동학농민봉기가 진압된 후 한참 지난 1920년대에도 일본의 여행 안내인은 전라남도의 내륙에 들어가지 말라고 경고했다. 도의 수도인 광주는 1929년 일본에 반대하는 대규모 학생 봉기의 장소이자, 1980년 군부 쿠데타 세력에 맞선 항쟁의 중심지였다.

나는 1970년대에 버스를 타고 전라남도의 시골을 여행했는데, 현지 주민들은 종종 분명하고 노골적인 증오심으로 나를 응시했다. 한국의 다른 곳에서는 좀처럼 경험하지 못한 일이었다. 도로는 여전히 대체로 딱딱하게 굳은 흙길이었고, 햇볕에 검게 그을린 농민들은 논밭에서 소를 몰아 쟁기질을 하거나 짐 나르는 짐승처럼 어깨에 무거운 짐을 졌으며, 이엉을 얹은 초가집들은 확연히 빈곤에 빠져 있었고, 일본식 옛 시청과 철도 역사는 식민지 시대에서 조금도 바뀐 점이 없었다. 여행하는 내내 예기치 않은 순간에 어디에선가 경찰이 갑자기 나타나 버스를 세우고 모든 승객의 신분증을 검사했다. 승객들의 언짢음과 분노는 미국의 도시 빈민가에서나 보았던 것이다.

상황은 달랐을 수도 있었다. 점령 첫 해 미군정의 가장 성공적인 정책이 전라남도에서 펼쳐졌다는 사실은 미군정의 역설이다. 일본 패망 이후 여운형의 건국준비위원회 지부들이 설치되었고, 이는 곧 '인민위원회'로 바뀌었다. 작고한 전임 대통령 김대중은 당시 목포에서 인민위원회에 가입했다. 이는 한국의 군부 쿠데타 세력이 늘 그에게 반대했던 이유 중 하나였다(1980년 전두환이 그를 내란음모로 기소할 때에도 부분적인 이유가 되었다). 인민위원회는 다양한 정치적 면모를 갖춘 애국적이고 반식민주의적인 단체였으나, 서울의 미국인들은 신속히 모든 인민위원회에 '공산주의자'라는 낙인을 씌웠다. (앞서 보았듯이, 실제로 하지 장군은 매우 이른 시기인 1945년 12월 12일에 남부 지역의 공산주의에 "전쟁을 선포했다.") 그러나 남서부 지역에서 미국의 민정팀은 현지 인민위원회와 1년 넘게 협력했다(제주도에서는 거의 3년 가까이 협력했다). 나는 이 사실을 E. 그랜트 미드의

『한국의 미군정*American Military Government in Korea*』을 읽고 처음 알았다.

미군은 서울에 도착한 지 한 달이 지난 1945년 10월 8일이 되어야 도청 소재지인 광주에 도착했고, 민정팀은 10월 22일이 되어야 모습을 드러냈다. 이들은 곧 인민위원회가 거의 도 전역을 통제한다는 사실을 깨달았다. 광주 담당자는 김석으로 일제 때 정치범으로 11년간 복역한 사람이었다. 그러

여운형. 조선인민공화국(남한) 창설자.

나 보성과 영광에서는 지주들이 인민위원회를 운영했고, 일제에 협력했던 경찰이 작은 읍들을 장악했다. 광산 도시인 화순에서는 광부들이 현지 인민위원회를 꾸렸다. 8월 15일 이후로 나주와 장흥 등지에서 인민위원회 선거가 몇 차례 치러졌는데, 이전에 일제에 협력한 관료들만 배제되었다. 미국인들은 서울과 마찬가지로 광주에서도 소멸한 일제의 통치 구조를 되살리기를 원했으며, 심지어 전임 도지사 야기 노부오를 12월까지 유임시켰다(그는 미국인들에게 한국인 부역자의 비밀 명부를 넘겼다). 김석은 10월 28일 '암살 음모'를 꾸몄다는 혐의로 체포되었다. 재판을 직접 본 한 미국인에 따르면, 그의 재판은 완전한 조작이었다. 김석은 곧 앞선 10년간 익숙했던 환경으로 돌아갔다. 다시 수감된 것이다.

그러나 다른 미국인들은 인민위원회가 "모든 읍에서 일부 당파에 붙은 명칭"이라는 사실을 알아챘다. 그 영향력과 성격은 지역마다 다양했다. "어느 군에서 그것은 '난폭한 자들'을 대표했고, 다른 군에서는 유

일한 정당으로서 급진적 표현을 전혀 하지 않았으며, 또 다른 군에서는 [이전의] 군수가 당 지도자가 되기도 했다." 프랭크 바틀릿 중령은 한국만을 위해 훈련받은 유일한 팀(대다수는 일본에서 점령 임무를 위한 훈련을 받았다)인 제45군정팀을 운영했는데, 팀원들에게 지역의 정치적 여론의 향배가 어떤지 알아보게 했다. 이는 여러 군에서 인민위원회의 "재편" 시도로 이어졌지만, 바틀릿의 팀은 기본적으로 도내 대다수 인민위원회가 1946년 가을까지 활동하도록 허용했다. 주된 이유는 이렇다. 미국인들은 인민위원회들이 "강력한 중앙 본부의" 통제를 받는다는 증거를 찾을 수 없었던 것이다.[5]

모든 것은 한 해 뒤 유혈극으로 끝났다. 나는 국립기록보관소에서 39쪽 분량의 「1946년 전라남도 공산주의자들의 봉기Cholla-South Communist Uprising of November 1946」라는 보고서를 읽은 날을 아직도 기억한다.[6] 봉기는 거의 한 달 전에 대구에서 시작했고 농민전쟁의 고전적인 유형을 따랐다. 서로 부딪치는 당구공처럼 한 군의 반란이 다음 반란으로 이어지고, 이는 다시 다른 반란을 초래했다. 이 큰 봉기의 원인은 미군 점령 첫 해에 한국인들이 느낀 심한 좌절감, 남동 지방 인민위원회의 탄압, 남서 지역에서도 같은 일이 벌어질 가능성이 증대한 것이었다. 봉기는 전적으로 한반도 남단에서 자생적으로 일어난 것으로 북한이나 공산주의와는 전혀 무관했다. 이 보고서는 1945년 11월에 다음과 같은 사건들이 50건 이상 발생했다고 상세히 설명했다.

— 인민위원회 유형의 폭도가 파출소를 습격했고 경찰이 폭도에

발포하여 6명이 사망했다.

— 1000명이 경찰서를 습격했다. (…) 경찰이 100발을 발사하여 폭도를 죽였다(사망자 수 미상).

— 경찰이 3000명의 폭도에 발포하여 5명이 사망했다.

— 경찰이 60명의 폭도에 발포했다. (…) [미국] 전술부대가 소집되었다. 죽창 6개와 칼 2자루를 압수했다.

— 600~800명가량이 경찰을 향해 행진했고, 경찰은 4명을 죽였다.[7]

보고서는 이런 식으로 수많은 작은 농민전쟁을 열거했다. 보고서를 끝까지 다 읽으면, 무수히 많은 전라도 농민의 시신이 빠져 있는 나락을 응시하게 된다. 요즘이라면 그러한 유형의 사건이 단 한 건만 발생해도 나라 안팎에서 주목을 받겠지만, 이 먼 과거의 사건들은 김지하가 그의 시 「서울길」에서 추념한 팍팍한 길과 "목마른 고개"를 따라 미지의 역사적 순간으로 남아 있다. 오직 그 사건들을 목격하거나 살해당한 자들만이 알 것이다.

사망자의 가족들에게는 무슨 일이 닥쳤을까? 누구도 들어보지 못한 싸움을 그들은 어떻게 기념할까? 어떻게 미국인들은 한 나라를 점령한 지 1년 만에 거의 알지도 못하는 사람들에게 편리하게 얼굴 없는 '공산주의자'라든지 오합지졸 '폭도'라는 꼬리표를 붙여 총을 쏘아댈 수 있었는가? 바로 그 미국인들 중 일부는 1946년 가을 전라남도의 농민전쟁에 관한 기억을 지닌 채 지금도 살아있지 않은가? 그들은 한국인들이 40년간의 잔인한 식민통치를 끝내고 만든 자생적 자치 기구와, 일제에 부역한 한국인 반역자들에 의해 벼 이삭처럼 잘려나가 농기구로 무장할 수밖에 없었던 농민들을 도무지 연결시킬 수 없었는가?

삼척의 해방

삼척은 남한 동해안 위쪽의 항구로 38도선에서 약 50마일[약 80킬로미터] 떨어져 있다.[8] 일제강점기에 일본의 큰 시멘트 회사 오노다小野田는 한국에 많은 공장을 세웠는데, 삼척에 있는 것을 제외하면 전부 북한에 있었다. 다른 곳의 공장과 마찬가지로 8월 15일 공장노동자들로 구성된 자치위원회가 즉각 공장을 접수했으며, 그 결과 모든 것을 한국인들이 스스로 관리할 수 있었다. 이들은 오병호의 지도로 몇 달, 몇 년 동안 공장을 관리했다. 오병호는 1943년 공업학교를 졸업한 뒤 공장에 들어왔고, 전쟁 중에 일본인 기술자 6명이 군대로 징집되면서 빠르게 승진했다. 이는 식민지 시기 막바지에 일반적인 현상이었다. 오병호는 공장의 기술과장 구사가와 신타로 밑에서 실무를 익혔다. 신타로는 식민지 이주민 2세대로 1928년 북한의 승호리 공장에서 일을 시작했다. 그러나 진주의 지주 가문 장남이었던 오병호는 1945년에 겨우 스물다섯 살이었다.

공장의 숙련노동자였던 우진홍은 1920년 삼척에서 태어났고 나중에 서울의 선린상업고등학교를 졸업했다(우연히도 나는 평화봉사단의 일원으로 그 학교에서 영어를 가르쳤다). 1943년 우진홍은 기술과의 숙련노동자였다. 일본인 기술자들이 공장에 흔히 길게는 3년까지도 머물렀던 북한과 달리 삼척 공장에는 아무도 남지 않았으며, 따라서 해방과 더불어 즉시 한국인들이 기술직과 관리직으로 이동했다.

9월 15일경 미군정 민정팀의 채프먼이라는 대위가 공장을 방문했고, 이제부터 공장의 모든 중요한 결정은 먼저 자신과 의논해야 한다고 말했다. 그는 오노다 공장의 주거 시설을 자기 팀의 본부로 썼다. 얼마 후 오병호는 서울로 가서 미군정에 공장 가동을 위한 재정 지원을 요청했다. 그는 상공부 공업국장 유한상으로부터 약간의 자금을 얻었고, 공장은 10월 1일에 한국인 기술자와 공장노동자로 완전히 재가동되었다. 다음 달 좌파─자유주의적인 전평[조선노동조합 전국평의회]에서 온 조직자들이 오노다에 지회를 설립했다. 우진홍에 따르면 노동자의 70%가 "좌익"이었는데, 이는 아마도 그들이 노동조합을 원했다는 뜻으로 보인다.

1945년 12월 미군정은 명령 제33호를 발포하여 모든 공장의 자치위원회를 금지했다. 명령은 또한 이전에 일본인이 소유했던 모든 공공재산과 사유재산, 즉 큰 공장을 전부 포함하여 약 3000개의 재산이 군정에 귀속된다고 선언했다. 당시 정치적으로 서로 연결된 서울 사람들이 공장 관리인을 임명했다. 오노다의 관리자로 임명된 사람은 유한상의 가까운 친구였다. 그는 부재 관리인으로서 1년 동안 그 자리를 지켰고, 서울에서 임명한 다음번 관리자도 마찬가지였다. 역시 누군가의 친구이자 부재 관리인이었다.

1947년 마침내 미군정은 좌익분자들을 제거하기로 결정했다. 미군정이 전평을 불법 단체로 규정한 지 이미 1년이 넘었지만, 전평은 자치위원회와 마찬가지로 여전히 번창했다. 공장위원회의 지도자 전부를 포함하여 이른바 좌익분자와 빨갱이 30명이 체포되었다. 우진홍의 기억에 따르면 몇 년에 걸쳐 노동자 정치는 서서히 역전되었다. 1950년대에는 70%가 이른바 우익이었다. 이들도 노동조합은 갖지 못했다.

1950년 6월에 재래식 전쟁이 발발했을 때, 자치위원회 출신자들은 대부분 공장노동자로 복귀했다. 일부 관리자와 기술자는 부산방어선으로 피신했으나 전부 다 달아나지는 않았다. 1950년 가을부터 1952년 4월까지 남한군과 북한군은 서로 여러 차례 공장을 빼앗았고, 결국 석 달 연속으로 공장을 가동했던 북한군이 완전히 떠난 뒤로는 남쪽 사람들이 공장을 확보하여 보유했다. 1957년 마침내 이승만의 친구들은 서울에서 지명한 다섯 번째 부재 관리인 강직순에게 공장을 매각했다. 공장이 전쟁으로 파괴되지는 않았지만(자재 일부를 도둑맞았고 주 크레인이 파괴되었지만 나머지는 멀쩡했다), 미국은 국제연합 구호기금으로 공장에 63만 2000달러를 배정했다. 매각은 그 후 4년 만의 일이었다. 구사가와 신타로 밑에서 기술을 배웠으며 남한 시멘트 기술자의 최고봉이었던 오병호는 1960년대에 좌익이자 '빨갱이'라는 오명을 썼다. 이른바 좌익이었던 우진홍은 삼척에서 시멘트 관련 사업체를 소유했다.

이 이야기에서 끌어낼 논점은 많다. 20세기 중반 한국사를 풍부하게 암시하기 때문이다. 그러나 한 가지는 분명하다. 그곳은 단지 하나의 시멘트 공장이었을지는 모르지만, 이 이야기는 필연의 정치, 즉 결정되던 그날(즉 채프먼 대위가 도착한 날)에는 작아 보였지만 나중에는 매우 크게 나타나는 정치적 선택에 관한 것이다. 채프먼 대위가 이렇게 말했다면 어땠을까? "잘하고 있군요, 미스터 오. 계속 잘 하도록 하시오. 나도 조합원이요." 이러한 처리 과정에 중립이나 공평, 불간섭을 요구하는 정중한 항변, 자신들의 점령정부에서 순진한 방관자로 남는 미국인 따위는 없었다. 채프먼 대위와 서울에 있는 그의 정치적 상관들이 무엇을 했든 하지 않았든 간에, 어쨌든 그들은 선택을 했다. 그리고 결국 미국인들이 '잊힌 전쟁'으로 알고 있는 그 내전을 초래한 것은 바로 오래전 따뜻한 9월의 그날들 동안 한반도 전역에서 미국인과 러시아인, 한국인이 했던 선택이었다.

제주반란

제주도에서는 미군이 점령한 상황에서 '평시에' 큰 농민전쟁이 일어났다. 수십 년간의 억압 끝에 제주도민은 마침내 자신들의 이야기를 들고 나와 배상을 요구했다. 그리고 전시라서 상황이 급박했다는 핑계만으로는 미국의 양심을 충족시키기에 충분하지 않을 것이다. 이전에 기밀로 분류되었던 미국 자료는 이 섬 주민들에 대한 잔인하고 대대적인 공격을 기록으로 남겼다. 이 학살에서 얼마나 많은 사람이 죽었는지는 아무도 알 수 없다. 하지만 오랫동안 비밀에 부쳐졌던 미국 자료에 따르면 3~6만 명이 살해되고, 최대 4만 명이 일본으로 도피했다(아직도 오사카에 많은 사람이 살고 있다). 최근의 연구는 살해된 사람의 숫자를 8만 명으로 제시한다. 1940년대 말 제주도 인구는 많아야 30만 명이었다.[9]

1948년 초까지 제주도에서 실질적으로 정치적 지도력을 행사한 것은 강력한 좌익 인민위원회였다. 1945년 8월에 처음 출현한 인민위원회는 미군 점령기(1945~48)에도 지속되었다. 미군정은 인민위원회에 어떤 조치를 취하기보다는 제주도를 아예 무시하기로 했다. 본토에서는 공식적으로 지휘부를 세웠으나, 제주도에서는 주민들이 스스로 자신의 일을 처리하도록 내버려두었다. 그 결과로 좌익 세력이 확고히 지반을 다졌다. 이들은 북한과 의미 있는 유대가 전혀 없었고, 본토의 남로당과도 거의 연계가 없었다. 제주도는 1945~47년 동안 평화롭게 잘 통치되어 본토와는 크게 대비되었다. 그러나 1948년 초 이승만과 그를 지지하는 미국인들이 남한 단독정부로 그의 권력을 안착시키려 하자, 제주도민은 강력한 유격전으로 대응했고, 이는 곧 섬을 찢어놓았다.

이승만이 권좌에 올라 관료들을 제압하고 반란을 외부의 공산주의 선동가들 탓으로 돌리기 전까지는, 미군정의 한국인들은 반란의 원인이 제주 인민위원회의 오랜 지배와 뒤이은 경찰과 우파 청년단체의 테러에 있다고 보았다. 하지 장군은 1947년 10월 한국을 방문한 미국 의회 의원단에 제주도는 "인민위원회가 코민테른의 큰 영향 없이 평화롭게 통제하는 진정한 자치 지역"이라고 말했다. 그 직후 미군정 조사단은 제주도 "주민의 대략 2/3"가 자신들이 보기에는 "온건한 좌파"라고 추정했다. 큰 좌익단체의 의장으로 전임 도지사였던 박경훈은 "공산주의자가 아니었으며 미국에 매우 우호적이었다." 주민들은 철저히 분리주의적이었고 본토 사람들과 달랐다. 그들은 간섭받지 않기를 바랐다. 그러나 이 조사는 제주도가 최근 몇 달간 관헌에 의해 테러를 당해왔다고 판단했다. 미군 방첩대에 따르면, 현직 도지사 유해진은 우익 청년단체와 연관이 있는 본토인으로 "극우파"였다. 유해진은 "반대 정당들을 가혹하고 오만하게 다루었다." 그는 이승만을 지지하지 않으면 누구나 "자동적으로 좌익"이라고 생각했다. 1947년 몇 달 동안 그는 "자신이 명확히 승인한 당을 제외하면 어느 정당과의 만남"도 피하려 했다.

미군정 판사 양원일이 1948년 6월에 수행한 공식 조사에 따르면, "제주도 인민위원회는 해방 후 설치된 것으로서 (…) 사실상의 정부 역할을 수행했다." 그는 또한 "경찰이 주민을 무자비하게 다루어 그들의 마음을 얻는 데 실패"했음을 알았다. 서울의 검사 원택윤은 그 분란이 "좌익의 선동"이 아니라 관의 무능력 때문에 시작되었다고 말했다. 반란이 시작되었을 때 제주도 주둔 국방경비대 지휘관이었던 김익렬 중령은 봉기의 책임이 "전적으로 경찰에 돌아가야 한다"고 말했다.

도지사 유해진은 섬의 경찰대를 본토인과 북한에서 내려온 피난민으로 채웠고, 이들은 "극우 테러리스트들"과 협력했다. 1947년 말 제주도 감옥에는 365명이 수감되어 있었는데, 미국인 조사관은 그들 중 35명이 가로 3미터·세로 3.6미터의 감방에 빽빽이 들어차 있는 것을 목격했다. "식량 배급의 직접 통제"도 유해진에 복종하는 "정치인들"이 담당했다. 1947년 허가받지 않은 곡물 징발은 공식적인 징발보다 다섯 배나 더 많았다. 1948년 2월 미국인들이 유해진과 면담했을 때, 그는 자신이 판단하기에 "대다수"가 좌익이었던 제주도민을 재교육하기 위해 "극우 세력"을 이용했다고 인정했다. 그는 섬 정치에 "중간노선은 없다"고 말하며 이를 정당화했다. 누구나 좌익이든 우익이든 어느 한 편을 지지한다는 것이다. 유해진은 경찰이 모든 정치집회를 통제하고 있다며 "극좌파"의 회합을 허용하지 않을 것이라고 말했다. 조사 보고서 작성자는 도지사 유해진의 해임을 요청했지만, 윌리엄 딘 장군은 1948년 말 그를 쫓아내지 않기로 결정했다.[10]

섬 주민들의 화를 부른 가장 큰 사건은 아마도 서북청년단으로 알려진 우익 테러집단을 풀어 좌익 세력을 억제하고 전향시키려 했던 일일 것이다. 1947년 말 미군 방첩대는 서북청년단이 제주도에서 자행한 "광범위한 테러 행위"에 대해 "경고했다." 바로 그 동일한 서북청년단이 미국의 통제를 받아 제주도에서 경찰에 합세하여 유격대 진압 작전에 나섰다. 1948년 6월 한국의 한 신문은 특별 취재로 이렇게 보도했다.

> 한국 서북부 출신의 청년들로 구성된 청년단체가 들어온 이래로, [섬]주민들과 본토에서 들어온 이들 사이의 감정이 점차 격해졌다. (…) 그들은 공산주의자에게 선동됐을지도 모른다. 그러나 3만 명이 넘는 사람이 총칼에 아랑곳 않고 일어나 행동에 나선 것을 어떻게 이해해야 하는가. 이유 없이 그럴 수는 없다.

서북청년단은 "경찰보다도 더 강하게 경찰력을 행사했으며, 그들의 잔인한 행태는 주민의 깊은 분노를 초래했다."[11]

미군정의 내부 기밀 보고서에서 이 집단은 흔히 남한 전역에서 테러를 자행한 파시스트 청년단으로 묘사되었다. 단원들은 주로 북에서 내려온 피난민 출신이었고, '청년'은 10대부터 중년까지 고르게 분포한 악한

들이었다. 미국은 이들에 맞서기 위해 장제스의 '남의사'*(검은색과 갈색, 초록색은 이미 다른 상징이었다)를 모델로 설립한 자체 조직을 공식적으로 지원했다. 1940년대 말 연이은 봉기를 진압할 때(많은 봉기가 일어났다), 이 단체와 여타 청년단체들은 증오의 대상이었던 경찰과 긴밀히 협력했다.

기록된 폭력 행위는 매우 극심하고 아무런 정당성도 없었기에 괴상한 병리 현상을 연상시켰다. 나는 분단된 한국을 괴롭힌 광포하고 격렬했던 그 분란에 관하여 차츰 더 많은 것을 알아가던 중에, 후버연구소의 도서관에서 서북청년단이 1940년대 말에 발행한 잡지를 정독했다. 표지에는 공산주의자들이 임신부의 배를 가르고, 총검으로 어린아이를 찌르며, 주택에 불을 지르고, 반대파의 뇌를 박살내는 만화가 그려져 있었다. 그렇지만 공교롭게도 그것은 바로 **그들의** 정치적 실천이었다. 예를 들면 하귀리 마을에서는 남편이 반란자로 추정되는 스물한 살 된 임신부 문씨는 집에서 우익 청년단에 끌려가 창으로 열세 번 찔려 유산했다. 그리고 아이가 반쯤 나온 상태의 그녀를 죽도록 내버려두었다. 다른 여인들은 흔히 마을 사람들이 보는 앞에서 윤간한 뒤 질 안에 수류탄을 집어넣어 폭발시켰다.[12] 이 병리 현상은 아마도 이전에 일본에 복종했고 이제는 다른 외세를 위해 활동하는 자들의 자기혐오, 그리고 가부장적 한국 사회의 극단적인 여성 혐오와 관계가 있을 것이다.

1948년 3월 1일 본토에서 단독선거에 반대하는 시위가 벌어진 후

---

* '남의사(藍衣社)'는 중국국민당 산하 비밀 특무기관으로 반공, 항일 및 장제스 정권의 유지와 강화를 목적으로 1931년 결성하여 1948년에 해체했다. 국민당의 제복이 푸른색이어서 이런 이름이 붙었다.

반란을 피해 몸을 숨긴 제주도의 여인과 아이들(1948년). (미국 국립기록
보관소)

경찰은 2500명의 청년을 체포했으며, 제주도 주민들은 곧 강에서 그중
한 사람의 시신을 건져 올렸다. 그는 고문을 당해 죽었다. 김익렬 중령은
바로 이 사건이 반란의 시작을 알렸던 4월 3일 최초의 저항을 초래했다
고 생각했다.[13] 4월 3일의 봉기는 대체로 북쪽 해안을 따라 발생했으며,
파출소 11곳이 공격을 받았고 도로와 교량이 파괴되고 전화선이 절단되
는 등 여러 사건이 발생했다. 시위자들은 단독선거를 거부했으며 북한과
의 통일을 요구했다. 반란에 가담한 사람이 3명 사망했고, 경찰 4명, 우익
에서도 12명이 사망했다. 반란 소식이 본토로 전해졌을 때, 목포항 인근
의 산에서 봉화가 올랐고, 시위자들이 뛰쳐나와 "조선인민공화국 만세"
를 외쳤다(북한이 아니라 1945년 서울에서 선포된 국가를 말한다).

1948년 5월 본토에서 선거가 진행되고 있을 때, 반란은 섬의 서부로 확산되어 5월 15일까지 경찰과 우익 세력 35명이 살해되었다. 다음 날 경찰은 민간인 체포에 나서 유격대를 지원했다고 의심되는 두 마을에서 169명을 잡아들였다. 제주도에서는 선거를 실시할 수가 없었다. 5월 말까지 폭력에 휩쓸리지 않은 곳은 동쪽 해안뿐이었다. 국방경비대 부대는 동쪽에서 서쪽으로 산악 지대를 쓸고 지나갔다.[14]

한 달 뒤 미군 대령 로스웰 브라운은 한국군과 미군 부대가 제주도민 4000명을 심문하여 유격대 2개 연대로 구성된 "인민공화국군"이 4월에 구성된 것으로 판단된다고 보고했다. 그 병력은 장교와 사병을 합쳐 4000명으로 추산되었다. 화기를 지닌 자는 1/10에도 못 미쳤고, 나머지는 칼, 창, 농기구로 무장했다. 다시 말해서 이는 급조된 농민군이었다. 심문자들은 또한 남로당이 본토에서 최소 6명의 "훈련된 선동가와 조직자"를 보내 침투시켰으며 북한에서 온 사람은 없다는 증거를 발견했다. 이들은 섬에 500~700명가량의 협력자를 얻어 대부분의 읍과 마을에 세포를 유지했다. 브라운의 주장에 따르면 6~7만 명의 도민이 남로당에 가입했다. 그러나 이 숫자는 인민위원회와 대중 조직에 장기간 소속되었던 이들을 가리킬 가능성이 더 커 보인다. "그들은 대체로 교육받지 않은 무지한 농민과 어부로 전쟁과 전후의 곤경으로 생계가 매우 불안해진 자들이었다."[15]

이덕구는 유격대 사령관이었다. 1924년 제주도 조천읍 신촌리의 가난한 반농반어민의 집에서 태어난 그는 형과 누나처럼 아동노동자로 오사카로 건너갔다. 이덕구는 해방 직후 신촌리로 돌아왔고 남로당 활동가가 되었다. 그는 1947년 체포되어 석 달 동안 고문을 당했고 이후 유격대 조직에 착수했다.[16] 유격대는 일반적으로 인민군으로 알려졌으나 중앙의 지휘를 받지 않았고 대개 다른 반란자들과 무관하게 80~100명가량의 기동부대로 활동했다. 당연하게도 이는 그 운동을 진압하기 어렵게 만든 한 가지 요인이었다. 미군 방첩대는 북한의 인력이나 장비가 들어왔다는 증거를 찾지 못했다.[17]

경찰은 폭력 사태의 분출에 대한 책임을 인정하지 않고, 북한에서 내려온 선동가들에게 분란의 책임을 돌렸다. 경찰은 "지식인과 부자"는 본토에 사는 습성이 있고 "무식한 자들만" 섬에 남았기 때문에, 그러한 조직자들이 주민을 선동할 수 있다고 생각했다. 경찰은 현지인은 전부 서로 친인척이어서 소요를 "강하고 단호하게" 처리하려 하지 않기 때문에 본토 출신들을 쓸 필요가 있다고 말했다. 경무부장은 "애국적 청년단체들"을 장려하고 "전략촌"을 설치하여 주민을 모아 유격대가 농민의 지원을 받지 못하게 하라고 권고했다.[18]

브라운 대령은 보고서에서 유격대가 이미 "민간 정부의 모든 기능을 완전히 파괴"했다고 말했다. 국방경비대는 "강경한 조치가 요구되는"데도 "지연전술"을 채택했다. 도민들은 그들의 폭력에 두려움을 느꼈지만, 심문자들에게 심지어 고문을 당하면서도 굴복하지 않았다. "섬의 가족들 대부분을 이어주는 혈연관계 때문에 (…) 정보를 얻기가 지극히 어려웠다." 미국이 반란 진압에 직접 관여한 것으로는 일상적인 대유격전 부대 훈련과 포로 심문, 미군 정찰기를 이용한 유격대 수색이 포함되었다. 한 신문은 미군이 1948년 4월 말에 적어도 한 차례 제주도의 분쟁에 개입했다고 보도했으며, 6월에는 일단의 한국 기자들이 일본 장교와 병사들이 비밀리에 제주도에 들어와 반란 진압을 도왔다고 비난하기도 했다.

1948년 5월 22일 브라운 대령은 반란을 "격파"하기 위해 다음 절차를 진행했다. "경찰은 모든 해안 마을을 [유격대로부터] 보호하고, 무기를 소지한 폭도를 체포하며, 무고한 시민의 살해와 위협을 중단하라는 명확한 임무를 부여받았다." 국방경비대는 중산간 지대의 모든 유격대원을 해산하는 명령을 받았다. 브라운은 또한 체포된 자들을 전부 폭넓게 지속적으로 심문하고, 유격대가 보급품을 받지 못하도록 노력을 기울이라고 명령했다. 그리고 나중에 도민들에게 "공산주의의 해악을 보여주는 확실한 증거를 제공"하고 "미국의 길이 긍정적인 희망을 제공한다는 점을 보여주기 위한" 장기적인 프로그램이 설치되길 기대했다. 5월 28일부터 7월 말까지 3000명이 넘는 도민이 체포되었다.[19]

일본의 반反유격전 관례에 따라 중산간 지대 전체가 적군의 구역으로 선언되었고, 촌락민들을 해안으로 강제 이주시켰으며, 산간 지대(특히 섬 한가운데 우뚝 솟은 한라산)는 봉쇄되었다. 중산간 지대 마을의 절반 이상이 불태워지고 파괴되었으며, 유격대를 돕는다는 의심을 받은 민간인들은 학살당했다. 그때까지 가장 큰 희생자 집단은 민간인이었다. 어떤 이들은 유격대에게 살해되었으나, 대다수는 경찰과 우익 청년단이 살해했다. 이들은 유격대원에 관한 정보를 얻으려고 마을에 남겨진 여성, 아이, 노인들을 고문한 뒤 살해했다. 김용주 대령은 8월 초에 국방경비대 제11연대 병력 3000명을 이끌고 본토로 돌아와서, 기자들에게 섬의 "거의 모든 마을"이 비어 있고 주민들은 중산간 지대로 도피하여 유격대의 보호를 받거나 해안가로 피신했다고 말했다. 그는 산악 지대로 들어간 사람들이 훨씬 더 많았음을 은연중에 암시했다. 국방경비대 제주사령관은 이렇게 말했다. "이른바 산사람은 낮에는 농부요 밤이면 유격대원이었다." "이 교묘히 잘 빠져나가는 사람들의 신원을 확인하지 못해 실망한 경찰은 더러 마을 전체를 겨냥하여 무차별적 전투를 실행했다." 국방경비대가 동일한 살인적 전술의 채택을 거부하자, 경찰은 그들을 공산주의자라고 불렀다. 1948년 주한미군사고문단은 한 보고서에서 토벌대에 의해 "많은 마을이 불탔다"고 언급했다. 그에 따르면 "주로 서북청년단"으로 구성된 국방경비대 3개 대대가 새로 보충되었다. 도민들은 이제 유격대에 관한 정보를 제공하고 있었다. 이유는 분명했다. 그렇게 하지 않으면 집이 불태워질 것이기 때문이었다.[20]

국방경비대 제9연대는 나중에 고지대 몇몇 지점을 장악하고 마을 사람들을 해안가로 데려옴으로써 유격대를 굶기고 산악 지대의 요새에서 끌어낼 수 있었다. 군함들이 섬을 철저히 봉쇄했기 때문에 본토에서 유격대를 보강하기는 불가능했다.[21] 1949년 초가 되면 제주도 마을의 70% 이상이 불에 타서 완전히 사라졌다. 4월에는 상황이 더욱 나빠졌다.

이달 초순 중심 산[한라산] 정상부를 근거로 활동하는 유격대가 제주도를 사실상 완전히 장악했다. (…) 150~600명 정도인 훈련받은 핵심 전사들에 힘입어 반군 동조자는 1만 5000명에 달했는데, 이들이 섬 대부분을 통제했다. 주민의 1/3은 제주읍에 몰려 있었고, 6만 5000명은 집도 식량도 없었다.[22]

이때쯤이면 제주도의 가옥 2만 채가 파괴되었고, 주민의 1/3(약 10만 명)이 해안가의 보호받는 촌락에 집결했다. 농민은 내륙 지역의 "만성적인 불안"과 유격대를 도울 수 있다는 우려 때문에 마을 근처의 밭만 경작하도록 허용되었다.[23]

그러나 곧 유격대는 근본적으로 패배했다. 1949년 5월 미국 대사관의 에버렛 드럼라이트는 이렇게 보고했다. "전면적인 유격대 토벌전은 (…) 4월에 질서가 회복되고 반란자와 동조자가 대부분 살해되거나 체포되고 전향함으로써 사실상 막바지에 도달했다." 대사 존 무초는 본국에 "일은 대체로 완료되었다"고 전보를 보냈다. 이내 특별선거 실시가 가능해졌고, 따라서 마침내 제주도민을 국회에 보낼 수 있게 되었다. 다른 사람도 아니고 오랫동안 수도경찰청장이었던 장택상이 와서 입후보했다.[24] 1949년 8월이면 반란이 사실상 끝난 것이 분명해졌고, 유격대 지도자 이덕구는 결국 살해되었다. 평화가 찾아왔지만, 그것은 정치적 무덤에 깃든 평화였다.

미국의 공공 자료는 1949년에 1만 5000명에서 2만 명가량의 도민이 사망한 것으로 전하지만, 한국의 공식 자료에 나온 수치는 2만 7719명이다. 북한은 진압 과정에서 3만 명이 넘는 제주도민이 "학살되었다"고 주장했다. 그러나 제주도지사는 미국 정보부에 은밀히 6만 명이 사망했으며 4만 명이나 일본으로 도피했다고 털어놓았다. 공식적으로 3만 9285채의 가옥이 파괴되었지만, 도지사는 "산간 지대의 가옥은 대부분" 사라졌다고 판단했다. 400개 마을 중에 170개만 남았다. 달리 말하자면 도민 5~6명에 1명꼴로 사망했으며, 전체 마을의 절반 이상이 파괴되었

다.[25]

　이제 서북청년단이 제주도를 관리했고 현장에 있던 미국인들에 따르면 계속해서 도민을 "매우 자의적이고 잔인하게 다루었다." "경찰서장이 이 단체의 일원이라는 사실이 상황을 더 악화시켰다." "비행소년들"이 경찰로 바뀌는 스탠리 큐브릭 감독의 〈시계태엽 오렌지〉처럼, 서북청년단은 경찰과 긴밀히 협력했을 뿐만 아니라 곧 대규모로 경찰에 편입되었다. 1949년 말까지 서북청년단 300명이 제주 경찰에 합류했으며 200명이 사업을 운영하거나 도 행정부에 들어갔다. "대다수가 부자가 되었고 상인으로서 특혜를 입었다." 군대의 고위 지휘관과 부지사도 북한 출신이었다. 당연한 이야기지만 "섬의 부자들"은 "도정의 통제권이 세 차례나 주인을 바꾸었음에도" 여전히 큰 영향력을 행사했다. 약 300명의 "야윈" 유격대원이 제주읍의 감옥에 갇혀 있었고, 200명은 여전히 잡히지 않은 것으로 파악되었으나 활동은 없었다. 농민과 어부는 밭이나 바다로 일하러 가려면 경찰의 일일통행증을 소지해야 했다.[26]

　1950년 6월 한국전쟁이 발발하기 직전, 미국 대사관의 보고서에 따르면 남은 유격대원은 한 줌에 불과했고 섬은 평화로웠다. 부산방어선 전투가 진행되는 동안, 미국인들은 경찰이 라디오를 전부 압수해서 제주도민은 북한의 본토 진격에 대해 알 수 없었다고 보고했다. 북한이 제주도를 침공하려 하면 주요 통신수단이 될 유일한 전화선은 경찰이 통제했다. 그러나 미국인들은 제주도에 여전히 "잠재적 전복 세력"이 있다고 추정했다. "반란 중에 공산주의 동조자로서 살해된 사람들의 친척이 5만 명으로 추산"되었기 때문이다. 국가가 좌익 세력을 전향시키려고 세운

단체인 보도연맹에 도민 2만 7000명이 등록되었다. 1954년 제주도를 관찰한 어떤 사람은 이렇게 썼다. "돌담 위의 감시탑에 마을 지킴이들이 배치되어 있다. 몇몇 마을은 산적을 막으려고 돌담 밖에 넓게 해자를 파고 그 속을 가시나무로 채웠다."[27]

김성례 박사는 제주 생존자들의 목소리를 생생하게 전했다. 그들의 억눌린 폭력의 기억은 꿈속에 나타나거나 불시에 찾아오는 환영으로 드러난다. 망령이나 혼, 무당이 불러낸 혼령으로 나타나기도 하고, 사랑하는 사람들이 "피로 얼룩진 소복"을 입고 한순간 보이기도 한다. 한 유격대원의 미망인은 경찰의 박해에 자폐증과 긴장병을 앓다가 결국 자살했다. 가족들은 요시찰 명부에 오를까봐 사망자의 이름을 입 밖에 내지도, 제사를 지내지도 못했다. 친척 중에 누구라도 공산주의자라는 꼬리표가 붙으면, 연좌제 때문에 가족 전체의 삶의 기회가 위험에 처해졌다. 당장은 망각으로 그러한 고통을 잊을 수 있었지만, 그 효과는 오래 가지 않았다. 자신의 의지와 무관하게 기억이 불쑥불쑥 찾아왔고, 망자는 꿈속에 돌아왔으며, 극심한 공포는 악몽처럼 재발했다. 그러한 마음은 상실을 잊게 하고 국가의 명령에 순응하게 한다. 이를테면 이런 것이다. 만일 남자 형제가 우파 청년단에 살해되었다면, 공산주의자들이 그를 죽였다고 말하라. 시간은 흘렀고, 유족은 이러한 사실의 전도를 진실로 바꾼다. 그러나 마음은 그것이 거짓말임을 안다. 그리고 마음의 큰 상처는 악몽으로, 복수심에 사로잡혀 죄를 묻는 혼령들의 출현으로 반복된다.[28]

여수반란

제주반란이 진행되는 중에, 나라 밖에서까지 더 큰 주목을 받은 사건이 일어났다. 남동부의 항구 도시 여수에서 반란이 일어나 곧 다른 지역으로 퍼졌는데, 이는 한동안 갓 태어난 공화국의 토대를 위협하는 듯했다. 반란의 직접적인 원인은 1948년 10월 19일 한국군 제14연대와 제6연대의 일부가 제주도에서 반란을 진압하는 임무로 출항하기를 거부한 것이었다. 여기서도 실제로 반란을 진압한 지휘관들은 미국인이었고, 정일권과 채병덕(미국인들에게는 '뚱보' 채로 알려졌다), 김백일 같은 한국의 몇몇 젊은 대령들이 이들을 지원했다. 주한미군사고문단 단장 윌리엄 로버츠 장군은 미국인들에게 직접 전투에 참여하지 말라고 명령했지만, 이

지리산 빨치산 진압 사령부의 정일권 장군. (미국 국립기록보관소)

러한 지시도 때때로 무시되었다. 모든 한국군 부대에 미국인 고문이 있었지만, 가장 중요한 인사는 진압 작전의 주요 고문으로 임명된 할리 풀러 대령과 군사고문단 G-3의 제임스 하우스먼 대위, 미군 정보부 G-2의 존 리드 대위였다.[29]

10월 20일 미군 정보부 국장은 군사고문단이 "상황에 대처하여" 군대를 지휘해 "미군 부대의 개입 없이" 질서를 회복해야 한다고 권고했다. 로버츠

미국인들에게 '뚱보'로 알려진 채병덕 장군. 오른쪽에서 두 번째가 제임스 하우스먼이다(1949년경). (미국 국립기록보관소)

는 "조기에 반란을 억제하고 진압할" 계획을 세우고, 10월 20일 오후 광주로 날아가 작전을 지휘할 파견대를 편성했다고 말했다. 파견대는 하우스먼과 리드 그리고 군사고문단의 또 다른 인사로 구성되었고, 미군 방첩대의 미국인과 정일권 대령도 포함되었다. 이튿날 로버츠는 송호성 장군을 만나 "장소를 가리지 말고 강력히 타격하고 (…) 어떤 장애물에도 멈추지 말라"고 촉구했다. 로버츠가 송호성 장군에게 보낸 "명령서"는 다음과 같다.

당신의 임무는 압도적으로 우세한 힘으로 반란군의 공격에 맞서 이를 분쇄하는 것이다. (…) 순천과 여수는 그 정치적·전략적 중요성 때문에 반드시 빠른 시일 내에 탈환해야 한다. 두 도시를 반란 세력으로부터 해방하는 것은 도덕적으로나 정치적으로나 대단한 선전 가치가 있는 승리이다.

미군 C-47 수송기가 한국군 병력과 무기 및 기타 장비를 실어 날랐고, 군사고문단의 정찰기들은 반란이 이어지는 기간 내내 그 지역을 감시했으며, 미국 정보기관들은 미군과 경무부의 정보과에 긴밀히 협력했다.[30]

여수 사건 이후 유격대가 산악 지대에서 세를 불리면서, 미국인 고문들은 남한의 전투 지역 전역에 포진하여 한국인 짝을 그림자처럼 따라다니며 더욱 노력하라고 재촉했다. 이 점에서 두드러진 인물이 제임스 하우스먼이었다. 여수반란 진압의 주된 조직자 중 한 사람이었던 하우스먼은 이후 30년간 한국에서 활동한 가장 중요한 미국인 공작원이었을 것이다. 그는 미군과 한국군의 군부 및 정보부를 잇는 연락관이자 접점이었다. 하우스먼은 어느 인터뷰에서 한국군의 아버지를 자처했는데, 이는 진실과 동떨어진 이야기가 아니다. 하우스먼은 한국인 장교들을 포함하여 누구나 이 사실을 알고 있지만 공개적으로는 말할 수 없다고 말했다. 한편 하우스먼은 비공개를 전제로 한국인들은 "잔인한 개자식"이고 "일본인보다도 더 나쁘다"고 말했으며, 한국인들에게 이를테면 처형한 시신을 가솔린으로 제거하여 처형 방법을 숨기고 그 책임을 공산주의자들에게 돌리는 방법을 보여줌으로써 그들의 잔인성을 더 효과적으로 만들려고 했다고 말했다.[31] 미국으로 돌아간 뒤 그에 관해 들리는 이야기는 없었다.

줄에 묶여 있는 여수반란 가담자들(1948년). (미국 국립기록보관소)

미국인의 눈으로 볼 때 이승만 정권이 완전한 승리를 거둔 적이 있다면, 그것은 1950년 봄 남한 빨치산의 확실한 패배였다. 한 해 전에는 유격대 활동이 시간이 지나면서 성장할 것처럼 보였다. 그러나 1949년 가을에 시작된 대대적인 토벌 작전으로 많은 사상자가 발생했다. 1950년 초에 초목이 무성해지는 봄이 왔지만, 유격대는 예상과 달리 의미 있는 활동을 펼칠 수 없었다. 딘 애치슨과 조지 케넌 둘 다 내부 위협의 진압을 이승만 정권의 억제력을 시험하는 시금석으로 보았다. 효과적으로 진압하면 미국이 뒷받침하는 봉쇄도 제대로 작동할 것이고, 그렇지 않다면 그 정권은 또 다른 국민당 정권(장제스의 국민당)으로 여겨질 것이었다. 전시에 전략사무국 부국장을 지낸 프레스턴 굿펠로 대령은 1948년 말 이승만에게, 자신이 "한국에 관하여 [딘 애치슨과] 의견을 나눌 많은 기회"가 있었다고 언급했던 편지와 관련하여 이렇게 말했다. 유격대는 "신속히 일소해야 하오. (…) 한국이 공산주의의 위협에 어떻게 대처하고 있는지 모두가 주시하고 있소." 약한 정책을 취하면 미국 정부의 지지를 잃을 것이고, 그 위협을 잘 처리하면 "한국은 크게 존중받을 것이오."[32] 그러므로 미국의 지원은 제주도에서든 본토에서든 한국군이 유격대 소탕에 대한 강한 의지를 갖게 하는 결정적인 요인이었다.

미국인들은 내부 보고서에 구역질 나는 잔학 행위가 기술되어 있는데도 이승만 정권의 유격대 진압 작전을 크게 칭찬했다. 이미 1949년 2월에 드럼라이트는 전라남도에서 한국군에 의한 "무차별적 촌락 파괴가 있었다"고 보고했다. 그러나 한 주 뒤 그는 자신이 그러한 조치를 (무차별적이지 않다면) 지지한다는 점을 내비쳤다. "공산주의자들의 위협에 대처하는 유일한 해법은 비공산주의 청년들을 선별하여 좌익 청년들만큼이나 견고하게 조직하고 그들만큼이나 무자비하게 행동하게 하는 것이다." 드럼라이트는 또한 유격대에 관한 정보를 얻는 데 미국인 선교사들을 이용하자고 제안했다.[33] 미국인과 한국인은 적절한 대유격전 방식을 두고 늘 충돌했지만, 이러한 긴장으로부터 미국의 방식과 일본이 만주의 산악 지대에서 추위 속에 유격대와 싸우며 발전시키고 일본에 부역한 한국인 장교들이 (대개 만주에서) 실행한 토벌 기술이 뒤섞여 새로운 방식이 출현했다. 앞서 보았듯이 겨울이 오자 상황은 급격히 토벌대에 유리해졌다. 큰 부대가 장벽을 쳐 봉쇄했고, 작은 수색섬멸 부대가 유격대를 찾아 산악 지대를 샅샅이 뒤졌다.[34]

1948년 3월 미국인 기자 휴 딘은 예리한 통찰력으로 한국이 곧 그리스나 북부 중국에서 벌어진 것과 비슷한 내전에 빠질 것이라고 주장했다. 그리스의 경우처럼 "북한은 38도선 이남으로 선동가와 군사 장비를 보냈다는 비난을 받을 것이고, 한국 문제는 마치 북쪽의 공격에 맞선 남쪽의 방어처럼 보이게 될 것이다." 그러나 딘은 최악의 문제는 제주도를 제외하면(그곳의 반란이 가장 크게 발달했다), 북한에서 가장 먼 곳인 전라도 남서부에서 생길 것이라고 보았다.[35] 공교롭게도 딘의 예언은 모든 점에서 옳았다. 바로 그곳에서 반란이 가장 강력했던 것이다. 그리고 이것이 미국의 해석이자 역사의 판결이 되었다. 즉 우리가 알고 있는 빨치산 유격전은 소련의 지원과 무기를 받은 북한이 외부에서 유도했으며, 이승만 정권이 침투분자들과 싸우는 동안 미국인들은 아무것도 하지 않고 지켜보기만 했다는 것이다. 그러나 증거를 보면 소련은 남한의 빨치산에 관여하지 않았고, 북한은 주로 강원도 북동부의 침투 시도나 유격대와 관련이 있고, 겉으로는 관여하지 않은 듯 보이는 미국인들은 남한의 대유격전 부대를 조직하고 장비와 최고의 정보를 제공했으며 작전을 세웠고 때로는 직접 그들을 지휘했다.

《뉴욕타임스》의 기자 월터 설리번은 외국인 기자로는 거의 유일하게 본토와 제주도에서 벌어진 유격전의 진실을 파헤쳤다. 1950년 초 그는 이렇게 썼다. 남한의 대부분의 지역에 "오늘 아마도 세계적으로 유례

유격대 진압 요새(1949년). (월터 설리번)

가 없을 테러의 구름이 짙게 드리워졌다." 유격대는 경찰을 잔인하게 공격했고, 경찰은 유격대원을 고향 마을로 데려가 고문하여 정보를 빼냈다. 그런 뒤에 경찰은 그들을 사살했고 일벌백계로 삼아 나무에 묶었다. 설리번은 싸움의 "극심한 잔인성"과 끈질기게 버티는 유격대에 "이곳의 많은 미국인이 어리둥절했다"고 썼다. 그러나 설리번은 나아가 이 나라에는 "빈부격차가 매우 크며", 중간층 농민과 빈농은 "근근이 살아간다"고 주장했다. 설리번은 열 곳의 농가와 인터뷰를 했는데, 경작지가 전부 자기 소유인 사람은 없었고 대다수가 소작농이었다. 지주는 생산물의 30%를 가져갔지만, 추가로 빼앗기는 것(정부의 세금과 다양한 "기부금")이 한 해 수확물의 48%에서 최대 70%에 이르렀다.[36] 남한 반란의 주된 원인은 보통 한국인의 오래된 불행, 즉 토지 관계의 사회적 불평등 및 극소수 부자와 대다수 빈민 사이의 엄청난 간극이었다.

결국 남한에서 최대 10만 명의 한국인이 한국전쟁 **이전에** 정치적 폭력으로 살해되었다. 앞으로 보겠지만, 전쟁이 시작되면 최소한 10만 명이 더 살해당한다. 알다시피 동족상잔의 잔인한 싸움이었던 스페인내전은 반세기 동안 지속적으로 반목을 초래했다. 그 내전 도중과 그 후에 프랑코의 테러가 초래한 정치적 살인에 관한 최근 연구는 약 10만 1000명이 살해되었다고 제시한다(아직도 완전한 설명은 아니고, 50개 주 중에서 37개만을 조사한 것이다). 다른 13개 주를 계산에 넣으면 전체 숫자는 13~20만 명 사이로 추산된다.[37] 스페인은 1950년 6월보다 한참 전에 시작되어 지금까지도 계속되는 한국내전의 비교 대상으로 가장 적합할 것이다.

제주도와 본토 남서부 지방의 반란에 불을 지핀 것은 많은 주민들의 삶의 토대를 흔든 일본의 잔인한 점령, 1945년에 제주도의 실질적인 권력을 잡아 1948년까지 유지한 지역 행정부의 확연한 공명정대함, 그리고 이승만이 강제하고 미국의 합법적 권력이 (지원하고 부추기는 것 외에는) 아무 조치도 취하지 않은 본토 독재정권의 절대적인 불의였다. 제2차 세계대전 이후 미국이 자결권과 사회정의를 위해 싸운 토착민에게 가해진 무제한의 폭력에 책임이 있음을 제일 먼저 증언한 곳이 바로 잊을 수 없을 정도로 아름다운 이 섬이었다.

38도선을 따라 벌어진 전투

대한민국은 내부의 반란과 북한의 위협에 대응하여 신속히 군대를 확충했다. 1949년 늦여름 남한군 병력은 10만 명을 넘었는데, 북한군은 1950년 봄이 되어야 이 수치에 도달한다. 그러나 미국은 한국에서 적과 동맹국 둘 다 제어할 수 있기를 바라며 내전 억제를 추구했다. 따라서 미국은 남한군에 북한 침공에 쓰일 수 있는 전차와 항공기 등의 대형 무기를 공급하지 않았고, 성미 급한 남한군 지휘관들이 38도선을 따라 충돌을 유발하지 못하게 하려 했다. 미국은 후자의 경우 성공하지 못했다. 1949년 5~12월에 경계선을 따라 광범위하게 지속된 전투는 미국 내부 자료에 의하면 대체로 남한군이 시작한 것이었고, 1950년 한국에 국제연합 군사감시관을 파견한 주된 이유도 거기에 있었다. 북한과 남한 **둘 다** 감시해야 했던 것이다.

남한이 1949년 여름 이후 38도선 너머로 자주 소규모 습격을 감행하기는 했지만(북한은 기꺼이 보복했다), 중요한 국경 전투는 1949년 5월 4일 개성에서 남한이 시작한 교전으로 시작되었다. 전투는 나흘가량 지속되었고, 공식적으로 북한군 400명과 남한군 22명이 사망했으며, 미국과 남한이 제시한 수치에 따르면 개성의 민간인 사망자가 100명이 넘었다.[38] 남한은 6개 보병중대와 여러 대대를 투입했는데, 2개 중대가 북한으로 이탈했다(어울리지 않는 미군 군복을 입은 그들을 북한은 재빠르게 선전에 이용했다). 몇 달 뒤 북한은 이탈자의 증언을 토대로, 김석원이 이끄는 수천 명의 병력이 5월 4일 아침 송악산 인근에서 38도선을 넘어 공격을 개시하여 여섯 달 동안 지속된 국경 전투를 촉발했다고 주장했다.[39] 김석원은 매주 중요한 제1사단의 사단장이었다. 그는 북부 지방에서 활동하던 인물로, 앞에서 보았듯이 1930년대 말 만주의 황야에서 일본의 명령에 따라 김일성을 추적했던 인물이다. 이승만은 1948년 권좌에 오른 뒤 김석원과 소수의 만주군 장교들, 특히 일본의 대유격전 경험을 지닌 자들에 의존했다. 개성전투 이후 몇 주가 지났을 때, 김석원은 국제연합 한국위원회UNCOK에 38도선을 따라 배치된 한국군의 사령관으로서 상황을

김석원(오른쪽)과 국방부 장관 이범석 (1949).

설명했다. 그는 북한과 남한은 "언제라도 큰 전투에 휘말릴 수 있다"고 말했다. 한국은 "전쟁 상태"에 들어갔다. "우리는 1945년부터 존재한 38도선 국경을 깨뜨려 잃어버린 땅인 북한을 되찾을 계획을 마련해야 한다." 김석원은 국제연합 한국위원회에 큰 전투의 순간이 빠르게 다가오고 있다고 말했다.[40]

1949년 최악의 전투는 8월 초 북한군이 38도선 이북의 작은 산을 점령하고 있는 한국군을 공격하여 발생했다. 전투는 이승만과 장제스의 중요한 정상회담이 끝날 때까지 며칠간 계속되었다. 8월 4일 이른 시간에 북한은 대포와 박격포로 집중포격을 가했고, 이어서 오전 5시 30분

4000~6000명가량의 북한군 경비대가 공격했다. 주한미군사고문단 단장 윌리엄 로버츠의 말에 따르면, "남한군이 점령한 북한의 고지대를 탈환하기 위해서"였다. 존 무초 대사에 따르면, 남측은 "참패했다." 한국군 제18연대의 2개 중대가 궤멸되어 수백 명이 사망했고, 북한군이 산을 점령했다.[41] 무초는 이승만과의 대화에 대해 이렇게 언급했다.

> (…) 그가 [참모총장] 채[병덕]를 김석원으로 대체할 수도 있다는
> (…) 생각을 버렸다. (…) 김석원은 이승만 대통령이 오랫동안 총애한
> 사람이었다. 지난 가을 여수반란이 일어나기 전에, 이승만은 쿨터
> 장군과 나에게 김석원이 일본군에서 복무한 경력이 있는 애국심에
> 불타는 노련한 한국인 군인과 소총 2만 정만 있으면 "북한을
> 처리하겠다"고 제안했다고 전했다. 국방장관과 한국군 참모부, 미국인
> 고문들은 전부 김석원 장군의 제안에 반대했다. 그들은 김석원을
> 훌륭한 군인이 아니라 허풍쟁이로 여겼다. 그들은 김석원이 자신이
> 맡은 전선에서 북한군을 자극하고, 일본군의 반자이 돌격萬歲突擊[무모한
> 저돌적 공격]에 의존하며, 적절한 예비 병력 없이 전 병력을 매우 위험한
> 방식으로 전선에 배치하는 버릇이 있음을 내게 알리려 했다. 그들은
> 특히 사령부를 무시하고 곧장 이승만 대통령에게 달려가는 그의 행태에
> 반대했다.[42]

로버츠 장군은 실제로 남한군 지휘관들에게 공격하지 말라고 명령했고, 만약 이를 어긴다면 주한미군사고문단을 철수할 것이라고 협박했

다. 영국 자료에 따르면 한국군 지휘관들의 머릿속은 "북한을 점령하여 되찾을 생각으로 가득하다. 미국의 모든 지원이 중단될 것이라는 미국 대사의 준엄한 경고만이 (…) 공산주의자들이 옹진에서 공격했을 때 다른 지점에서 38도선 너머로 공격하려는 한국군의 시도를 막아냈다."[43]

이제 우리는 소련의 새로운 (여기저기 흩어져 있고 선택적으로 공개되었지만) 자료에 힘입어 38도선 양쪽을 다 들여다볼 수 있기에, 한국에서 벌어질 전쟁에 대한 김일성의 기본적인 이해가 이승만과 매우 비슷했으며, 1949년 8월의 전투에 깊은 영향을 받았다는 사실을 알게 되었다. 그것은 옹진을 포위하여 공격한 뒤, 동진하여 개성을 장악한 다음, 어떤 일이 벌어질지 지켜보는 것이었다. 이는 최소한 평양을 훨씬 더 확실하게 보호할 것이었다. 평양은 옹진과 개성으로부터의 침투에 취약했기 때문이다. 또한 최대한으로는 군대가 서울로 진입하는 길을 열어줄 것이었다. 다시 말해서 남한군이 무너진다면, 김일성은 서울로 진격하여 며칠 안에 점령할 수 있을 것이었다. 여기서 우리는 1950년 6월 말 남한군 제2사단과 제7사단의 와해가 지닌 중대한 의미를 본다. 그로써 역사적인 침공 경로가 열렸고, 조선인민군이 사흘 안에 서울에 진주했던 것이다. 그리고 한국내전에 관해 깊은 지식을 지닌 몇몇 사람이 이 두 사단에 제5열이 숨어 있었을지도 모른다고 짐작한 이유도 이해할 수 있다.[44]

소련 문서에 담긴 중요한 논쟁점[45]은 옹진반도를 점령하기 위한 군사 작전이다. 이 자료들에 따르면 김일성은 1949년 8월 4일 전투 직후인 8월 12일에 먼저 평양 주재 소련 대사인 테렌티 시티코프에게 옹진반도를 겨냥한 작전 구상을 이야기했다. 남한의 지도자들처럼 김일성도 개성 전체

같이 노출된 영토의 큰 부분을 집어 삼키거나 옹진반도의 38도선 바로 위에 있는 해주같이 작은 도시를 빼앗기를 원했다. 해주는 1949~50년에 남한군 지휘관들이 점령하기를 원했던 곳이다. 또한 러시아인들도 국가수반을 비롯한 성급한 한국인 지도자들을 제지하려 했음이 밝혀졌다. 김일성이 옹진반도 침공에 관해 이야기하자, 소련 대사관의 주요 인사 두 사람은 "그 논의에서 벗어나 일반적인 주제로 화제를 바꾸려 애썼다." 소련 문서는 또한 1949년 말의 이 내전에서 남북 양측이 힘들게 **배운** 논리를 보여준다. 다시 말해서 남한이든 북한이든 상대편의 도발 없이 전면적인 공격을 개시하면, 심지어 옹진반도나 철원을 공격한다고 해도 자신들을 후원하는 강대국이 돕지 않을 것임을 이해했다. 1950년 1월 시티코프가 본국에 보낸 전보에 따르면 김일성은 남한이 "아직도 공격의 빌미를 주지 않는다"고 안달했으며(남한이 도발해야만 자신의 공격이 정당화된다), 평양의 소련인들은 김일성에게 옹진을 공격하면 불가피하게 전면전이 벌어질 것이라고 거듭 이야기했다. (남한군이 38도선 너머로 전개한 마지막 공격은 백선엽의 동생 백인엽의 지휘로 1949년 12월에 있었다.)

　그러나 북한은 전쟁할 준비가 되어 있지 않았다. 수만 명의 병사가 여전히 중국에서 싸우고 있었기 때문이다. 심지어 북한은 1949년 여름 남한의 군함 여러 척이 수역을 침입하여 작은 항구를 포격했을 때처럼 큰 도발에도 대응하지 않았다. 그러나 1949년 8~9월 전투 경험을 지닌 상당수의 병력이 돌아왔고, 1950년 초에 중국에서 싸움이 끝나면서 다시 총 5만 명가량이 모두 귀국했다(장슈광은 동북부 중국에서 중국인 공산주의자들과 함께 일본에 맞서 싸운 한국인의 숫자를 9만 명으로 제시하며,

1949년 9월 이전에 한국으로 돌아온 자들이 2만 8000명이고 1950년 초에 수만 명이 더 들어왔다고 말한다).[46] 한국전쟁 초기 전투에서 임무를 잘 처리한 정예부대 제6사단은 전부 중국에서 싸웠던 노련한 군인들로 구성되었고, 1920년대에 그 유명한 황푸黃埔군관학교에서 처음으로 군사교육을 받은 방호산 장군이 지휘했다. 1950년 봄 김일성은 38도선에서 가까운 서해안의 소도시 해주 바로 위쪽에 그 사단을 배치했다.

따라서 1950년에 남북 양쪽의 논리는 누가 어리석게도 먼저 움직일 것인가를 지켜보는 것이었다. 김일성은 침공하고 싶어서 안달했기에 남쪽의 명백한 도발을 기대했고, 남쪽의 성미 급한 인사들은 '이유 없는' 공격을 유인하여 미국의 지원을 얻으려 했다. 남쪽이 승리를 기대할 수 있는 유일한 방법은 미국의 지원을 얻는 것이었기 때문이다. 김일성도 이미 소련과 중국 사이를 이간하여 이득을 취하려 했다. 예를 들면 김일성은 1950년 1월 19일 점심 식사 자리에서 취한 척하면서 시티코프에게 엿들으라고 이런 말을 했다. 소련이 자신의 한국 통일을 돕지 않는다면, "마오쩌둥이 친구이니 언제든 도울 거요." 전체적으로 보아 이 자료들은 중국혁명의 성공이 북한에 미친 영향을, 그리고 북한과 중국의 연계가 김일성이 두 공산주의 강대국 사이에서 정권의 운신의 폭을 넓히는 데 (그리고 아마도 임박한 전쟁에서 제 잇속을 챙기는 데) 쓸 수 있는 비책이었음을 강조한다.

김일성은 1950년 초 모스크바와 베이징을 여러 차례 은밀히 방문하여 남한 공격에 필요한 지원을 얻으려 했다. 이제 이용할 수 있게 된 소련 기록보관소의 증거들을 보면, 몇 달 전까지 김일성을 만류하며 주저

했던 스탈린이 1950년 초에 태도를 바꾸어 남한 공격을 승인한 것 같다. 스탈린은 김일성에게 군사 장비를 제공했고 고문들을 파견하여 공격 계획을 도왔지만, 소련이 김일성의 모험주의에 말려들지 않도록 거리를 두려 했다(김일성이 6월 마지막 순간에 옹진과 개성, 그리고 아마도 서울까지 점령하기로 계획했던 남한 공격을 전면적인 침공으로 바꾸었을 때, 그의 모험주의는 명백해졌다). 김일성과 마오쩌둥의 회담에 관해서는 명확한 정보가 거의 없지만, 당시의 다른 증거들은 마오쩌둥이 스탈린보다 더 김일성의 계획을 지지했을 것이라고 암시한다.[47]

1949~50년에 이승만도 트루먼 정부(특히 정보기관과 국방부) 인사들로부터 북한 침공에 대한 지지를 이끌어내려 큰 노력을 기울였다. 하지만 그의 후원자인 프레스턴 굿펠로의 개입과 여러 차례의 서울 방문을 통해 이승만이 들은 이야기는 남한이 도발하지 않았는데도 공격을 받는 경우가 아니라면 미국 정부는 그의 정권을 돕지 않겠다는 것이었다. 굿펠로는 1949년 12월에 서울을 떠나 돌아갔고 중국 국민당 정부의 대사와 논의했다. 굿펠로는 그에게 공격의 힘이 바뀌었다고 말했다.

> (⋯) 그것은 북한으로 쳐들어가기를 열망한 남한이었다. 왜냐하면 그들은 10만 명 규모의[원문 그대로] 잘 훈련된 군대에 자부심을 느꼈기 때문이다. 그러나 미국 정부는 남한의 도발을 막으려는 의지가 매우 강했으며, 굿펠로는 바로 그런 목적에서 최근 그곳에 다녀왔다. 나는 한국에서 전쟁이 발발할 가능성이, 즉 위험성이 얼마나 큰지 물었다. 굿펠로는 미국 정부의 입장을 이렇게 말했다. 남한이

북한을 선제공격하는 일이 없도록 하라. 그러나 만일 북한이 남한을 침공한다면, 그때는 남한이 맞서 싸워 북한으로 진격해 들어가야 한다. 그 결과로 제3차 세계대전이 일어난다고 해도, 북한이 침공한 것이기 때문에 미국 국민은 이해할 것이다.[48]

1950년 5월 말 이승만 정부는 의회 선거[제2대 국회의원 총선거]에서 많은 의석을 잃고, 권력 집단 내부의 여러 파벌 간에 심한 분란이 일어나면서 총체적인 혼란에 빠졌다. 주미 한국 대사 장면은 미국 관료들에게 이 위기를 알렸는데, 이것이 한국에서 재래식 전쟁이 발발하기 한 주 전에 존 포스터 덜레스가 서울을 방문하기로 결정한 주된 이유였다.

이 장에서 다룬 충돌은 1945년의 정치적 투쟁과 더불어 시작한 내전에서 각각 분명한 단계를 이룬다. 그 내전은 2년 동안 악화되었다. 인민위원회를 둘러싼 싸움이 결국 1946년 가을에 큰 반란으로 이어졌고, 이어서 1948~50년의 제한된 유격전과 국경 충돌로 내전은 강도를 높였다. 6월의 침공은 내부의 싸움을 새로운 결정적 차원으로 이끈 사태의 절정이자 대단원이었다. 외부의 간섭이 없었다면, 이 침공이 싸움을 끝냈을 것이다. 따라서 6월 25일은 진정으로 중요했다. 한국인들에게 끝일 수도 있었던 것이 미국인들에게는 시작이 되었기 때문이다. 그리고 그때 이후로 내내 그 상태로 머물렀다. 일요일 아침의 날벼락이었던 것이다. 애치슨과 트루먼이 그렇게 되게끔 결정했기 때문이다. 첫 번째 대응은 제한전을 수행하여 5년 전에 미국인들이 그은 38도선을 회복하는 것이었다. 그러나 곧 이 전쟁의 수행 방식에 한계는 없는 것처럼 보였다.

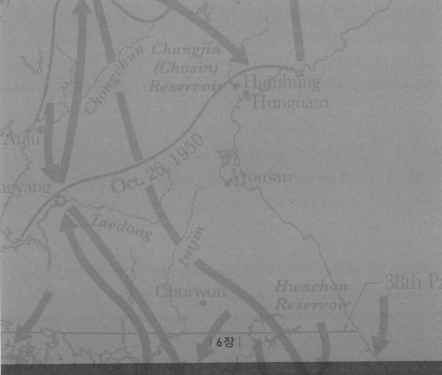

| 6장 |

초토화된 한반도
: 공습의 여파

공중전의 특징은 되로 주는 자는 말로 받지 않으며 말로 받는 자는 되로 주지 않는다는 것이다.

– 외르크 프리드리히

퇴역한 미국인들은 미국이 한국전쟁에서 결코 승리하지 못했다는 사실을 아마도 기억할 것이다. 1950년 여름 미국은 공산주의를 봉쇄한 성공적인 전쟁에서 남한이 스스로를 지키도록 도왔고, 이어서 1950~51년의 지독한 겨울에는 북한으로 밀고 들어가 공산주의를 무너뜨리려 했으나 실패했다. 한국전쟁은 오래 지속되면서 1968년 즈음의 베트남전쟁만큼이나 인기가 떨어졌고, 해리 트루먼은 1951년 12월 23%의 지지율을 기록하여 미국 역사상 어느 대통령보다도 더 큰 미움을 받았다(조지 W. 부시가 그를 능가할 때까지는 말이다).[1] 그러나 미국인이 잘 모르거나 기억하지 못하는 것은 미국이 3년 동안 민간인 희생자는 전혀 고려하지 않고 북한에 융단폭격을 가했다는 사실이다. 자신이 어떤 식으로든 이에 연관되어 있다고 생각하는 사람은 훨씬 더 적을 것이다. 그러나 북한을 방문한 외국인이 그 전쟁에 관해 처음 듣는 이야기가 바로 이것이다. 공습은 광범위하고 지속적인 소이탄 투하부터 핵무기와 화학무기를 사용하겠다는 위협, 전쟁 막바지에 북한의 큰 댐들을 파괴한 것까지 다양했다. 북한이 전쟁 발발 며칠 만에 미국에 제공권을 잃은 제3세계의 작은 나라였다는 사실을 제외하면, 북한 공습은 일본과 독일에 맞선 공중전을 더 정교히 다듬어 응용한 것이었다.

독일과 영국, 미국이 많은 실험과 과학적 연구를 거친 후라서, 1943년이 되면 "도시를 폭탄으로 날려버리는 것보다 태우는 것이 더 쉽다"는 점이 분명해졌다. 소이탄과 재래식 폭약을 결합하고 지연신관 폭탄으로 소방관들이 오지 못하도록 막으면 도시의 큰 구역을 파괴할 수 있지만, 재래식 폭탄의 효과는 그보다 훨씬 더 제한적이었다. 마그네슘 합금 테르밋 막대 여러 개를 묶으면 효과가 있었다. 여기에 벤졸, 고무, 송진, 젤, 인의 혼합물을 보태면 미증유의 파괴력을 지닌 고성능 화염폭탄이 만들어진다. 이는 단 몇 분 만에 도시를 지워버릴 수 있다(1945년 3월 16일 공격을 당한 뷔르츠부르크의 경우 17분이 걸렸다). 이렇게 도심에 생긴 "절멸 구역"은 수많은 민간인의 목숨을 앗아갔다. 그 전쟁에 관여한 모든 당사자, "국민들과 의회들, 군대들"은 이 결과를 인정했다. 그리고 외르크 프리드리히의 말을 빌리자면, 그로써 "근대성은 헤아릴 수 없고 통제할 수 없는 새로운 운명에 굴복했다."

공개적으로는 정밀 타격이 가능하다는 주장이 제시되었지만, 은밀히 평가한 바에 따르면 큰 폭탄들은 절반도 그 표적을 맞히지 못했다. 그렇지만 대기 조건이 좋을 때에 이 폭탄은 화재 폭풍을 일으켜 함부르크(4만 명 사망), 드레스덴(1만 2000명 사망), 도쿄(8만 8000명 사망)는 물론 다름슈타트, 하일브론, 포르츠하임, 뷔르츠부르크를 완전히 파괴했다. 윈

프랑코의 스페인과 일본의 민간인 폭격을 묘사한 허블록Herblock의 그림
(1937년). (ⓒ 허브 블록 재단The Herb Block Foundation)

스턴 처칠의 말을 빌려보자. 소이탄 폭격의 힘을 통해서 "우리는 독일을
사막으로, 그렇다 사막으로 만들 것이다." "아주 큰 중폭격기에 의한 참
으로 통렬한 섬멸 공격을 해야만" 히틀러는 마침내 무릎을 꿇을 것이다.
목표는 적과 그 국민의 사기를 꺾는 것이다. 그러나 공격이 거세지면서
그러한 전망은 퇴조했다.[2] 전후 『미국 전략폭격 개관U.S. Strategic Bombing
Survey』은 적의 사기가 대체로 폭격의 영향을 받지 않았을 뿐만 아니라
실제 민간인 사망의 수준이 예상보다 낮았음을, 다시 말해서 "전체적으
로 예상된 수백만 명에서 한참 먼" 수준이었음을 입증했다. 사기는 꺾이

지 않았고, 불에 검게 타거나 그을리거나 폭발해버리거나 질식사하는 사람도 점점 줄어들었다(몇 백만 명에는 이르지 못했다). 게다가 두 나라는 민주주의 국가였기 때문에, 몇몇 사람들은 민간인에 대한 대규모 공격을 비판했다(조지 벨 주교는 상원에서, 표적이 될 산업 시설을 갖고 있다는 이유로 "도시 전체를 흔적도 없이 지워버리는 것"은 "수단과 목적 사이의 합당한 균형"을 해친다고 말했다).[3]

공군 최고위 장교들은 한국에서 '그 화염'을 되풀이하기로 결정했다. 이는 북한이 유사한 도시 파괴 능력을 갖춘 척하지도 않았고 갖추었을 가능성도 없었다는 점에서 매우 놀라운 계획이었다. 독일의 전투기와 대공포가 연합군의 폭격 출격에 저항해서 영국과 미국의 조종사와 탑승 군인의 사망률이 높았던 반면, 한국전쟁에서 미국 조종사는 전쟁 후반에 소련의 강력한 미그기가 배치되기 전까지는 사실상 자유롭게 폭격할 수 있었다. 훗날 커티스 르메이는 전쟁 초기에 북한의 대도시들을 불태워버리기를 원했지만 국방부가 "너무 잔혹하다"며 거부했다고 말했다. 르메이는 이렇게 말을 이었다. 3년에 걸쳐 "우리는 북한과 남한의 **모든**[원문 그대로] 도회지를 완전히 태워버렸다. (…) 3년 동안 이것은 기분 좋은 일이었지만, 몇 사람만 죽였어도 이를 막을 수 있었다. 하지만 많은 사람이 그것을 참을 수 없을 것이다."[4] 이러한 '제한적' 공습의 사례를 하나만 들어보자. 1952년 7월 11일 평양을 목표로 한 '전면적인 공격'에서 주간에 1254회의 공습 출격이 있었고 야간에는 B-29의 54회의 출격이 있었다. 이는 30개의 도시와 산업 시설을 폭격하는 "압력펌프 작전Operation Pressure Pump"의 서막이었다. 고농축 소이탄에 뒤이어 시차를 두고 파괴폭

273일 동안 공격을 받은 원산의 일부. (미국 국립기록보관소)

탄이 폭발했다.

1968년 네이팜의 주요 제조사인 다우케미컬Dow Chemical은 대학교에 가서 신입사원을 선발하려 했으나, 대부분의 대학교에 들어갈 수 없었다. 베트남에서 네이팜이 쓰였다는 것이 이유였다. 그러나 미국 내에 알려지지는 않았지만 한국에서도 은밀히 막대한 양의 네이팜이 투하되었다. 파괴적인 효과는 훨씬 더 강했는데, 베트남보다 조선민주주의인민공화국에 인구가 조밀한 도시와 도시 산업 시설이 더 많았기 때문이다. 게다가 미국 공군은 자신들의 "경이로운 무기"인 이 지옥의 젤리를 사랑했다. 당대의 '업종' 잡지에 실린 많은 기사가 이를 증언한다.* 어느 날 제

* [지은이] J. Townsend, "They Don't Like Hell Bombs," *Armed Forces Chemical Journal*(January 1951); "Napalm Jelly Bombs Prove a Blazing Success in Korea," *All Hands*(April 1951); E. F. Bullene, "Wonder Weapon: Napalm," *Army Combat Forces Journal*(November 1952).

전쟁이 끝날 무렵 평양의 일부. (크리스 스프링거Chris Springer의 허가를
받아 게재)

임스 랜섬 주니어 일병의 부대는 "아군"의 [오인] 포격으로 이 경이로운
무기에 당했다. 부대원들은 피부가 "튀긴 감자칩처럼" 파삭파삭 타들어
가 벗겨지면서 고통에 몸부림치며 눈 위에서 굴렀고, 그에게 총으로 쏴
죽여 달라고 애걸했다. 기자들은 네이팜을 흠뻑 뒤집어쓴 민간인의 사례
를 거듭 목격했다. 온몸이 "검게 군은 딱지로 뒤덮였고 군데군데 누런 고
름이 흘러나왔다."[5]

　　제2차 세계대전에서 쓰인 공군의 주문, 즉 소이탄이 적의 사기를 꺾
고 전쟁을 더 빨리 끝낼 것이라는 주문은 한국전쟁에서도 반복되었지
만, 그 숨은 의도는 한국 사회를 완전히 파괴하는 것이었다. 매슈 리지웨
이 장군은 때때로 무차별 폭격 지대를 목격하고는 개탄해 마지않았음에

도 1951년 초 더 크고 성능이 더 뛰어난 네이팜탄(B-29에서 투하할 무게 1000파운드의 네이팜탄)을 원했다. 목적은 "전술 지대에서 모든 생명을 쓸어버리고 아군 병사들의 목숨을 구하는 것"이었다. 국방부 장관 로버트 러벳은 "만일 우리가 계속해서 그곳을 찢어발긴다면, 이는 북한 사람들에게 가장 나쁜 일이 될 것이다. 우리는 계속 추진해야 한다"라고 말했다. (1944년 러벳은 영국 공군은 적의 영토를 공격할 때 아무런 제한이 없으니, 미국 폭격기도 "영국 공군처럼 도시를 쓸어버려야 한다"고 충고했다.)[6]

연합군이 독일과 일본에 맞서 싸울 당시의 공중전이 지닌 또 다른 역설은 영국 공군 폭격 사령관 아서 해리스와 미국 공군 지휘관 칼 스파츠에게 폭격할 대상이 다 떨어진 지 수개월 이후, 즉 1945년 3월에 가장 파괴적이었던 소이탄 공격으로 최악의 민간인 희생이 발생했다는 사실이다. "폭격은 오래전부터 고유의 동력과 의도를 지니고, 전술적 가치나 전략적 가치 없이, 그로 인한 고초와 파괴에 무관심한 채 그 자체로 목적이 되었기 때문에"[7] 여러 도시가 난도질을 당했다. 한국에서도 몇 달 지나지 않아 큰 폭격 대상은 거의 남아 있지 않게 됐다. 1951년 말 공군은 무게 1만 2000파운드[약 5.4톤]인 가장 큰 재래식 폭탄 '타존Tarzon*'을 쓸 만한 표적이 남아 있지 않다고 판단했다. '타존'은 1950년 12월 지하 깊은 곳의 벙커에 숨은 조선민주주의인민공화국 지도자들을 처치하기 위해 배치한 무기로, 그 전쟁에서 28발이 쓰였다.[8]

북한의 댐에 구멍을 낸 것도 제2차 세계대전에서 가져온 수단이었

---

* 'ASM-A-1 Tarzon(VB13)'는 1940년대 미국 공군이 개발한 유도 폭탄이다.

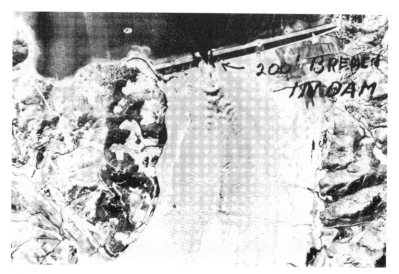

미국 폭격기에 파괴된 덕산저수지. (미국 공군 기록보관소, 미국 국립기
록보관소)

다. 1943년 5월 영국 공군은 '응징 작전Operation Chastise'으로 루르 강의
댐 두 개를 담수량이 만수위였을 때 공격했다(한국에서도 만수위에 공격
했다). 뫼네Möhne댐은 높이가 130피트[약 39.6미터]였고 기부의 두께 112피
트[34.1미터]였으며, 에데르제Edersee댐은 70억 세제곱피트[약 1억 9800만
세제곱미터]의 물을 가두고 있었다. "1억 6000만 톤의 물이 최고 30피트
[약 9미터] 높이로 해일처럼" 5개 도시에 밀어닥쳤다. 프리드리히는 총력전
이 인간을 완전히 소멸시킨다고 결론 내렸다. "그들의 인간성 관념이 가
장 먼저 사라진다."[9]

공군의 계획은 원래 북한의 큰 댐 20군데를 타격하여 곧 추수할
25만 톤의 벼를 망쳐놓는 것이었다. 결과를 놓고 보자면 폭격기들은

1953년 5월 중순 막 모내기가 끝났을 때 덕산저수지와 자산저수지, 권가저수지를 타격했다. 그 직후 남시저수지와 태천저수지를 추가로 공격했다. 이 저수지들은 문헌에서 보통 "관개용 댐"이라고 부르지만, 미국의 큰 댐들만큼이나 중요했다. 전 세계에서 후버댐 다음으로 큰 압록강의 수풍댐은 1952년 5월에 처음으로 폭격을 당했다(중국과 소련을 자극할까 두려워 파괴하지는 않았다). 부전강댐은 6억 7000만 세제곱미터의 물을 가둘 수 있도록 설계되었고 압력경도는 999미터에 달했다. 부전강댐 발전소는 그 담수로부터 20만 킬로와트의 전기를 생산했다.[10] 미국 공군의 공식 역사에 따르면, 1953년 5월 13일 F-84 선더제트Thunderjet 59대가 덕산저수지의 높은 댐을 터뜨렸을 때, 큰물이 쏟아져 나와 철도 6마일[약 9.6킬로미터]과 교량 5개, 간선도로 2마일[약 3.2킬로미터], 논 5제곱마일[약 13제곱킬로미터]을 파괴했다. 덕산저수지가 처음 터졌을 때 27마일[약 43킬로미터]의 강 유역이 "깨끗하게 쓸려"나갔으며, 쏟아진 물은 평양까지 도달했다. 종전 후 이 저수지를 복구하는 데 연인원 20만 명분의 노동력이 들어갔다. 그러나 그 전쟁의 다른 많은 측면처럼, 미국에서는 아무도 주목하지 않았던 것 같다. 《뉴욕타임스》의 매우 선명한 사진만이 논평 없이 그 저수지 공격을 이야기해주었다.[11]

궁극의 폭격

미국은 또한 여러 차례 핵무기 사용을 고려했고, 1951년 4월 초 거의 실행할 뻔했다. 트루먼이 맥아더를 해임했던 바로 그때였다. 트루먼이 맥아더를 해임한 것은 단순히 거듭된 불복종 때문만이 아니었음은 이제 분명하다. 미국 정부가 핵폭탄 사용을 결정한다면 현장에 더 신뢰할 만한 지휘관이 필요했기 때문이기도 했다. 다시 말해서 트루먼은 맥아더와 자신의 핵무기 정책을 맞바꾸었던 것이다. 1951년 3월 10일 맥아더는 한국에서 공군의 우위를 유지하기 위해 "공격개시일의 핵무기 재량권D'Day atomic capability"을 요청했다. 소련이 한국 인근으로 공군 사단들을 이동시키고 만주의 공군기지에 폭격기들을 배치할 준비가 된 것 같다는 정보가 정보부에서 흘러나온 뒤였고(만주의 공군기지는 한국뿐만 아니라 일본의 미군 기지까지 타격할 수 있었다), 중국이 한국 국경에 거대한 병력을 새로 집결시킨 뒤였다. 3월 14일 반덴버그*는 이렇게 썼다. "핀레터**와 러벳에게 핵무기 논의에 관하여 알렸다. 모든 준비가 끝났다고." 3월 말 스트레이트마이어***는 오키나와의 가데나嘉手納 공군기지에 핵폭탄 장착지가 준비되어 있다고 보고했다. 핵폭탄은 부품 상태로 도착하여 기지에서 조립되었다. 필수적인 핵탄두, 즉 "캡슐"만 장착하지 않은 상태였다.**** 4월 5일 합동참모본부는 새로운 병력이 대규모로 전투에 투입되거나 만주 기지에서 폭격기들이 발진하여 미국 자산을 파괴하려는 깃 같으면, 그곳에 즉시 핵폭탄을 투하하여 보복하라고 명령했다.

---

* '호이트 반덴버그(Hoyt Vandenberg, 1899~1954)'는 당시 미국 공군 참모총장이었다.
** '토머스 핀레터(Thomas K. Finletter, 1893~1980)'는 당시 미국 공군부 장관이었다.
*** '조지 스트레이트마이어(George E. Stratemeyer, 1890~1969)'는 당시 미국 공군 극동군 사령관이었다.
**** 마크 4 핵폭탄의 경우 탄두는 투하 직전까지 "새장(birdcage)"이라고 부른 별도의 캡슐에 보관했다.

같은 날 원자력위원회AEC 의장 고든 딘은 마크 4의 탄두 캡슐 9개를 핵무기 수송부대로 지정된 공군 제9폭격대로 옮길 준비를 시작했다. 합동참모본부 의장 오마 브래들리 장군은 4월 6일 마크 4를 "원자력위원회에서 군대로" 이관해도 좋다는 트루먼의 승인을 얻었고, 대통령은 중국과 북한의 표적에 핵폭탄을 사용하는 명령서에 서명했다. 제9폭격대는 괌에 배치되었다. 그러나 "맥아더 장군의 해임에 따른 혼란 속에서" 그 명령은 전달되지 않았다. 이유는 두 가지였다. 트루먼은 합동참모본부가 맥아더의 해임을 승인하도록 하려고 이 위기를 이용했으며(트루먼은 4월 11일에 해임을 발표했다), 중국은 전쟁을 확대하지 않았다. 그래서 핵폭탄은 쓰이지 않았다. 9기의 마크 4는 4월 11일에 이관된 후 계속 공군이 관리했지만, 제9폭격대는 계속 괌에 주둔했고 오키나와의 가데나 공군기지에 있는 장착지로 이동하지 않았다.[12]

1951년 6월 합동참모본부는 전술작전 지역에서 핵무기 사용을 다시 한 번 숙고했다. 그리고 전쟁이 1953년까지 지속되면서 핵무기 사용 제안은 여러 차례 더 있었다. 로버트 오펜하이머는 핵폭탄의 전술적 사용 가능성을 평가하기 위해 수립된 비스타 프로젝트Project Vista의 일환으로 한국을 방문했다. 1951년 초 새뮤얼 코언이라는 젊은이는 국방부의 비밀 임무를 띠고 두 번째 서울 탈환 전투를 관찰한 뒤, 도시를 파괴하지 않으면서 적을 궤멸할 방법이 있어야 한다고 생각했다. 그는 중성자탄의 아버지가 되었다.[13]

가장 위협적이었던 것은 아마도 허드슨 하버 작전Operation Hudson Harbor이었을 것이다. 이 작전은 "한국에서 국방부는 공공연히, 중앙정보국은 은밀히 신무기 사용 가능성을 되살리는 것"을 포함하는 더 큰 계획의 일부였던 것 같다. 이 계획은 전장에서 핵무기 사용 역량을 확증하려 했다. 그리고 이 목적을 달성하기 위해 1951년 9월과 10월에 오키나와에서 B-29 폭격기가 한 대씩 발진하여, 가상의 핵폭격 비행으로 북한 상공을 날면서 '가짜' 핵폭탄이나 TNT 중폭탄을 투하했다. 이 계획은 "무기의 조립, 시험, 인도, 표적 조준의 지상 통제를 포함하여 핵폭탄 공격에 필요한 모든 활동의 실질적인 작동"을 요구했다. 이 계획은 폭탄이 순전히 기술적인 이유에서 쓸모없을 수도 있음을 지적했다. "대규모 적군 부대를 적시에 확인하는 경우는 지극히 드물었다."[14] 그러나 평양의 지도자들은 불과 6년 전에 히로시마와 나가사키를 폐허로 만든 B-29의 공격 비행 연습을 지켜보면서 심장이 떨렸을 것이다. 그 폭탄이 진짜인지 가짜인지 매번 확신할 수 없었기 때문이다.

보랏빛 잿더미

윌리엄 딘 장군은 북한에 억류되었다가 풀려난 뒤 이렇게 썼다. "나는 희천을 보고 깜짝 놀랐다. 내가 이전에 보았던 도시, 2층 건물들과 눈에 띄던 중심가는 이제 없었다." 그는 도시의 "뼈대만 남은 텅 빈 건물들"과 남아 있는 것이라곤 깨진 잡석이나 "눈 덮인 공터"뿐인 마을들을 보았다.[15] 헝가리 작가 메러이 티보르는 한국전쟁 중에 북한에 파견된 기자였는데, 공산당 통치에 반대한 1956년 혁명에 참여한 뒤로 부다페스트를 떠나 파리로 갔다. 메러이는 템스 텔레비전과의 인터뷰에서, 양편의 한국인들이 그 전쟁에서 얼마나 잔인했는지는 모르겠지만, "나는 미군이 저지른 파괴와 끔찍한 짓들을 목격했다"고 말했다.

북한에서 움직이는 것은 모조리 군사적 표적이었다. 들판에서 일하던 농민들은 종종 기관총 세례를 받았는데, 그 조종사들은 (내 인상에는) 표적에 발포하기를 즐겼다.

메러이는 1951년 8월에 도착했고 "'압록강부터 수도[평양]에 이르기까지 완전한 파괴"를 목격했다. "북한에는 도시가 남아 있지 않았다." 끝없는 무차별 폭격에 메러이 일행은 늘 밤에 이동해야 했다.

우리는 달빛 아래에서 이동했다. 그래서 나는 달을 여행하고 있다는 느낌을 받았다. 눈에 보이는 것은 전부 폐허였기 때문이다. (…) 모든 도시는 굴뚝의 집합소였다. 나로선 왜 가옥들은 무너졌는데 굴뚝은 멀쩡한지 알 수 없었지만, 인구 20만 명의 도시를 지나면서 수천 개의 굴뚝을 보았다. 그것이 전부였다.[16]

한 영국인 기자는 "낮고 넓게 쌓인 보랏빛 잿더미"만 남은 지역들을 발견했다. 7월 27일 밤 10시, 휴전협정이 발효되기 약 24분 전 B-26 폭격기 한 대가 레이더 유도폭탄을 투하하고 나서 마침내 공습이 중단되었다.

종전 후 평양의 재건(1957년). (작가 크리스 마커Chris Marker와 뉴욕의 피
터 블룸 갤러리Peter Blum Gallery의 허가를 얻어 게재)

미국 공군의 평가에 따르면 최종적인 도시 파괴의 규모는 독일과 일
본에 비해 훨씬 컸다. 프리드리히는 영국 공군이 1942~45년 동안 65만
7000톤의 폭탄을 독일에 투하했으며, 영국과 미국이 투하한 폭탄의 총
량이 120만 톤이라고 추산했다. 미국은 한국에서 63만 5000톤의 폭탄
을 투하했는데(3만 2557톤의 네이팜탄은 계산하지 않았다), 이에 비해 제
2차 세계대전에서 태평양 전쟁구역 전체에 투하한 것이 50만 3000톤이
었다. 일본의 60개 도시가 평균 43% 수준으로 파괴되었던 반면, 북한의
도시와 마을의 파괴 정도는 "40~90%까지로" 추산되었다. 북한의 22개
주요 도시 중에서 18개 도시는 최소한 50%가 흔적도 없이 사라졌다. 일

부를 보자면 다음과 같다.[17]

평양	75%
청진	65%
함흥	80%
흥남	85%
사리원	95%
신안주	100%
원산	80%

미국의 또 다른 공식 역사는 이렇게 전한다.

그렇게 우리는 민간인을, 우리 편 민간인까지 죽였고 그들의 집을 폭격했다. 네이팜탄을 퍼부어 사람이 살고 있는 마을을, 여자와 아이들 그리고 그보다 열 배나 많은 숨은 공산주의자 군인들을 전부 태워버렸다. 조종사들은 자신이 해야 했던 일에 충격을 받아 내장에서 역류한 토사물의 악취에 젖은 채 모함으로 돌아왔다.

그리고 이 역사를 서술한 자들은 묻는다. 이것이 "고성능 폭탄과 핵폭탄으로 (…) 눈에 보이지 않는 수많은 민간인을 죽이는 것"보다 나쁜 짓이었나? 그들은 진정으로 그렇지 않다고 말한다. 적군의 "인간을 향한 만행"이 "나치가 폴란드와 우크라이나에서 벌인 테러"보다 훨씬 더 사악했기 때문이다.[18] 이렇게 놀라운 왜곡은 제쳐두고, 그 논리를 따라가 보면 이렇다. 저들은 잔인하다. 그러므로 우리는 무고한 자들에게 네이팜탄을 퍼부을 권리가 있다.

종전 후 미국 공군은 집중 폭격 덕분에 공산주의자들이 전쟁을 끝낼 수밖에 없었다고 설득했다. 공군 장군 오토 웨일랜드는 24시간 연속 폭격으로 북한에 조성된 "공포와 사회 혼란"은 휴전을 강제한 "가장 강력한 요인"이었다고 판단했다.[19] 그는 제2차 세계대전에서 틀렸던 것처럼 이번에도 틀렸다. 그렇지만 공군은 똑같이 어리석고 무의미한 파괴 행위를 베트남에서 되풀이했다. 집중 폭격은 어떤 전쟁에서도 결정적인 효과를 내지 못했다. 그저 상상할 수 없을 정도로 파괴적이었을 뿐이다.

국제연합의 대량학살협약Genocide Convention[대량학살의 예방과 처벌에 관한 협약]은 대량학살이라는 용어를 "국민적·민족적·종족적·종교적 집단의 전부나 일부를 말살하려는 의도로" 저지른 행위로 규정했다. 여기에는 "전체적으로나 부분적으로 집단의 물리적 파괴를 꾀하고자 그 삶의 조건에 고의로 해를 가하는 것"이 포함된다. 협약은 1948년에 채택되었으며 1951년에 발효되었다. 미국 공군이 바로 그 정의에 의거하여 국제연합 사령부의 지원을 받아 북한 주민을 대량으로 학살하던 때였다. 어떤 이들은 적의 도시를 표적으로 지역폭격을 가하는 것은 제2차 세계대전 때는 불법이 아니었고, 1948년 8월 스톡홀름에서 체결된 적십자사의 전시 민간인 보호에 관한 협약[제네바협약] 이후에야 불법이 되었다고 언급한다.[20] 두 조약은 이 공중전에 아주 작은 영향력도 미치지 못했다. 그 공중전은 어리석고 무자비하게 자율적으로 수행되었다.

| 7장 |

학살의 기억

이때 그 나라는 깜짝 놀라고서 즉시 무장했으며 장벽 뒤 우리의 양 측면 곳곳에 자리를 잡았다. 따라서 우리는 정면과 양 측면, 배후에서 쉴 새 없는 공격에 시달렸다. (…) 덤불이나 돌담, 나무 뒤가 아니면 달리 사람을 만날 수가 없었다. 그들은 재빨리 총을 쏘고 사라졌다.

– 렉싱턴의 영국군 장교

앰브로즈 비어스는 「아울크리크 다리에서 생긴 일An Occurrence at Owl Creek Bridge」이라는 단편소설을 썼다. 작고한 조지프 헬러나 제2차 세계대전에 참전한 경험을 책으로 써낸 폴 퍼셀, 훌륭한 베트남 전쟁 회고록 『특보』를 쓴 마이클 허처럼, 앰브로즈 비어스도 전장의 실체를 보고 인간 조건에 관한 블랙유머(냉소주의까진 아니라도)의 전문가가 되었다. 비어스는 「아울크리크 다리에서 생긴 일」과 「치카모가Chickamauga」, 「입내새The Mocking-Bird」, 「셋 더하기 하나는 하나Three and One Are One」, 「전초기지에서 일어난 사건An Affair of Outposts」 등의 단편소설로 유명하다. 전부 남북전쟁에 참여했던 경험에서 나온 것이다. 남북전쟁은 미국 땅 전역에서 마지막으로 사납게 몰아쳤던 전쟁이었다. 이 전쟁에서 60만 명이 넘는 미국인이 목숨을 잃었는데, 이는 두 차례의 세계대전에서 한국전쟁과 베트남전쟁을 거쳐 페르시아 만 전쟁에 이르기까지, 20세기의 모든 전쟁에서 사망한 미국인을 다 합친 것보다 많다. 남북전쟁은 형제간의 싸움이자 부자간의 싸움이었고 어머니의 자기 자신과의 싸움이었다. 그 전쟁의 기억은 매우 오랫동안 지속되어서, 우리는 여전히 미시시피 주의 의사당 위에 펄럭였던 남부연합 깃발에 관하여 열띤 논쟁을 벌이고 있다. 나는 열두 살 때 처음으로 남부에 가서 멤피스에 살던 친척들과 얼마간의 시간을 보냈다. 그곳에서 나는 짐 크로 법*의 집행을 목격하고는 충격을 받았지만, 내가 양키[북부 사람]라는 사실에도 그에 못지않은 충격을 받았다. 남북전쟁이 끝나고 거의 100년이 지난 뒤였다.

비어스는 소설의 결말을 충격적으로 처리하는 데 능했는데, 그로써 내전의 인간적 성격에 관한 진실을 드러냈다. 「입내새」에서 북부연방군의 존 그레이록 이병은 남서부 버지니아에서 보초를 서다가 숲속에서 움직이는 물체를 보고 머스킷 총을 발사했다. 실제로 무엇인가 맞혔다고 확신한 그는 몇 시간 동안 그 구역을 샅샅이 뒤졌다. 존은 마침내 시신을 찾아냈는데 회색 군복(남부연합군)에 총탄 구멍이 하나 보였다. 군복을 입은 사람은 그의 형제인 윌리엄 그레이록이었다.

이 슬픈 이야기에서 비어스는 설명도 없이 1861년 남서부 버지니아의 "미전향 민간인들"을 언급한다. 비록 상상 속의 일이기는 하지만, 그들은 떼로 몰려들어 존 그레이록의 정신을 고문한다. 그들은 사방에서 나타나 그를 죽이려 했다. 나무 뒤에서 몰래 지켜보고, 숲에서 갑자기 뛰

---

* '짐 크로 법(Jim Crow Law)'은 1876~1965년에 시행됐던 미국의 주법으로 흑인과 백인의 인종 간 분리와 차별을 규정하는 법이다.

처나오며, 집에 숨어 있기도 했다. 「양심적인 인간의 이야기The Story of a Conscience」에서는 한 남자가 앞서 전쟁 초기에 자신의 목숨을 구해준 적이 있는 적의 간첩을 죽였다는 사실을 깨닫고는 자살한다. 「치카모가」에서는 한 병사가 꿈을 꾸는데, 꿈이 너무도 생생하여 독자는 그가 가족과 친척들과 다시 만난다고 믿는다. 그러나 이야기는 그 남자가 자신이 어릴 적 살았던 집의 불탄 잔해 옆에서 두 손 가득 풀을 움켜쥔 채 죽은 어머니의 시신을 내려다보는 것으로 끝난다.

「아울크리크 다리에서 생긴 일」에서는 앨라배마의 부유한 "남부 농장주", 즉 노예 소유주인 페이턴 파쿼가 철교에서 교수형을 당하려 한다. 이 소설은 비어스의 작품 중 가장 유명해서, 많은 사람들이 그 이야기를 알고 있다. 줄이 끊어져 그는 다리 밑에 사납게 흐르는 강물 속에 빠지고 사랑하는 가족과 재회하는 슬픈 꿈을 꾼다. 이어서 유명한 결말의 반전이 나온다. 목이 줄에 걸려 부러지는 것이다. 이보다는 덜 알려졌겠지만, 양키 사령관이 "발포하여 사방에 게시된 명령은 철도나 철교, 터널, 열차를 훼손하다가 체포된 민간인은 누구라도 즉결 교수형에 처한다고 선언했다."[1]

2000년 여름에, 그리고 지난 반세기 동안 해마다 여름이면 아트 헌터라는 병사는 한밤중에 두 노인의 얼굴, 침상 곁을 맴도는 남자와 여자의 얼굴을 떠올리다 식은땀을 흘리며 잠에서 깼다. 이 빛바랜 두 얼굴 때문에 그의 삶은 "생지옥"이 되었고, 그들이 나타나면 그는 자리에서 일어나 사냥총을 들고 현관에 앉아 담배를 피우곤 했다. 1991년 제대군인 헌터는 마침내 외상 후 스트레스 장애로 미국 정부로부터 완전한 장애

연금을 받았지만, 버지니아 주 블루리지 산맥 기슭에 있는 그의 집으로 여전히 악몽이 그를 찾아온다.[2]

1999년 9월 30일 《뉴욕타임스》 제1면에는 전춘자라는 여성이 등장했다. 그 여인은 마치 쇼핑하러 가는 한국의 중간계급 중년 주부처럼 옷을 입고 있다. 하지만 그녀는 노근리의 높은 터널 입구에 서서, 그녀의 주장에 따르면 1950년 7월 "미군 병사들이 철교 아래의 무력한 민간인 수백 명에 기관총을 난사한" 언덕을 가리켰다. 그녀와 다른 생존자들은 자국 정부와 미국 정부에 여러 해 동안 학살에 대해 배상하라고 청원했지만, 두 나라 정부 모두 발뺌했다고 말했다. 한편 그 기사는 직접 발포한 미군 병사들의 증언도 실었는데, 그들은 자신의 지휘관이 민간인에 발포하라고 명령했다고 말했다.[3] 아트 헌터는 바로 그들 중 한 명으로 철교 밑에 모여 있는 흰옷 입은 여성과 아이, 노인들을 향해 총을 쏘았다.

《뉴욕타임스》는 이 이야기를 기사로 게재하지 않았지만, 그 학살에 관한 AP통신의 설명을 제1면에 실었다. 내가 알기로는 이후에 미국 국방부나 한국 정부의 반응에 관한 AP통신의 보도와 생존자의 주장에 대한 조사에 착수했다는 발표 등등을 주기적으로 전한 것 외에는 후속 보도가 없었다. 이 이야기가 알려지고 두 달이 지난 후, 《워싱턴포스트*The Washington Post*》의 기자 더그 스트럭은 민간인들이 사흘 동안이나 철길 밑 터널에 떼 지어 웅크리고 있었고 미군이 거듭 찾아왔다는 사실을 알았다. 당시 열일곱 살이었던 정구헌은 스트럭에게 이렇게 말했다. "'그들은 부상자를 일일이 확인했고 그들이 움직이면 총을 쐈어요.' 다른 생존자들의 설명에 따르면, 다른 병사들은 마을 주민 수십 명이 피해 있는

배수관으로 기어 내려가 여러 가족들에 발포했다." 당시 열세 살 소녀였던 양해숙도 터널 안에 있었다. "갑자기 비행기들이 와서 폭탄을 떨어뜨렸어요. 제 삼촌이 자신의 아이를 감싸고, '오 하느님'이라고 말하는 걸 들었죠. 돌아보니 그의 내장이 밖으로 튀어나와 있었어요. 총탄이 그의 등을 관통하여 그의 딸을 죽였어요." 얼마 후 이 10대 소녀도 총탄에 맞아 왼쪽 눈을 잃었다. 스트럭은 조사관들이 "이곳 관료들에 따르면 3년간의 충돌 내내 모든 당사자들이 위반한 기준에 따라, 이 비열한 전쟁을 평가하는 민감한 과제에 직면했다"고 말했다.[4] 이 설명으로 이야기는 매우 곤혹스러운 단계로 넘어갔다. 미군 병사들은 민간인을 사살하라는 명령을 받았을 뿐만 아니라 거듭 되돌아와 그들이 모두 죽었는지 확인했다. 이는 당연히 그들이 노근리 사건을 증언할 생존자가 **아무도** 없음을 확인하고 싶었다는 뜻이다.

마치 '미라이 학살'이 발생한 베트남이 미국이 개입한 유일한 사례라는 듯이, 한국전쟁의 이 사건은 집단기억에서 사라졌다. 그러나 1950년 당시에는 "흰 파자마"를 입은 사람들과 이들이 미군을 자극했다는 이야기는 동네 이발소의 탁자에서도 쉽게 읽을 수 있었다. 예를 들면 《라이프》의 존 오즈번은 1950년 8월 21일 독자들에게, 미군 장교들이 병사들에게 민간인 집단에 발포하라는 명령을 내렸다고 밝혔다. 한 병사는 "어린아이들까지 사살한 것은 너무했다"고 말했다. 오즈번은 그것이 "적이 숨어 **있을지도 모르는** 마을을 지워버리고 북한군이 섞여 **있을 수도 있는** 피난민을 폭격하는" 새로운 종류의 전쟁이라고 썼다. I. F. 스톤이 말했듯이, 공습과 언론에 공개된 축소된 보고서는 "인간의 감정이 촉구하는 유감의 표명이 아니라, 상상력을 완전히 결여한 일종의 뻔뻔한 도덕적 아둔함을 반영했다. 조종사들은 마치 마을들을 볼링핀처럼의 생각하고 놀고 있었던 것 같다."[5]

군사사가 월터 캐리그는 《콜리어스》에 쓴 글에서 그 싸움을 "인디언 전투 시절"에 비유했다(흔한 유비이다). 그는 또한 한국전쟁이 스페인내전 같다고도 생각했다. 나중에 인도차이나나 중동 같은 곳에서 볼 수 있는 새로운 유형의 충돌을 점검하는 시험장이었다는 것이다. 캐리그는 "우리의 적 빨갱이들은 여인의 치마폭에 숨어 문명화한 전투의 규칙을 모조리 무시한다"라고 썼다. 이어서 그는 다음과 같은 대화를 제시했다.

> 그 젊은 조종사는 커피 잔을 비우고 이렇게 말했다. "사격해서는 안 됩니다. 우리를 향해 서서 손을 흔드는 사람들에게 총을 쏠 수는 없습니다." 그는 단호하게 말했다. "쏴버려. 저들은 군인이야." "그렇지만, 제기랄. 저들은 전부 흰 파자마 같은 것을 입고 있고, 길을 따라 흩어져 걷고 있지 않습니까……" "여자나 아이가 보이나?" "여자요? 모르겠습니다." "여자들도 바지를 입어, 그렇지 않나?" "그렇지만 아이들은 없습니다." "저들은 군인이야. 쏴버려."[6]

에릭 래러비는 《하퍼스*Harper's*》에 쓴 글의 첫머리에서 1836년에 피쿼트족 인디언을 정복한 영국인 대위의 말을 인용한다. "토착민의 전술은 (…) 기독교도의 관행과 많이 다르다." 그는 미국독립전쟁 중 렉싱턴에서 싸웠던 어느 영국군 장교의 회상을 소개한다.

이때 그 나라는 깜짝 놀라고서 즉시 무장했으며 장벽 뒤 우리의 양 측면 곳곳에 자리를 잡았다. 따라서 우리는 정면과 양 측면, 배후에서 쉴 새 없는 공격에 시달렸다. (…) 덤불이나 돌담, 나무 뒤가 아니면 달리 사람을 만날 수가 없었다. 그들은 재빨리 총을 쏘고 사라졌다.

한국전쟁에 참전한 한 해병대원은 래러비에게 이렇게 말했다. "타라와에 있었다면 적어도 적을 볼 수는 있었을 것이다. 이곳의 '국'들은 덤불숲에 숨어 있다." 래러비는 미국인들에게는 제한전이었던 것이 한국인들에게는 인민의 전쟁(영국에 맞서 싸운 미국인의 전쟁과 마찬가지였다)이었다고 썼으며, "기술의 우위를 분별없이 잔인하게 과시하여" 싸울 수는 없다고 말했다. 대신 그는 (이러한 용어를 쓰지는 않았지만) 신속히 전개할 수 있는 특수부대를 양성하여 향후의 인민 전쟁에 대비해야 한다고 주장했다. 목적은 인민을 설득하여 우리 편으로 만드는 것이었다.[7]

레지널드 톰프슨이 쓴 바에 따르면, 종군기자들은 남한을 위한 전쟁이 그 유격전과 민중적 측면에서 제2차 세계대전과 다른 "이상할 정도로 혼란스러운" 전쟁이었음을 깨달았다. "감히 사태의 진실을 본 그대로 쓸 사람은 거의 없었다." 미군 병사들은 "결코 적을 사람인 것처럼 말하지 않았고 원숭이에 관해 이야기하듯 했다." 심지어 기자들 사이에서도 "누구나 간절히 바라는 것은 한국인을 한 명 죽이는 것이었다. '오늘…… 나는 국을 하나 잡을 것이다.'" 미군 병사들은 한국인을 "국"이라고 불렀다. 그가 생각하기에 "그렇게 하지 않으면 본질적으로 친절하고 너그러운 미국인들이 그들을 무차별적으로 죽이거나 그들의 집과 초라한 재산을

박살낼 수는 없었을 것"이기 때문이었다.[8]

　미국인들은 여전히 한국전쟁의 기록을 열린 마음으로 보는 데 곤란을 느끼는 것 같다. 《뉴욕타임스》와 여타 신문들은 왜 앞선 49년 동안이 아니라 1999년에 와서야 학살 이야기가 게재에 적합하다고 판단했을까? 어떤 의미에서 한국전쟁은 '잊힌 전쟁'**이다.** 미국의 일급 기자들은 대체로 한국전쟁에 관해 전혀 모른다. 잊혔고, 알려지지 않았으며, 전혀 모르는 전쟁. 그래서 노근리 사건은 흥미를 끌었고 눈에 띄었다. 젊은 세대의 기자들에게 한국이 아니라 베트남전쟁과 미라이 학살을 생각나게 하기 때문이다. 그리고 우리는 베트남에서만(그리고 진정으로 단 한 번만) 일어난 일 같은 것을 생각했다. 그래서 이 이상한 미국인의 사전에서 민간인 학살(이에 관해서는 1950년 《라이프》에서 읽을 수 있다)은 한국전쟁의 성격이 잘못 규정된 탓에 망각 속으로 사라진다. 한국전쟁은 매우 오랫동안 길을 잃었다. 그래서 다시 나타났을 때에는 그 전쟁에 관해 일반적으로 받아들여지는 지식과 모순되는 것처럼 보였다.

　아트 헌터는 오래전 노근리 마을에서 일어난 일의 진실을 분명히 알고 있었다. 하지만 그 일이 그를 따라다니며 괴롭힌 이유는 무엇인가? 내 생각에 이유는 이렇다. 소총을 든 젊은이는 전투에 관한 근본적인 인간적 진실을 직관적으로 이해한다. 군인의 존재 이유는 사람을 죽이는 것이지만 동시에 사람을 구하고 보호하는 것이기도 하다.

　군인은 친구든 적이든 약자와 무장하지 않은 자를 보호할 의무가 있다. 이것이 그 존재의 본질이자 이유이다. 이 신성한 책무를 어긴다면,

이는 그의 문화 전체를 모독할 뿐만 아니라 국제사회의 존립 자체를 위협한다.

이 감동적인 진술을 한 사람은 이렇게 말을 이었다. "전투원의 전통은 유서 깊고 명예롭다. 이는 가장 고귀한 인간 본성, 즉 희생 위에 세워진 것이다." 그는 바로 육군 장군 더글러스 맥아더였다.[9]

정치적 계보, 혈연의 계보

이런 사건들을 좀 더 면밀히 조사하면 한국전쟁에 관한 몇 가지 진실을 밝히는 데 도움이 될 것이다. 노근리 사건은 1945년 한국인들의 억눌린 열망이라는 유산에서 비롯했다. 1950년 당시 현지 유격대는 일본에서 해방되었을 때 한국인들이 품었던 공동체적 희망의 자취였다. 노근리 마을은 군청 소재지인 영동에서 도로를 따라 수 킬로미터 떨어진 곳에 자리를 잡았다. 세 도의 경계가 만나는 외진 산골로, 1945년 8월 일본 제국주의가 무너진 뒤 강력한 토착 좌익이 출현한 곳이다. 군郡 인민위원회는 일본인들로부터 권력을 넘겨받았고, 이어서 두 달 뒤 미군정 수립의 일환으로 민정팀이 통치권을 가져갈 때 이를 감시했다. 현지 미국인들은 식민지 경찰에서 근무한 한국인들을 신속히 재고용했으며 당연하게도 인민위원회를 억압했다. 그러나 미국의 내부 보고서에 따르면 인민위원회는 계속해서 세력을 확대했다. 미군 방첩대는 여수반란이 일어났던 1948년 가을에도 영동군에는 여전히 강력한 인민위원회가 있었고 "한국전쟁"이 명백하게 시작되기 한참 전부터 영동 안팎에서 유격대가 출현했음을 알았다.[10] 클레슨 리처즈라는 미국인 의사는 1947년부터 전쟁 발발 직전 한국을 떠날 때까지 영동에서 구세군 병원을 운영했다. 그는 한 기자에게 이렇게 말했다. "사방에서 내내 유격전이 벌어졌다. 환자만큼이나 공산주의자들이 많았다. (…) 경찰은 그들을 감시했고 호되게 괴롭혔으며, 그들이 정보를 갖고 있을 것 같으면 끌고 와서 총살 집행반 앞에 세웠다. 그 담벼락이 병원 근처에 있었다. 우리는 사람들이 총살당하는 소리를 들을 수 있었다." 리처즈는 이를 덤덤하게 이야기했다. 그의 생각에 "공산주의자들은 무자비"했기 때문이다(물론 그들은 "외국인을 싫어하는 감정이 없었고 우리를 괴롭히지 않았다"). 주한미군사고문단 장교 제임스 하우스먼 같은 미국인들은 1948~49년에 대부분의 대유격전을 지휘했기에 영동군이 분노와 반란의 온상이었음을 잘 알았지만(오랫동안 "빨갱이 동네"라고 불렸다), 모든 유격대원이 토착민이었고 북한으로부터 내려온 지령은 없었음을 알아챘다. 오히려 주민들의 불만은 1945년에 깨진 해방의 희망과 지역 내 소작농의 극심한 빈곤에 기인했다.[11] 그렇지만 1950년 6월 재래식 전쟁이 발발했을 때, 이 역사는 영동이 미국인들에게 위험한 곳으로서 표적이 되었음을 뜻했다.

노근리는 한국의 역사에서 매우 오래된 마을로 그 지명은 11세기에 처음으로 언급된다. 가구들이 수백 년 동안 토지를 소유했던 1940년대의 전형적인 토지 보유 형태를 생각하면(대개는 노근리가 폐허가 되었다고 기록된 1590년대 도요토미 히데요시의 침공 때까지 거슬러 올라간다), 이 오래된 마을의 주민 대다수가 집에서 떠나라는 미군과 남한 정부의 요구를 거부하고 계속 머물렀던 것은 놀랍지 않다. 떠난다는 것은 단지 땅을 버리는 것뿐만이 아니라, 한국의 마을 인근 산에 점점이 박혀 있는 조상의 묘도 버린다는 뜻이었다.

진실은 무엇인가? 한국의 스레브레니차 학살

2008년 7월 세계 언론은 "세계 최악의 전범", 즉 보스니아의 세르비아인 지도자 라도반 카라지치의 체포를 알렸다. 카라지치는 헤이그의 국제연합 전범재판에서 종족학살 혐의, 즉 약 8000명의 무슬림 성인 남성과 소년을 죽인 스레브레니차 학살을 주도한 혐의로 고발된 이래 13년간 숨어 지냈다. 이 사건은 이후 "제2차 세계대전 이래 유럽 최악의 민간인 학살"이라고 일컬어졌다.[12] 58년 전 북한 인민군이 서울 남쪽의 도시 대전에 밀어닥쳤던 또 다른 잔혹한 7월에, 남한 경찰 당국은 현지 감옥의 정치범, 남성과 소년, 그리고 몇몇 여성까지 끌어내 학살하고 구덩이에 내던진 뒤 흙으로 덮었다. 사망자는 4000~7000명으로 추정되며, 그들의 이야기는 반세기 동안 묻혀 있었다. 미군 장교들은 이 학살이 자행되는 동안 여유롭게 지켜보며 사진을 찍어 기록으로 남겼을 뿐, 이를 저지하려는 노력은 전혀 보이지 않았다. 몇 달 뒤 미국 합동참모본부는 그 사진들을 기밀로 분류했고 1999년에 와서야 기밀에서 해제했다. 당시 미국의 공식 역사는 그 학살의 책임을 공산주의자들에게 돌렸다.

남한은 적대적인 두 당사자가 서로 이해하고 친선을 회복하려면 먼저 진실과 화해의 과정이 선행되어야 할 필요가 있음을 보여주는 사례이다. 다시 말해서 수사하듯 과거를 면밀하고 예리하게 돌아봄으로써, 파묻히고 억압된 역사의 참모습을 조사하고 인정해야 한다는 것이었다. 미국 국민과 언론에는 대체로 알려지지 않았지만, 한국의 진실화해위원회는 그런 이유로 이승만 정권이 자국민 수만 명을 학살한 사건들(대전 학살보다 규모가 더 컸던 것으로 보이는 창원 학살도 포함된다)[13]과 미군의 네이팜탄에 흔적도 없이 사라진 여러 (**남한**의) 마을들을 샅샅이 들추어 그것이 진실임을 확인했으며, 북한과 현지의 공산주의자들이 자행한 학살(종전 이래로 끝없는 선전거리였던 사건들)도 재조사했다.

　　한국인들은 진실화해위원회의 주된 모델을 남아프리카공화국에서 찾았는데, 그곳에서 '진실'이라는 고통스러운 용어는 최소한 네 가지 방식으로 정의되었다. 첫째, 조사의 진실(시신을 발굴하고 조사하는 것. 과학수사의 증거는 "몸에 담긴 기억"이다. 폭력은 살아있든 죽었든 인간의 몸에 쓰이고 새겨지고 나아가 공연된다).[14] 둘째, 증언의 진실(희생자에게 말하도록 하라). 셋째, 학문적 진실(역사가와 기록보관소의 문서). 넷째, 가해자의 진실(그들을 연단에 세워 말하게 하고, 다른 이들이 이에 대응하도록 하는 것이다). 이는 모든 관계 당사자들이 발언하게 하는 방법이자, 사회적 진실('대화'의 진실)과 치유의 진실(회복의 진실)을 성취하는 방법이며 정의를 바로잡고 처벌을 가하는 방법이다. 이 모든 것은 복수나 자기변명이 아니라 화해를 위한 것이다. 1995년 남아프리카공화국은 공개 토론과 이러한 방식으로 확립된 진실, 공정한 절차를 통한 공식 조사, 계획자와 가해자와 희

1949년에 체포된 여성 유격대원. (미국 국립기록보관소)

생자들의 증언을 토대로 작성된 위원회의 보고를 승인했으며, 온전한 사실을 폭로하고 공모 관계를 인정한 자들을 사면했다.[15] 노근리 사건, 북한 땅에 가해진 무자비한 소이탄 공격, 전후 미국 역사에서 가장 놀라운 은폐 사건 중 하나로서 진실이 완전히 호도된 대전에서 벌어진 일 같은 미국의 학살에도 동일한 성격의 조사가 필요하다.

1950년 8월 초 앨런 위닝턴은 런던의 《데일리 워커*Daily Worker*》에 "한국에 있는 미국의 벨젠"* 이라는 과장된 제목의 기사를 실었다. 주한미

---

* '벨젠(Belsen)'은 독일 니더작센 주 베르겐 인근에 있던 나치의 절멸수용소를 말하며, '베르겐벨젠(Bergen-Belsen)'이라고도 부른다.

군사고문단의 감독을 받는 한국 경찰이 7월 2~6일에 대전 인근의 한 마을에서 7000명을 학살했다는 주장이었다. 종군기자로 한국 경찰을 따라다녔던 위닝턴은 7월 2일에 경찰이 트럭을 타고 도착하여 현지인들에게 길이 200야드[약 183미터]의 구덩이 여섯 개를 파게 했다고 증언한 20명의 목격자를 찾아냈다. 이틀 후 트럭에 태워져 끌려온 정치범들이 머리에 총탄을 박아 넣거나 검으로 목을 치는 두 가지 방식으로 처형된 뒤, 그 구덩이 속에 "마치 정어리처럼" 겹겹이 쌓였다. 학살은 사흘 동안 계속되었다. 목격자들은 미군 장교들이 지프차 두 대를 타고 와서 학살을 지켜보았다고 말했다.[16] 북한의 자료에 따르면, 대개는 제주도와 태백산맥에서 활동하다 체포되어 투옥된 유격대원과 1948년 여수반란 뒤에 억류된 이들 4000명이 살해되었다(몇 달 후 7000명으로 수치를 변경했다). 그러나 북한이 지목한 장소는 위닝턴이 말한 곳과 달랐다.[17]

런던 주재 미국 대사관은 위닝턴의 이야기가 "잔학 행위의 날조"라며 그 내용을 부인했다. 로이 애플먼이 쓴 한국전쟁 초기에 대한 미국의 공식 역사는 한국군이 저지른 잔학 행위를 전혀 언급하지 않았고 대신 북한군이 이 학살을 저질렀다고 주장했다. 북한군이 대전에서 그 전쟁의 "최악의 대량학살 중 하나"를 자행하여 5000~7000명의 주민을 살해하고 집단 매장지에 묻었다는 것이다.[18] 서구의 역사책들은 대부분 동일한 이야기를 전한다. 앞서 보았듯이, 맥스 헤이스팅스는 공산주의자들이 저지른 잔학 행위에만 주목했다(상세히 분류하거나 증명하지도 못하면서 말이다). 그로써 한국에 개입한 국제연합이 "오늘날까지 지속된 도덕적 정당성"을 얻었기 때문이다.

증거를 보면 사후에 얻은 지식과 기밀문서의 도움을 받은 애플먼과 헤이스팅스보다, 전쟁의 열기가 한창이었던 1950년의 위닝턴이 진실을 말하고 있음이 입증된다. 7월 2일 미국 정보부는 대전의 한국 경찰이 "공산주의자를 모조리 체포하여 도시 외곽에서 처형했다"는 보고서를 "사실일 가능성이 높다"고 평가했다. 이튿날 중앙정보국은 "비공식 보고서에 따르면 남한 경찰이 수원과 대전에서 잠재적인 제5열을 제거하고 서울에서 북한군이 자행했다는 처형에 복수하고자 공산주의자로 의심되는 자들을 처형했다"는 성명을 발표했다. 그렇지만 어떤 보고서도 숫자는 제시하지 않았다.[19] 연합군 최고사령부의 장교들과 대화를 나누었던 도쿄의 영국 관료들은 "[위닝턴의] 기사에 일말의 진실이 있을지도 모른다"고 말했다. 하지만 연합군 최고사령부는 그것을 영국 정부와 미국 정부 간에 다루어야 할 문제라고 판단했다. 맥아더 사령부에 파견된 영국 사절 앨버리 개스코인은 믿을 만한 기자들이 "남한 군대의 수감자 학살"을 "거듭" 이야기했다고 말했으나, 미군 전쟁포로사절단의 "J. 언더우드"라는 사람은 영국의 관계 당국에 대전 감옥에 채 2000명도 갇혀 있지 않았는데 과연 7000명의 수감자를 대전에 끌어 모을 수 있었을지 의심스럽다고 말했다.[20] 언더우드는 차라리 이 사건이 단순히 정치범을 잔혹하게 학살한 것이 아니라 미군 점령기에 미국이 조장하거나 만들어낸 조건에 항의하다 체포된 주민들을 살해한 것이라고 인정했다면 더 좋았을 것이다. 미국은 1945~50년에 여러 차례 억압을 수행하거나 한국인들의 억압 행위를 지원했으며, 1950년 7월에는 학살을 느긋하게 지켜보며 사진에 담고 아무 조치도 취하지 않았다.

미국 중앙정보국 공작원이었던 어떤 이는 1981년에 발표한 책에서 1950년 7월 첫째 주 서울 바로 남쪽에 있는 수원 인근에서 정치범을 체계적으로 학살한 사건을 증언했다.

나는 무기력하게 서서 그 사건을 전부 목격했다. 커다란 불도저 두 대가 쉬지 않고 움직였다. 한 대는 도랑 형태의 매장지를 팠다. 저주받은 자들을 태운 트럭들이 도착했다. 그들의 손은 이미 등 뒤로 묶여 있었다. 그들은 떠밀려서 새로 판 매장지 끝을 따라 긴 줄로 늘어섰다. 그들은 곧 총에 머리를 맞고 매장지로 밀려 떨어졌다.[21]

이도영이라는 뉴욕의 심리학자가 마침내 기밀에서 해제된 이 특별한 비극의 사진들을 입수했다. 그 사진들은 미국의 공모를 입증하는 극적인 증거이다. 가장 놀라운 사실은 AP통신이 밝힌 것인데, 1950년 9월 미국 정부의 최고위층(이 경우 합동참모본부)이 사진들을 감추고 1999년까지 절대로 공개하지 않기로 결정했다는 것이다. 그리고 당시 미국 국방부는 대전 사건을 포함한 민간인을 대상으로 한 모든 잔학 행위의 책임을 북한에 돌리는 공식 역사를 장려했으며, 대전 학살을 가장 널리 소개한 1950년 홍보 영화 〈한국의 죄악The Crime of Korea〉에서 험프리 보가트에게 내레이션을 맡게 했다. 겹겹이 쌓인 시체들이 축구장 크기의 참호에 널려 있다. "대전", 그곳에서 "공산주의자 괴물들"과 "야만적인 북한 사람들"의 손에 "남자와 여자, 아이들이 공포를 확산시키기 위해 냉혹하고 의도적으로 학살되었다." 보가트는 때맞춰 이어간다. "우리는 국제연합 한국위원회의 허가를 받아 (…) 세밀히 표를 작성할 것이다. 각각의 사례를 완벽한 문서로 남길 것이다."[22]

그렇지만 국제연합은 아무것도 하지 않았고, 미국 국방부가 2년 동안(1997~99) 노근리 마을 생존자들의 "주장을 입증할 정보를 전혀 찾지 못했다"고 공언할 때까지 몇 십 년간 두 정부의 발뺌이 지속되었다. 그들은 범죄를 저질렀다는 제1기병사단은 해당 지역에 있지도 않았다고 말했다. 그러나 클레이 블레어가 기밀에서 해제된 부대 기록을 토대로 쓴 『잊힌 전쟁』에서 내가 다음과 같은 진술을 찾기까지는 정확히 5분이 걸렸다. 7월 22일 "제1기병사단은 박살난 제24사단을 영동에서 구출할 예정이었다." 그러나 그때 국방부는 발뺌해야 했고 생존자들에게 보상하기를 거부해야 했다. 전쟁 중에 그와 유사한 사건들이 너무 많았기 때문이다. 보상을 요구하는 자들이 얼마나 될지 누가 알겠는가.[23]

대전 학살 이야기가 드러난 다음 날, 나는 로스앤젤레스에 사는 한 여성으로부터 전화를 받았는데 그 사건으로 아버지를 잃은 사람이었다. 1947년 그녀는 미군정 치하의 한국 시민이었고, 대전 인근에 공장을 소유했던 사람의 여섯 아이 중 하나였다. 그녀의 아버지는 일제강점기에 사업이 번창했고, 해방이 되자 재산의 일부를 다른 사람들과 나누는 것이 좋겠다고 생각했다. 그는 1947년의 혼란스러운 여름에 "공산주의자들"에게 돈을 주었다는 이유로 체포되었고(그때 수천까지는 아니어도 수백 명의 한국인이 미군정의 경무부에 의해 살해당했다), 1950년 7월 초까지도 여전히 수감되어 있었다. 이 여성(공인 간호사)과 네 명의 자매, 한 명의 형제는 가족을 제외한 누구에게도 아버지가 어떻게 죽었는지 결코 말할 수 없었다. 가장을 빼앗긴 그들은 반세기 동안 고통 속에 살았지만 가족끼리도 그 일을 입에 올리지 않았다. 그 여성은 전화기로 30분 동안 자신의 경험을 이야기하며 흐느꼈다. 이도영의 아버지도 1950년 8월 학살에서 목숨을 잃었지만, 그는 사진들을 갖고 용감하게 나섰다. 이후 그는 자신의 아버지를 살해한 한국군 장교를 찾아내 대면했다.

한국 진실화해위원회의 대전 학살 조사는 완결되지 않았지만, 현재까지 내려진 결론은 최소한 4000명이 한국 당국에 의해 살해되었고 이후 북한이 더 살해해서(수천 명은 아니다) 그들을 같은 구덩이에 묻었다는 것이다. 전직 간수였던 이준영은 여든다섯 살의 나이에 용기 있게 앞으로 나와 수십 년 전에 자신이 본 것을 증언했다. "10명의 수감자를 한 번에 참호로 끌고 가서 끝자락에 무릎을 꿇렸다. 경찰관들이 그들 뒤로 다가가서 뒤통수에 소총의 총구를 대고 발사했다."[24]

취해진 조치: 한국전쟁 중 남서부

정치적 학살은 서울이 함락될 것처럼 보이자 즉시 시작되었다. 오스트레일리아의 공식 자료는 1950년 6월 도시에서 "철수하기 직전 서울에 있는 약 100명의 공산주의자들을 처형하라는 이승만 정부의 어리석은 명령"을 지적했다. UPI통신은 이 사건에서 한국 공산주의의 "아름다운 '마타 하리'" 김수임을 포함하여 90~100명이 처형당했다고 전했다.[25] 같은 시기 항구 도시 인천에서도 더 많은 사람들이 살해되었다. 미국 내부 자료는 조선인민군이 도시들을 함락해오자, 남한 당국은 기존에 좌익으로 알려진 자들을 대부분 감금했다고 전한다. "우리의 정보에 따르면 이 수감자들은 남한의 적으로 여겨졌고, 따라서 북한군이 도착하기 전에 처리되었다."[26] 도쿄의 점령군 사령부(연합군 최고사령부SCAP)는 6월 30일 인천에서 "게릴라 폭동"이 발생하여 300명을 체포했다고 밝혔다. 북한은 훗날 인천에서 정치범과 공산주의자로 추정된 사람 1000명이 6월 29일부터 7월 1일까지 학살당한 것을 목격한 증인들을 찾아냈다고 주장했다(북한은 주한미군사고문단의 한 미국인이 이를 명령했다고 단언했다). 국무부의 정보조사국OIR은 북한의 이러한 비난에 주목했으나, 그 사건이 "탈옥을 시도한 반란자들과 그들을 돕던 다른 반정부 세력에 대한 한국 경찰의 대응이었을 뿐"이라고 간단히 처리했다.[27] 전쟁이 시작된 지 한 주가 지났을 때, 북한군이 좌익의 거점인 남서쪽의 전라도에 진입하면서 상황은 훨씬 더 나빠졌다.

공교롭게도 이응준 장군은 그 지역에 계엄령을 선포했고, 파괴 활동을 하거나 "지휘관이 정치범으로 판단하는 자는 누구든지" 사형으로 처벌하도록 했다. 이응준은 누구였는가? 그는 혈서로 천황에게 충성을 맹세한 뒤 1943년에 일본 육군사관학교를 졸업했고, 대좌 계급으로 제2차 세계대전의 종전을 맞이했다. 이후 그는 1945년 11월 미군 점령군의 남한 내 군대 전개를 도왔으며, 1948년 한국군 육군 참모총장이 되었고, 한 미국인 관료의 부인이 기억하는 바에 따르면 "중국에서 일본 군대와 함께 많은 전투"를 치렀다. 이응준은 긴 장화를 신고 말채찍을 들고 다니는 모습으로 "일본군의 오만함을 유지하고 있었다." 북한이 침공했을 때,

그는 의정부 회랑 지대의 동쪽을 맡은 제2사단 사단장이었다. 그는 사단 전 병력을 동원해 공격하라는 명령을 받았지만, 두세 개 대대로 공격하는 것조차 거부했다. 곧 사단 전체가 패주했다.[28]

수원과 대전의 학살은 미군이 퇴각하던 와중에 몇 시간 만에 벌어졌다. 미군은 대전에서 가장 확실한 패배, 여러 면에서 최악의 패배를 당했다. 그들을 격파한 조선인민군 지휘관들은 이후 줄곧 그 승리를 자랑했다. 제24보병사단은 대전에서 "소름 끼치는" 패배를 당했다. "육군 역사상 가장 큰 시련 중 하나"였다.[29] 뒷걸음질 치는 미군은 대전에서 남쪽으로 급히 달아나다 곧 영동에 닿았다. 북한의 자료에 따르면 영동은 그들이 도착하기 전에 현지 유격대가 "해방했다." 이는 월터 설리번이 확인한 바와 같다. 설리번에 따르면, 영동과 그 주변에서 약 300명의 현지 유격대가 퇴각하는 미국인들을 쉴 새 없이 공격했으며, 북한군이 그곳을 통과한 후로는 현지 질서유지 임무를 맡았다. 설리번은 이렇게 썼다. "미군 병사들은 이제 도시에 있든 농촌에 있든 한국의 민간인이라면 전부 의심의 눈초리로 바라본다. '흰옷(농민이 흔히 입는 옷) 입은 사내들을 경계하라'는 말은 전선 근처에서 자주 듣는 외침이다." 북한군 병사 아니면 현지 유격대원으로 보이는 조성환이라는 사망한 한국인이 남긴 7월 26일자 일기에는, 미군 폭격기들이 영동 상공에서 급습하여 "그곳을 불바다로 만들었다"고 기록되어 있다.[30]

한편 7월의 같은 주에 서쪽에서는 조선인민군 제6사단이 남서부의 전라도를 휩쓸어 48시간 만에 점령했다. 이유는 기본적으로 세 가지였다. 첫째, 제6사단은 방호산이 지휘하는 정예부대였다. 방호산은 한 해

전 중국내전에서 거의 한국인으로만 구성된 중국 인민해방군 제166사단을 지휘하며 싸웠는데, 그 부대가 바로 제6사단이었다. 중국내전이 잦아들면서 이들이 북한군으로 전속되었고, 1950년 5월 북한 지휘관들은 이 사단을 옹진반도의 38도선 너머 해주 바로 위쪽에 배치했다. 1950년에 북한의 전쟁 계획을 지탱한 것이 바로 이 부대와 중국에서 전투 경험을 쌓은 다른 부대들이었다. 1949년 여름에 이 부대들을 쓸 수 있었다면, 아마도 한국전쟁은 더 일찍 일어났을지도 모른다. 둘째, 이승만 정부의 경찰이 재빨리 철수했기에 제6사단은 전라도를 신속히 평정했다. 셋째, 북한군이 가까이 다가오자 현지 유격대 수천 명이 들고일어나 마을과 도시를 장악하고 북한군을 맞이했다. 이들은 1948~49년 전라도에서 강력했던 유격대 투쟁의 잔여 세력이었다. 북한군은 이어서 동쪽으로 방향을 틀어 기세 좋게 진군하여 8월 1일 진주를 점령했고, 그로써 부산을 직접 위협했다.

제6사단의 신속한 남진과 동진으로 북한군은 7월 26일(노근리 사건이 발생한 때)이면 한반도 전체를 거의 에워싸기 직전이었다. 그러자 월턴 워커 장군은 대구에서 철수할 것을 명령했다. 같은 날 한국 정부는 "적처럼 처신하는" 민간인은 누구든 사살하겠다고 선포했다. 이제 모든 민간인은 특별열차로 이동해야 했고, 전투 지역에 거주하는 사람들은 하루에 두 시간만 집 밖으로 나갈 수 있었다. "이러한 규정을 어기다 발각된 자는 전부 적으로 간주되어 즉시 처형될 것이다." 이는 본질적으로 전선 주변 일대는 무차별 사격 지대라는 의미였다. 그러나 실제로 한국 정부는 전라도에서 미군의 명령을 따르기만 했을 뿐이다. 유격대의 침투 때문에, 윌리엄 딘 장군은 "사단의 책임 지역에서 한국인을 모조리 내몰면, 이후 그 지역 안에서 잡히는 한국인은 전부 적의 간첩일 것이라고 가정하고 그렇게 하기로" 결정했다. 이 명령은 한국군과 한국 경찰인 경무부에 발포되었다.[31]

다음 날 맥아더는 한국으로 날아가 더는 철수해서는 안 된다고 요구했으며, 그 직후 제2보병사단이 부산에 상륙하여 진주 전선으로 급파되었다. 한 미군 장교의 말을 빌리자면, 북한군 제6사단이 그곳에서 막 "우리를 때려눕혔다." 다음 날 조선인민군은 마산을 점령했고, 미군은 "초토화" 작전으로 유격대가 숨은 마을 여러 곳을 불태우며 낙동강까지 퇴각했다. "황간에서 김천까지 연기가 구름처럼 전선 위를 뒤덮었다."[32] 그러나 곧 전선은 부산방어선에서 고착되었다.

이 초기의 결정적인 시점 이래로 남한은 나라 전역에 퍼졌지만 특히 남서부에서 견고히 뿌리내린 '제3세력'을 계속 억압하는 정책을 취했다. 이 세력을 '좌익'으로 규정하면, 이는 그들을 희화된 냉전의 양극 구도 속에 집어넣어 격하시키는 꼴이다. 그러한 구도 속에서 우익은 확고한 반공주의자로 남는 한 아무리 무차별적 폭력을 자행해도 미국의 지원을 잃을 염려는 없었다. 이러한 정치적·사회적 힘은 당연히 지역 인민위원회와 노동조합, 농민조합, 1940년대 말의 반란에 참여했던 사람들의 기억 속에 오래 머물렀으며, 입 밖에 낼 수 없는 많은 개인적·지역적 진실을 숨겨야 했다. 이후 50년간 남한에서 허용될 수 있는 정치적 범위는 이승만, 박정희, 전두환, 노태우, 김영삼의 지배 세력과 여당, 그리고 1945년 9월에 창당되어 김성수, 장택상, 장면 같은 인사들이 이끌었던 한국민주당에 뿌리를 둔 야당으로 이루어졌다. 대한민국은 1998년 고 김대중 대통령이 당선될 때까지 야당으로의 정권 교체가 이루어진 적이 없으며, 2003년 2월이 되어야 미군 점령기부터 이어져온 정치적 대립 구도(그리고 정치적 체제)의 일부가 아니었던 대통령을 갖게 되었다. (김대중은 남서부 항구 목포 인근에서 성장한 자치 인민위원회에서 정치적 생애를 시작했다. 우익은 늘 이를 거론하며 그가 공산주의자라거나 친북이라고 주장했으나, 실제로 그는 1940년대 말 기존 체제와 화해했으며 그 이후로 군부로부터 많이 시달렸음에도 체제 내 정치인이었다.) 고 노무현 대통령은 1940년대까지 거슬러 올라가는 계보를 확인할 수 없는 첫 번째 대한민국 대통령이었다. 그의 계보는 더 가까운 시기에, 즉 1980년대의 유례없는 혼란에서 시작한다. 그때 노무현은 경력과 삶을 위험에 빠뜨리며 노동운동 지도자와 인권 활동가들을 변호했다. 그러나 노무현도 결혼을 통해 수십 년 전의 사건들 때문에 요시찰 명부에 오른 가족과 연결되었다. 노무현의 장인은 미군 점령기에 불법 단체로 규정된 남로당 당원이었다. 그는 한국전쟁 중에 북한군을 도왔다는 혐의로 체포되어 감옥에서 사망했다.

미스터 학살자

김종원은 일본군에 복무한 경력으로 '호랑이'라는 별명을 얻었다. 1945년 이후 그는 기자들이 자신을 '백두산 호랑이'라고 부르는 것을 좋아했다. 김종원은 1940년 일본군에 자원입대하여 뉴기니와 필리핀에서 복무했으며, 주한 미국 대사 존 무초의 말에 따르면 "일본군 최악의 잔인성을 전형적으로 보여준 계급"인 군조軍曹[중사]로 진급했다. 김종원은 1946년 동대문경찰서에서 경찰로 근무했고 1947년에는 여덟 달 동안 장택상의 개인 경호원을 지냈다(장택상은 수도경찰청장이었다). 이후 그는 다시 군에 입대하여 대유격전을 통해 빠르게 진급하여 장교가 되었다. 미국인들은 김종원을 유격대를 잔인하게 진압하고(무초에 따르면 "무자비하고 효과적으로") 미군 명령을 거부했던 인물로 기억했다. 1948년 한 미국인은 김종원을 "상당한 거구, 짐승 같은 인간"이라고 칭했다. 김종원과 그의 병사들이 여수반란에서 체포된 포로들을 여성과 아이들까지 "간이침대 모서리와 대나무, 주먹으로 무자비하게" 구타하는 것을 본 다음에 한 말이었다. 김종원은 김백일, 정일권과 긴밀히 협력했으며, 1949년 8월 연대장이 되었다.

한국전쟁이 시작된 뒤, 무초에 따르면 주한미군사고문단의 한 인사는 "김종원을 미치도록 죽이고 싶어 했다." 바로 그 장교인 롤린스 에머리치 중령은 난폭한 사람이 아니었다. 그는 "아무도 김종원을 제거하려 하지 않는다면" 자신이 그를 쏘아죽여야만 할 것이라고 말했다. 김종원은 포악한 자였다. 그는 불복종을 이유로 휘하 장교와 병사 몇 명을 살해했고, 전투 중인 전선은 마치 전염병 보듯이 회피했으며, 전쟁포로와 유격대원 50명을 참수했다(이들은 그렇게 처리된 여러 무리 중 '하나'였을 뿐이라고 한다). 김종원은 미국의 압력 때문에 일시적으로 지휘권을 빼앗겼다. 후일 이승만은 김종원을 부산 계엄사령관으로 임명했는데, 그는 이른바 "징집" 활동, 즉 "필요한 숫자를 채우려고 거리에서 젊은이들을 강제

수도경찰청장 장택상. 알아보기 힘든 왼쪽 사람이 '호랑이' 김종원으로 보인다(1946년경).

로 잡아오는" 비열한 테러로 악명이 높았다. 김종원은 에머리치에게 부산 감옥에 수감된 3500명의 정치범을 기관총으로 살해할 작정이라고 말했다. 에머리치는 (도시가 함락되려는 상황이 아니라면) 그러지 말라고 말했다. "김 대령은 적군이 실제로 [부산] 외곽에 도달하면 감옥 문을 열고 기관총으로 수감자들을 총살해도 좋다는 말을 들었다." 훗날 에머리치는 한국인들에게 대구의 정치범 4500명을 처형하지 말라고 설득했으나, 그들은 대부분 몇 주 안에 살해당했다. 이승만 대통령은 곧 김종원을 헌병사령부 부사령관으로 승진시켰고, 이어서 1950년 가을 평양 점령을 지원하라고 파견했다. 이러한 증거로 보아 김종원은 필리핀에서는 꼭 그렇진

한국전쟁 초기 김일성(가운데)이 집회를 마치고 걸어 나오고 있다. (미국
국립기록보관소)

않았더라도, 한국에서는 분명한 전범이었다. 그런데도 호랑이 김종원은
이승만이 신뢰한 가까운 측근의 한 사람이었다.[33]

북한이 저지른 잔학 행위

'그렇다면 공산주의자들은 얼마나 많은 사람을 죽였는가?' 이 질문
을 예상하는 즉시, 우리는 냉전 시기에 작동했던 사고방식으로 복귀한
다. 이승만의 군대가 20만 명의 정치범 혐의자들을 살해했을지언정, 공
산주의자들은 더 많은 사람을 죽였다고 확신한다고 하자. 그러나 이런
확신도 민주적인 정의 개념의 의미를 줄이지는 못한다. 그렇지만 독자는

이런 질문을 던질 수 있다. 공산주의 통치의 최악의 사례라는, 현대 언론에 등장하는 북한의 이미지에 익숙하기 때문이다. 그 이미지는 대체로 현실에 부합한다. 조선민주주의인민공화국 지도자들의 손에는 1990년대 말 기근으로 죽은 최소한 60만 명에 달하는 시민들의 피가 묻어 있기 때문이다. 비록 전례 없는 홍수가 그 참극을 촉발했다고 해도, 언제나 가장 외진 곳의 작은 마을까지도 침투했던 정권의 나태 혹은 방조는 비난받아 마땅한 직무유기이거나 용서할 수 없는 잔학 행위이자 비인도적 행위이다. 1970년대 중반 이래 국제사면위원회는 10~20만 명가량이 수용된 정치범 수용소와 강제 노동 수용소의 존재를 보고했다. 오래전부터 현재까지 북한 정권은 특히 정치범을 대상으로 본보기용 공개 처형을 시행했다. 중국이 전쟁에 개입한 뒤 북한이 영토를 회복했을 때, 김일성조차도 남한과 협력했다고 의심받은 자들을 겨냥한 정치적 보복이 과도했다고 비난했다. 그러나 우리는 이러한 끔찍한 일화에 관해 아는 바가 거의 없다. 북한이 자신들의 과거를 공개적이고 민주적인 방식으로 진지하게 재조사하는 데는 조금의 관심도 보이지 않았기 때문이다. 따라서 그들이 모든 것을 숨기고 있다고 추정해도 틀리지 않다.

아무리 그렇다고 해도, 오늘날 북한과 남한은 60년 전에 비해 엄청나게 다르다. 북한이 자신의 적을 그렇게 많이 죽였다는 증거는 없다. 토지개혁 과정의 잔인성은 소련이나 중국, 베트남의 경우보다 훨씬 덜했다. 지도부는 지주들이 남쪽으로 피신하게 내버려두거나, 농지를 경작하기를 원하는 경우 고향이 아닌 다른 지방으로 이주시켰다. 북한이 남한의 공무원, 경찰, 우익 청년단체 지도자, 미국에 고용되었던 사람들을 처형했다는 보고는 전쟁 초기부터 있었다. 초기의 처형은 대개 감옥에서 풀려난 좌익들의 한풀이에서 비롯했다. 하지만 조선민주주의인민공화국 내무성 문서에 따르면 남한 경찰에는 북에서 달아난 식민지 경찰, 서북청년단에 가입한 북한 지주의 아들, 남한 지주와 자본가의 아들, 식민지 정부에서 비교적 높은 직책에 있었던 자들이 많이 들어가 있다고 밝혔다. 따라서 그 문서에는 그들의 범죄가 "용서받을 수 없다"고 선언했다.[34] 그 문서는 그러한 사람들의 처형에 관해서는 아무 언급이 없지만, 우리는 이 문서가 '인민재판'에 따른 처형의 토대를 제공했다고 생각할 수 있다.

북한이 전투 현장에서 잡은 미군 포로를 그 자리에서 처형하자, 미국 여론은 남한이 오래전부터 해왔을 행위에 비해 훨씬 더 크게 끓어올랐다. 북한의 이러한 행태는 7월 초에 처음 드러났으며 인천상륙작전 이후 악화되었다. 30~40명 단위로 처형된 미군 포로의 무리가 여럿 발견되었으며, 87명의 한 무리는 두 손이 묶인 채로 구출되었다. 이러한 행태는 북한 지도자들을 전범으로 재판해야 한다는 맥아더와 찰스 윌러비의 빈번한 요구를 뒷받침했다. 그러나 내부 자료는 연합군 최고사령부가 그러한 관행의 중단을 요구하는 조선인민군 지도자들의 명령을 발견했으며, 따라서 전범재판은 적절하지 않다는 것을 보여준다.[35] 전쟁포로들의 말에 따르면, 그러한 처형은 미군 포로를 북한으로 데려가기가 번거롭거나 불가능할 때 발생했던 것 같다. 처형도 전장의 전통적인 "인도적" 방식으로 이루어졌다. 귀 뒤에서 한 발로 말이다. 남한군 전쟁포로를 처리하는 방법은 훨씬 더 나빴지만, 이 점에 대해서도 증거는 거의 없다.

북한 내부 자료는 많은 전쟁포로가 살해되었음을 보여준다. 조선인민군 장교들이 살인을 멈추려고 했다는 자료가 남아 있기 때문이다. 7월 25일 최고사령부는 이렇게 전했다.

> 우리 편 부대가 항복한 병사들을 가혹하게 처리하여 사상전에서 큰 손실이 초래되었다. 예를 들면 일부 부대는 항복한 병사들을 포로로 잡아두는 대신 사살했다. 그러므로 다음과 같은 명령을 엄격히 준수하라. (1) 항복한 자는 전부 포로로 삼아야 한다. (2) 사살은 엄격히 금지한다.

8월 16일 조선인민군의 한 장교는 이렇게 말했다. "우리 중 일부는 항복하러 온 적군 병사들을 여전히 학살하고 있다. (…) 병사들에게 전쟁포로를 친절하게 대하라고 가르칠 책임은 각 부대의 정치위원에게 있다."[36]

인천상륙작전 뒤에 풀려난 미군 전쟁포로들은 자신이 (주어진 상황을 고려하면) 대체로 좋은 대우를 받았으며, 조선인민군 부대의 규율이 좋았고, 일부 포로가 처형되었다고 보고했다. 국제연합 한국통일부흥위원회가 나중에 발표한 바에 따르면, 우익을 대상으로 한 정치적 처형과 잔학 행위를 전하는 보고가 많기는 해도 당시 11월 초에 강원도를 방문하여 대한민국과 미국의 장교들을 면담하고 현지 주민들의 이야기를 들은 조사팀의 "눈에 띈 사례는 거의 없다." 그러나 미군 정보부의 정보 자료에 따르면, 서울에서 남한 경찰과 우익 청년단체 지도자 등을 포함하여 수천 명의 정치적 포로가 납북되었고, 이들은 나중에 제거된 것으로

판단된다.[37]

인천상륙작전의 중대한 국면에서 정치적 포로를 학살한 큰 사건
이 여럿 발생했다. 북한이 서울을 점령하고 있을 때 서대문형무소에는
7000~9000명이 수감되어 있었는데, 대부분은 점령 마지막 달에 감금
되었다. 이들은 주로 대한민국 경찰과 군인, 우익 청년이었다. 1950년 9월
17~21일에 이 수감자들은 걸을 수 없어서 사살된 자들을 제외하면 전
부 철도편으로 북으로 끌려갔다. 미국 자료에 따르면 매장지에 묻힌 시
신이 200구였고, 살해된 사람은 전부 1000명으로 추산되었다. 레지널드
톰프슨은 "마지막 며칠간 증오와 욕망에 사로잡힌 공산주의자들에게 학
살된 수백 구의 시신"을 목격했다. 목포에서는 500명이 학살당했고, 원산
에서도 북한군이 철수할 때 500명이 살해당했으며, 진격하던 부대는 북
한군이 처형한 이들이 묻혀 있을 것으로 추정되는 집단 매장지를 여러
곳 발견했다. 미국 자료는 평양을 점령했을 때 큰 감옥 인근의 넓은 참호
에서 수천 구의 시체를 발견했다고 전하며, 북한군이 함흥을 떠나면서
700명을 처형했다고 한다.[38] 그러나 북한에 들어간 다른 연합군은 퇴각
하던 공산주의자들의 잔학 행위를 보여주는 증거를 거의 찾지 못했다.
국제연합 사령부의 11월 30일자 문서에 따르면, "최근 국제연합군이 점
령한 지역에서 [적의] 잔학 행위에 관한 보고는 받지 못했다."[39]

국제연합 한국통일부흥위원회의 상세한 자료는 전주와 대전에서 조
선노동당 간부와 현지 정치위원들이 자행한 정치적 포로 학살을 사진과
생존자들의 증언을 곁들여 기록했다. 대체로 희생자에게 큰 구덩이를 파
게 한 뒤 사살하고 그 안에 던져 넣었다. 대다수는 대한민국 경찰과 청

년단체 회원들이었다. 집단학살의 다른 사례도 제대로 충분히 조사했지만 결과는 모호했다. 주한미군사고문단의 한 인사는 9월 마지막 주에 38도선에서 멀지 않은 곳에서 "공산주의자들이 양평을 떠나기 전 700명의 민간인을 산 채로 불태우거나 사살하거나 총검으로 찔렀다"고 보고했다. 희생자들을 찍은 사진이 남아 있으며, 목격자들은 사망자가 대부분 경찰과 우익 청년단체의 일원이라고 말했다. 그러나 국제연합 한국통일부흥위원회가 이 학살을 조사했을 때 발견된 민간인 시신은 약 40구였으며, 여전히 군복을 입고 있는 북한군 병사들도 비슷한 숫자로 처형된 채 발견되었다. 부영사 필립 로의 조사로 드러난 바는 9구뿐이었다. 현지 주민들은 희생자의 가족이 시체를 수습했다고 말했다. 로는 이를 기꺼이 믿으려 했으나, 그럼에도 주한미군사고문단의 집계를 확증할 수는 없었다. 로는 살해된 조선인민군 병사들은 언급하지 않았다.[40]

그렇지만 북한군이 남한에서 자행한 잔학 행위의 증거는 확실하다. 그렇다 하더라도 노획한 문서들은 고위급 관료들이 사람들을 처형하지 말라고 경고했음을 보여주었다. 수기로 작성한 1950년 12월 7일자 조선노동당 회의록에는 이렇게 적혀 있다. 분명히 고위급 인사의 말이다. "반동분자들을 [그들의] 무자비한 복수를 이유로 처형하지 말라. 사법 당국이 정화 계획을 수행하도록 하게 하라."[41] 그렇다고 희생자와 그 가족에게 큰 위로가 되지는 않았을 것이다.

미국과 남한의 조사를 토대로 계산하면, 북한군과 남한의 그 협력자들이 학살한 사람들의 수는 2~3만 명 사이였다.[42] 어떻게 그런 수치를 얻었는지 나는 모른다. 국제연합 한국통일부흥위원회의 보고서는 훨씬 더 낮은 수치를 암시한다. 게다가 국제연합 한국통일부흥위원회의 조사는 균형 잡혀 있던 반면에, 미국과 남한은 대한민국이 저지른 잔학 행위를 전혀 인정하지 않았다. 종전 후 전범재판을 준비하는 데 참여했던 미국인들은 북한과 중국이 총 2만 9915명의 민간인과 전쟁포로를 살해했다고 주장했다. 이 수치에는 1950년 여름 남한에서 자행된 몇몇 잔학 행위가 포함된 듯하다. 누가 가해자인지는 아직 논쟁 중이다.[43] 최악의 공산주의 국가라고 널리 여겨지는 조선민주주의인민공화국이 미국의 동맹국인 남한보다 행실이 더 좋았다는 어려운 문제가 남아 있다. 그러나 10만 명이 아니라 3만 명을 죽였다 해도 위안이 되지는 않는다.

취해진 조치: 북한 지역 점령

국제연합군은 맥아더에게 "국제법에 부합하는 경우를 제외하고" 조선민주주의인민공화국 관료와 주민에 대한 보복을 금지하라고 명령한 미국 정책문서(NSC 81/1)에 의거하여 북한을 점령했다. 대한민국 군대가 북한으로 진입한 9월 30일, 애치슨은 38도선은 이제 중요하지 않다고 말했다. "한국은 서구 민주주의가 이 세계의 혜택받지 못한 나라들을 돕기 위해 무엇을 할 수 있는지 증명하는 무대가 될 것이다."[44] 대한민국은 당시(지금도 그렇지만) 한국의 유일한 합법 정부임을 자처했으며, 1950년에 북한을 1948년 헌법을 토대로 통합하려 했다. 그러나 미국은 남한 통치권의 북한 확대를 약속하지 않았으며(1948년이든 1950년이든 간에), 영국과 프랑스도 그 발상에 적극적으로 반대했다. 심지어 대한민국의 허약함과 부패, 그리고 "광범위한 테러를 유발할" 가능성 때문에, 과연 그들에게 **남한**을 다시 차지하도록 허용해도 되는지 의문이 제기됐다.[45]

　미국 국무부는 북한 점령 계획에서 대한민국이 아니라 국제연합이 "최고 권한"을 가져야 한다고 요구했다. 만약 그렇게 할 수 없으면, 신탁통치를 하거나 미군정을 세우려 했다. 국무부는 북한에 대한 통치권을 행사하겠다는 남한의 주장을 단호히 거부했으며, 대신 국제연합의 감시로 새로운 선거를 실시하자고 요구했다. (남한은 북한에 대한민국 국회 의석을 100석만 부여하는 선거를 원했다.) 또한 미국은 은밀히 이승만을 제거할 계획을 세웠을지도 모른다. 프레스턴 굿펠로는 10월 3일 이승만에 보낸 전보에서 이렇게 말했다. "대통령 자리에 당신이 아닌 다른 사람을 앉힐 방법을 모색하는 매우 강력한 영향력이 작동 중이다."[46] 10월 12일 국제연합은 대한민국의 권한을 당분간 남한에 한정하기로 결의했다. 한편 기존의 북한 지방 행정부는 그대로 이용하기로 했고, 단순히 조선민주주의인민공화국의 정부나 정당, 군대의 중간직이나 하급직에서 일했다는 이유만으로 개인에게 보복하는 일은 없을 것이었다. 조선민주주의인민공화국의 토지개혁과 기타 사회적 개혁은 존중될 것이었다. 포괄적인 "재교육과 전향 프로그램"이 북한 주민들에게 민주주의적 생활 방식의 덕목을 보여줄 것이었다.[47]

　그러나 결과적으로 북한의 형식적인 정부는 국제연합의 신탁통치나 국무부의 민정 계획과는 전혀 무관했다. 그것은 나라의 다른 절반에 남한 체제를 강요하는 것이었을 뿐이다. 북한을 "반국가단체"로 규정하고 북한에 공감하거나 지지한다는 조금의 암시만 있어도 국민을 처벌하는 남한의 현 "국가보안법"은 북한 시민의 재판을 위한 법적 틀을 규정한다. 국제적인 보호를 제공하되 법치(어떠한 형태든)와 비슷한 어떤 보호도 전혀 제공하지 않는 것이다. 북한은 제2차 세계대전 이래로 반공산주의 군대에 영토를 점령당한 유일한 공산주의 국가였다. 그곳에서 이 특별한 사건은 여러 세대의 머릿속에 각인되어 생생하게 살아있으며, 오늘날까지도 여전히 남한의 의도에 대한 북한의 해석을 지배하고 있다.

당시 이승만은 서울로 돌아가는 길에 한 미국인 기자에게 자신의 의도를 밝혔다.

나는 공산주의자들을 다룰 수 있소. 빨갱이들은 총을 숨기고 군복을 불태울 수 있겠지만, 우리는 찾아내는 방법을 알고 있소. 불도저로 커다란 구덩이와 참호를 파고 그 안에 공산주의자들을 채울 것이오. 그다음에는 덮어버릴 거요. 그들은 정말로 땅속에 있게 될 거요.[48]

국무부 관료들은 "'피의 숙청'이 발생하는 일이 없도록 확실하게 하고자" 점령의 정치적 측면을 감독할 장치를 모색했다. "다시 말해서 (…) 한국군을 통제해야 했다."[49] 북한에 들어간 남한 점령군은 사실상 아무런 통제도 받지 않았다. 실질적인 점령 정책은 남한 경찰과 이들을 따라다닌 우익 청년단체가 수행했다. 북한을 점령한 남한 군대는 대체로 독립적이었고 10~11월 거의 내내 감독을 받지 않았다.[50] 10월 중순 에버렛 드럼라이트는 국무부의 상관들에게 남한 인력이 북한에 최소한으로

만 머물러야 한다는 미국 정부의 견해는 "이미 사태에 뒤졌다"고 말했다. 약 2000명의 경찰이 벌써 38도선을 넘었지만, 드럼라이트의 생각에 북한 출신 경찰을 활용한다면 현지[북한]의 책임도 어느 정도 뒤따를 수 있었다. (일제강점기에 북한에서 활동했던 수천 명의 경찰은 해방이 되자 남쪽으로 피신했으며, 이승만은 늘 그들을 자신의 '북벌' 계획의 전위대로 생각했다.) 10월 20일 안호상(이승만 정부의 초대 문교부 장관)은 자신의 청년단체[대한청년단]에 38도선 너머에서 "사상 교육"을 시행하게 했다.[51] 전쟁이 발발했을 때 대한민국 육군 제1사단 사단장이었던 백선엽은 자신의 고향인 평양을 다른 누구보다도 먼저 점령하려고 부대를 이끌고 질주했으며, 톰프슨이 쓴 바에 따르면 "불과 몇 분 차이로" 제일 먼저 도착하여 "둥그런 갈색 얼굴이 기쁨과 승리에 취해 반짝거렸다."[52]

영국 정부는 남한이 사실상의 공식 정책으로서 "공산주의자와 그 협력자들을 추적하여 죽이려" 했다는 증거를 재빨리 확보했다. "이제 점점 더 악명을 떨치고 있던 것, 즉 회복된 한국의 민정이 국제적인 대형 추문거리가 될 가능성이 농후하다는 것"이 사실로 확인되었다. 영국 외무부는 즉시 미국 정부에 항의해야 한다고 주장했다. 이것이 정치가 거의 군사만큼이나 중요한 "인간의 정신을 위한 전쟁"이었기 때문이다. 그리하여 주미 영국 대사 올리버 프랭크스는 10월 30일 딘 러스크와 그 문제를 논의했고, 이러한 답변을 얻었다. "러스크는" 남한 당국이 저지른 "잔학 행위의 사례가 안타깝게도 여럿 있었다고 동의"했으며, 미군 장교들이 상황을 통제하도록 하겠다고 약속했다.[53] 북한 체제의 사회적 토대는 넓어서 대다수 빈농의 지지를 확보했고, 따라서 북한 사람은 거의 누구나 잠재적으로 보복의 표적이 될 수 있었다. 게다가 남한이 정의한 '협력' 개념은 광범위하여 적군 병사부터 민간인까지, 심지어 인민군 병사의 옷을 세탁하다가 붙잡힌 나이 많은 여인들까지 포괄했다. 줄에 묶여 거리를 지나 줄줄이 끌려간 "바짝 야위고 더럽고 초라한 옷을 입은" 사람들의 무리 속에 그런 여인이 있었다.[54] 미국의 내부 문서에 따르면, 미국은 남한이 저지른 잔학 행위를 완벽하게 알고 있었다. 주한미군사고문단 장교들은 남한이 계속해서 폭력을 행사한다면 북한 전역을 남한 군대의 출입금지 지역으로 정할 수도 있다고 말했으며, 실제 기록으로 남은 사례로 평안남도 순천에서는 미국이 약탈을 자행하는 남한 군대를 미군 제1기병사단 부대로 교체했다.[55]

중국이 참전한 뒤 북한에서 다시 퇴각해야 했을 때, 전 세계 언론은 남한이 억류한 자들을 처형했다고 증언하는 기사를 쏟아냈다. UPI통신은 12월 11~16일 사이에 800명이 처형되어 집단 매장지에 묻혔다고 추정했다. 여기에는 "많은 여성과 몇몇 아이들"이 포함되었는데, 이들은 빨갱이 가족의 일원이라는 이유로 처형당했다. 미국과 영국의 병사들은 "트럭 몇 대분의 노인, 여성, 청년, 여러 아이들이 매장지 앞에 세워져 사살되었다"고 증언했다. 12월 20일 한 영국군 병사는 "야위고 매우 차분한 한국인" 40명가량이 남한 헌병에 의해 사살되는 것을 보았다. 그들은 등 뒤로 두 손이 묶여 있었고, 항의하면 개머리판이 머리를 강타했다. 그는 그 사건이 자신의 사기를 크게 떨어뜨렸다고 말했다. 북한군의 포로가 되었다가 풀려나 막 돌아온 3명의 퓨질리어 연대의 병사는 좋은 대우를 받았다고 전했기 때문이다. 영국군 병사들은 남자와 여자, 아이들

북한에서 체포된 여성 유격대원들(1950년 가을). (미국 국립기록보관소)

이 "서울의 감옥에서 질질 끌려나와 들판으로 줄 지어 걸어가고 (…) 마구잡이로 무정하게 집단 사살을 당한 뒤 참호 속에 파묻히는 것"을 보았다.[56]

이승만 대통령은 "우리는 조치를 취해야 한다"고 말하고 "모든 [사형] 선고는 적절한 법 절차를 거쳐 이루어졌다"고 주장하면서 학살을 옹호했다. 무초 대사는 그를 지지했다. 무초는 아무리 늦어도 10월 20일에는 남한의 의도를 아주 잘 파악하고 있었다. 남한 관료들이 "적의 조직에 복귀했거나 적과 협력한" 자라면 누구에게나, 국가보안법과 1950년 **일본에서** 비상사태에 대비하여 발포된 불명료한 "특별 명령"을 "법적 근거"로 삼

"한국은 지금 일제 검거의 시기이다." (AP통신)

아 사형을 선고했다고 전보를 보냈기 때문이다. 그 명령은 연합군 최고
사령부가 처형에 연루되었음을 가리킬 수도 있다. 어쨌거나 북한에서 벌
어진 정치적 살인에 미국이 관련되어 있음은 분명하다.

　미군 제10군단에 배속된 정훈장교와 방첩 요원들은 "북한의 조선노
동당과 북한 정보기관들을 파괴"하고 "제10군단의 안전을 위협"할 수 있
는 정치 조직을 전부 금지하라는 비밀 명령을 받았다. "조선노동당과 북
한 정부의 파괴"는 다음과 같은 부류를 체포하고 구금하여 성취해야 했
다. 모든 경찰, 모든 보안기관 요원, 모든 정부 관료, 조선노동당과 남로당
의 모든 전·현직 당원까지 말이다. 뒤이어 "블랙리스트"를 작성해야 했는
데, 그 목적은 밝히지 않았다. 이러한 명령은 제10군단의 다른 문서에도
되풀이되는데, 요원들은 모든 유형의 민간인 통신을 중단시키고 모든 무

선송신기를 몰수하며 나아가 "[전서구] 비둘기장과 그 내용물"을 파괴해도 좋다는 허락이 첨부되었다.[57] 조선노동당은 대중정당으로 전체 인구의 14%가 당원으로 등록되어 있었다. 그러한 명령은 북한의 성인을 최대 1/3까지 체포하여 구금하라는 뜻이었다. 아마도 이러한 이유로, 미국은 지방정부 단위까지 포함하여 조선민주주의인민공화국의 공무원은 [북한으로] 돌진해온 부대에 앞서 사실상 전부 다 피신했음을 알아챘다.[58]

1950년 10월 유격대와 총격전을 벌이는 동안, 매커프리라는 육군 정보장교는 클라크 러프너 소장에게 제안서를 보내서 미국은 필요하다면 "대한민국 정부가 유격대 지도자들에게 '결석'재판으로 내린 사형선고를 집행할 암살부대"를 조직할 수 있다고 암시했다. 그리고 이어서 "필요하다면 유격대 활동 지역에서 민간인을 제거"하고 "가능한 선전 수단을 모조리 이용하여 현지 주민을 유격대에 반대하도록 선동하라"고 말했다. 중국군의 개입 여파로 매슈 리지웨이 장군과 에드워드 아몬드 장군, 존 쿨터 장군 등이 참석한 참모 회의에서 "민간인 복장을 한 적군" 문제가 제기되었다. 참석자 중 한 사람은 이렇게 말했다. "우리는 그들을 처형할 수 없지만 포로로 잡기 전에 사살할 수는 있다." 이에 쿨터 장군은 이렇게 답했다. "우리는 그들을 한국 군대에 넘겨주기만 하면 된다. 한국군이 그들을 처리할 것이다."[59] 한국의 경찰 및 청년단체와 협력했던 미군 방첩대는 조선노동당 당원 명부에 올라있는 자들을 일제히 체포했다. 미군 방첩대 제414조의 전쟁일지는 방첩대 부대들이 조선노동당 당원을 열심히 찾았으며, 짐작컨대 그들을 남한의 처벌에 내맡겼을 것임을 보여준다.[60] 12월 초 평양에서는 도시의 주인이 바뀌면서 많은 잔학 행위들이 발생했다. 평양의 사태를 목격한 또 다른 미국인은 이렇게 회상했다.

우리는 어느 학교의 운동장으로 들어갔다. 땅바닥에 1000명이 훨씬
넘는 북한군 전쟁포로가 앉아 있었다. 그들은 머리 뒤로 두 손을
깍지 낀 채 약 50줄로 앉아 있었다. 무리 앞에는 남한 장교들이
휴대용 탁자에 앉아 있었다. 마치 인민재판이 열리고 있는 것 같았다.
(…) 한편에는 여러 명의 북한 사람이 땅에 박힌 단단한 기둥에
봉제 인형처럼 매달려 있었다. 이들은 처형되어 햇빛에 노출된 채로
내걸린 자들이었다. 땅바닥에 앉아 있는 포로들에게 전하는 메시지는
분명했다.[61]

남한 당국은 철수하면서 평양과 인근 도시들에서 복무 연령대의 청
년 수만 명을 빼내 "국민방위군"을 편성했다. 1950~51년의 끔찍했던 겨
울, 남한군이 관리하던 5~9만 명가량의 국민방위군이 방치되어 사망했
다. 한편 그즈음 미국인들도 정치적 살인을 자행했다. 한 미군 병사는 평
양 인근에서 민간인 8명의 목을 베었다고 인정했으나, 아무런 조치도 취
해지지 않았다. 그러나 어떤 이는 결국 처벌을 받았다. 서울을 두 번째로
잃은 뒤, 2명의 미군 병사는 한국 여성을 강간하고 그녀와 교제하던 남
자(한국 경찰이었다)를 살해한 죄로 중노동형 2년을 선고받았다. 불행히도
이 일화는 이후 군대의 기강에 귀감이 되지 못했다. 전쟁 말기에 유사한
사건들이 발생했다. 한국에 주둔한 미군 병사들이 한국인을 강간한 여
러 범죄들은 오늘날까지도 처벌되지 않고 있으며, 파견 병력들은 한국인

남한의 우익 청년단체 단원들이 북한에서 주민을 한데 모아놓고 감시하고 있다(1950년 10월경). (AP통신)

을 향한 인종주의에 깊이 젖어 있을 때가 아주 많다.[62]

북한 당국이 늘 사실이라고 주장하는 중대한 잔학 행위는 평양 남서쪽의 황해도 신천信川에서 발생했다고 한다. 미국과 남한이 수백 명의 여성과 아이들을 며칠 동안 음식과 물도 주지 않고 창고에 가둔 채, 도주한 남자 친척들에 관한 정보를 캐내려 했다. 그들이 물을 달라고 애원하면 변소의 오물을 퍼부었다. 나중에는 이들에게 가솔린을 붓고 산 채로 태워 죽였다. 1987년 11월 나는 템스 텔레비전 직원과 함께 납골당과 묘지를 찾아 원본 사진과 신문 기사를 조사했고, 한 생존자와 하루를 같이 보냈다. 우리는 누가 가해자인지 증거를 입수할 수 없었지만, 끔찍한 잔학 행위가 벌어졌다는 사실은 확신하고 떠나왔다. (템스 텔레비전은 먼저 1951년 북한 뉴스 영화에, 그다음에는 1987년 영화에 나오는 납골당 담벼락의 벽돌을 몇 시간 동안 조사했다.)

남한의 반정부 작가 황석영은 자신이 직접 조사한 내용 및 생존자와 목격자들과의 인터뷰를 토대로 소설 『손님』을 썼다. 이 소설에는 국제연합군 점령기에 남한으로 피난 갔던 기독교인들이 신천으로 돌아와 이 섬뜩한 학살을 저지른 것으로 나온다. 이들과 잡다한 우익 청년단체들이 신천군에서 최대 3만 5000명을 살해했는데, 이는 전체 지역 주민의 1/4에 해당했다. 그들 중에는 진짜 공산주의자와 공산주의자로 추정된 자, 북한과 연결되었다고 의심받은 자들이 포함되었다. 그들은 신천군의 "양장리에서는 남자를 전부" 죽였다. 북한은 남한에서는 미국의 명령 없이는 어떤 일도 일어나지 않는다는 그들의 핵심 가정에 따라 이 만행의 책임을 미국에 돌린다. 황석영은 또한 같은 지역에서 공산주의자들이 저지른 "입에 담기 어려운 잔학 행위"도 거론한다. 그러나 그가 언급한 것은 군대 방식으로 자행된 처형과 "방해하는 자는 누구든" 살해한 비적 같은 유격대이다.[63]

북한이 남한을 다시 점령할 가능성은 극히 적지만, 대한민국 권력이 언젠가 북한까지 확장될 가능성은 점점 커지고 있다. 그런 일이 일어나면, 1950년의 이 경험은 심지어 오늘날에도 격렬한 동족상잔의 내전이 초래할 수 있는 최악의 사태에 강력한 경고 역할을 할 것이다. 이 무서운 역사는 북한에서는 아직도 생생한 기억으로 남아 있다. 그래야만 하기 때문이다. 역사의 무게에 눌린 자들은 (알렉산드르 솔제니친의 비유를 쓰자면) 잊지 못한다. 그러한 폭력은 가장 오래 기억된다. 한국인은 각별히 오래 기억하는 문화 속에 산다. 죽은 자와 아직 태내에 있는 생명을 존중하기 때문이다. 조상으로부터 물려받은 유산과 자손은 과거와 현재를 이어주는 접점이다. 따라서 우리는 북한 사람들이 몰락을 피하고 남한에 흡수되지 않기 위해서라면, 계속해서 무슨 일이든 할 것이라고 예측할 수 있다.

전쟁의 유령들

과거의 잔학 행위와 불법 행위에 희생된 자들은 결코 벗어날 수도 속죄할 수도 없고 다른 이들에게, 심지어 비슷한 운명을 겪은 자들에게도 설명할 수 없는 기억을 안고 살아간다. 한 가지 예를 들어보자. 1950년 7월 고작 여덟 살 때 나주(광주 인근의 도시)에서 가족이 살해당하는 것을 지켜본 박동술(당시 8살)이라는 남자의 회상이다.

그날 새벽 가족들과 피난 가다가 '주랭이골짜기' 부근에서 경찰에게
잡혔다…… 경찰은 우리를 주랭이재로 끌고 간 다음 남자들을
꿇어앉힌 뒤 짧은 연설을 하고서는 쏘아 죽였다. 그때 아버지와
큰아버지가 죽었다. 남자들을 죽인 다음 여자와 어린애들은 내려가라
했는데 부인들이 안고 우니까 내려가던 사람들까지 다시 올라오라
해서 총으로 쏘았다. 그때 총알이 내 어깨를 관통해 겨드랑이로
나왔다…… 어머니가 죽고 난 뒤 세 살 된[원문 그대로] 여동생이

우니까 경찰이 총에 꽂은 대검으로 내리쳐 목이 떨어지면서 죽었다.[64]

권헌익은 『베트남전쟁의 유령들Ghosts of War in Vietnam』에서 이 현상을 훌륭하게 탐구했다. 책에서는 유령들과 나눈, 또 유령들에 관한 생생한 대화가 마을과 사회생활, 더 폭넓은 도덕적·정치적 문제들에 깃들어 있다. 이것들이 가족의 생활방식과 조상 대대로 내려온 관행과 결합하여 마을의 전승과 집단적 기억, 역사적 의미를 이루게 된다. 이러한 망령들은 또한 베트남과 한국에서 전쟁을 규정했던 좌우와 선악이라는 끔찍한 정치적 상처로부터 사람들을 구원한다.[65]

한국의 문화와 베트남의 문화는 결코 같지 않으며 서로 맞바꿀 수 없지만, 충분히 유사한 점도 있다. 권헌익의 연구는 수많은 한국 민간인의 경험, 다시 말해 친척이 학살당한 사람이나 공습에 집단으로 사망한 이들, 가족이 북과 남으로 갈라져 비무장지대 반대편의 가족에 관해서는 아무것도 모른 채 살아가야 했던 이들의 경험을 통해 이러한 유사한 점을 제공할 수 있다. 전쟁 중에 사람들이 겪은 모든 집단적 고초는 단지 친척의 사망뿐만 아니라 사회를 박살낸 "제사의 위기"도 반영했다.[66] 마치 안티고네처럼, 한국인들은 국가가 강요한 진실과 뼛속까지 각인된 훨씬 더 중요한 진실 사이에서 선택을 해야 했다. 한국에서 과거와 현재는 조상을 통해 매우 긴밀하게 연결되어 있다. 한국의 가족들은 수천 년 동안 조상에게 제사를 지냈다. 역사와 기억은 죽은 친족과 심하게 뒤얽혀 있어서, 대부분의 사람들에게 역사, 경험, 상실, 가족, 제사 모시기는 한데 뒤섞여 사회적 기억을 만들어낸다. 한국인들은 세속적이며 종교에 관해 절충주의적 태도를 취한다. 여기에는 최근 몇 십 년간 기독교도가 된 사람들도 포함된다. 기독교도가 분명하게 원하는 사후 세계는 신의 왕국이 오기 전까지는 먼 조상과 할아버지, 핵가족과 확대가족, 모든 일족을 연결하는 "거대한 존재의 사슬"에 있다.

집단 폭력은 사랑하는 사람들을 죽이고 유족에게는 아무것도 남기지 않는다. 시신이 없으면 제대로 장례를 치를 수 없고, 신성한 장소(가족묘지)에 매장하지 못하면 망자는 기억 속에 들어갈 수 없으며, 제사는 불가능하다. 한국전쟁에서 실종된 미국인이 대략 6000명이고, 대다수는 분명히 뜨거운 열기에 연소되어 증발했을 것이다. 똑같은 운명을 맞이한 한국인은 얼마나 많겠는가? 그렇게 증발하여 사라진 자들은 제사를 받을 수 없기에, 그 혼령들은 한을 품은 채 이승을 떠돈다(한국전쟁 중 학살이 일어난 곳의 현지 주민들은 땅에서 "혼불"이 올라온다고 말한다).[67] 가장 고통스러운 것은 유교의 세계관에서는 결코 부모에 앞서서는 안 되는 어린 아이의 죽음이다. 죽은 자에게나 살아남은 자에게나 삶의 의미 자체가 우롱을 당하며, 사회적 기억은 파국의 후유증 속에서 재구성되어야 한다. 한국에는 마을 전체가 전부 같은 날에 제사를 지내는 곳이 있다. 바로 그날 학살이 일어났거나 마을이 전멸했기 때문이다. 바로 이 점에서 양분된 이데올로기는 인간의 진실 앞에 무너진다. 북한과 남한의 긴 화해의 시기에 이산가족의 애절한 재회가 이루어진 것은 우연이 아니다.

조사의 진실과 정치적 거짓말

한국의 민간인학살 진상규명 범국민위원회는 2000년 9월 조직되었다. 그 임무는 한국전쟁 이전과 전쟁 중에 남북 양측이 자행한 민간인학살을 조사하는 것이었다. 뒤이어 2005년 12월 1일 학살 조사를 지속하고, 좌익으로 몰려 국립묘지에서 배제된 항일독립투사들을 조사하며, 인권 침해와 테러 행위, 정치적으로 날조된 재판과 처형(박정희 정권 때 여러 건이 있었다)을 조사하기 위해 진실화해위원회가 설립되었다. 거의 1만 1000건에 달하는 잘못된 죽음이나 학살이 위원회에 신고되었는데, 이 중 9461건이 민간인 학살이었다. 2008년 말까지 3269건이 조사되었다. 154곳의 매장지가 발굴되어 수백 구의 시신을 찾아냈다(남양주 460구, 구례 400구, 경산 코발트 광산 240구, 울진 256구 등등). 대부분 열 살 미만이었던 어린이의 시신도 수십 구 발견되었다. 추측컨대 일가족 몰살의 희생자였을 것이다. 결국 6월에 전쟁이 시작된 후 남한 당국과 이를 보조했던 우익 청년단체들은 대략 10만 명을 처형하여 참호와 광산에 내버리거나 바다에 수장했던 것으로 보인다.

진실화해위원회는 북한이나 남한 좌익에 의한 처형도 똑같이 진중하게 다루었다. 예를 들면 김제에서는 북한군과 현지 좌익이 우익 활동으로 고발된 기독교인 23명, 정판석이라는 지주와 그의 가족, 경찰이었던 그의 사위를 학살했다. 인천 상륙 이후 북한군과 그 협력자들은 서울, 대전, 청주 등지에서 수백 명씩 살해했다. 전부 1100명이 넘었는데 대개는 억류되어 있던 경찰과 우익 청년단체 회원들이었다. 미국인의 감수성에는 크게 불편하겠지만, 기록은 공산주의자들의 잔학 행위가 전체 사례에서 대략 1/6에 지나지 않으며 이들이 사람을 가려가며 처형했다는 사실(이를테면 한 곳에서는 지주 8명, 다른 곳에서는 경찰 14명 같은 식이었다)을 보여준다. 누가 가해자였든 간에, 위원회가 그 사례들에 잘못된 죽음이 포함되어 있다고 결정한 이상, 화해란 포괄적인 보고서의 발간을 뜻했다. 그리고 "국가의 공식적인 사과와 가족관계증명서의 수정, (…) 추모 사업, 역사 기록의 수정, (…) 손해배상, 평화와 인권 교육"이 뒤따라야 했다.[68]

한국의 충돌에서 살아남은 자와 생존 희생자들이 전하는 회복의 힘을 지닌 진실은 민주주의를 위한 한국 국민의 투쟁이 가져온 성과이다. 시민사회의 갑작스러운 출현은 감추어졌던 정보의 급격한 공개를 초래했다. 이는 수십 년간의 오랜 독재정권에서는 결코 가능하지 않았을 것이다. 억눌린 기억은 역사가 현재에 엄청난 파급력을 갖는 과거를 보존하고 지키는 방법이다. 세세한 조건이 변하고, 그 억눌린 역사가 쏟아져 나온다. 그렇게 지난 20년간 한국인들은 해방 직후까지 거슬러 올라가는 수많은 역사책과 회고록, 구술, 다큐멘터리, 소설을 생산했다.

그러나 한국인들이 쏟아내는 이 결과물들은 또한 앰브로스 비어스가 남북전쟁 직후 미국인을 위해 썼던 작품들과 유사하다. 동족상잔의 소름 끼치는 진실을 포착한 가슴 아픈 이야기들을 전하고 있는 것이다. 전춘자 같은 생존자들은 아트 헌터를 위해 놀라운 일을 했다. 자신들의 이야기를 전함으로써 헌터가 그 끔찍한 죄의식에서 벗어날 수 있는 길을 열어주었던 것이다. 희생자와 생존자의 개인적 진실은 회복의 힘을 지닌 진실이다. 1945년 8월 딘 러스크가 위도 38도선에 처음 하나의 선을 그은 뒤로 두 한국에 허용되지 않았던 평화로운 화해를 마침내 이루어낼 수도 있는, '잊힌 전쟁'을 위한 진혼곡인 것이다.

| 8장 |

'잊힌 전쟁'은
어떻게 미국과 냉전을
바꿔놓았나

6월 25일은 이론의 영역에서 많은 것을 제거했다. 한국은
국가안전보장회의 문서 제68호를 확증하는 것 같았고 실제로
확증했다.

– 딘 애치슨

한국전쟁은 미국이 그 이전과는 매우 다른 나라로 바뀌는 계기였
다. 해외에 수백 개의 상설 군사기지를 갖추고 국내에는 대규모 상비군
을 갖춘 영원한 안보국가가 된 것이다. 미국인들은 베트남전쟁이 훨씬 더
중요하다고 생각한다. 그리고 엄청나게 많은 베이비붐 세대에 수십 년간
근심을 안겨주었다는 점에서, 근래의 대통령 선거에서도 대체로 생생히
남아 있던 여러 문제들(미국 국력의 한계, 군대의 적절한 이용, 전쟁과 1960년
대 큰 사회적 변화의 시기적 일치)에 관하여 골치 아픈 격론을 일으켰다는
점에서 베트남전쟁이 실로 더 중요하다. 이를테면 조지 W. 부시, 빌 클린
턴과 힐러리 클린턴, 존 케리와 존 매케인은 그때 일어난 일을 두고 아직
도 다투고 있다. 버락 오바마는 1960년대 이후의 기반에서 선거운동을
한 첫 번째 대통령이었다. 그는 승리했다(마침내 새로운 시대의 선구자가 나
타난 것일까?). 베트남전쟁은 한 세대 전체를 시들게 했지만, 그밖에 미국

의 외교정책이나 해외 개입에는 거의 영향을 미치지 않았으며(몇 년 지나 레이건 시대에 다시 외국에 개입한다), 미국 국내 경제에는 아주 미미한 충격(주로 린든 존슨이 전비를 연방 예산의 다른 항목에 숨긴 탓에 초래된 인플레이션의 급등)만 가져왔다. 그러나 한국은 미국에 엄청나게 다루기 힘든 결과를 돌려주었다. 한국전쟁은 한 세대 전체에 깊은 인상을 남기지 않았다. 일반 대중에게는 잊혔거나 알려지지 않은 전쟁일지도 모른다. 그렇지만 한국전쟁은 미국이 건국의 선조들이라면 거의 인정하지 않을 나라로 바뀌는 계기였다. 이 현상이 잘 알려져 있는가? 한 세대의 몇몇 학자들에게는 잘 알려졌다.[1] 다른 이들에게는 아니다.

한국전쟁은 가장 중요한 두 당사국인 북한과 미국이 서로 잘 모르고 비교할 수 없는(이해할 수 없는 것까지는 아니었다) 목적을 두고 싸운 전쟁이었다. 북한이 남한을 공격한 이유는 당시 미국 정책의 변화로 일본의 산업 경제와 과거 일본이 한국에서 지녔던 지위가 되살아날까 걱정되었기 때문이었고, 오랫동안 일제에 협력했던 남쪽의 토착 세력이 그 전략의 한국인 산파였기 때문이었으며(그들은 마침내 응당한 대가를 받을 것이었다), 북한의 지위가 시간이 흐르면서 남한에 비해 약해질 가능성이 있었기 때문이다. 김일성은 미국이 남한을 지키려고 개입할 가능성을 진지하게 고려했지만, 스탈린과 마오쩌둥이 공동으로 자신의 침공을 지지한다고 느꼈기 때문에 그 의미를 무겁게 받아들이지 않았던 것 같다. 김일성이 알 수 없었던 것은 그의 침공이 트루먼 행정부의 여러 중대한 문제들을 해결했으며 미국의 냉전 진지를 세계적 차원으로 구축하는 데 매우 효과적이었다는 사실이다.

조지 케넌과 딘 애치슨

한국은 냉전이 시작할 당시 미국의 정책에서 중대한 존재였다. 앞서 보았듯이, 트루먼 행정부는 봉쇄정책과 마셜플랜이 만들어지던 그 '15주' 동안에 한국에 걸린 이해관계가 무엇인지 확인했다. 당시 국무부 차관이었던 딘 애치슨과 신임 국무장관 조지 마셜은 미국의 정책 방향을 조정했다. 국방부는 한반도가 전략적으로 의미 없다고 판단했지만, 두 사람은 일본 경제를 재건하고 남한에 봉쇄정책을 적용한다는 맥락에서 한반도의 가치를 평가했다(조지 케넌이 처음 생각한 것은 공산주의에 위협을 당하는 국가들을 보강하기 위해 경제적·군사적 원조와 미국 자원을 이용한다는 제한적인 의미의 봉쇄였다). 바로 이때, 즉 1947년 초에 미국 정부는 마침내 국방부와 미군정으로부터 한국 정책의 통제권을 가져왔다. 그 의미는 기본적으로 미군정이 1945년 9월 이래로 한국 좌익을 겨냥하여 지속했던 사실상의 봉쇄정책을 재가하는 것이었다. 조지 마셜은 알다시피 1월 말 애치슨에게 분리된 남한을 일본 경제와 연결할 계획을 세우라고 지시했고, 몇 달 뒤 육군부 차관 윌리엄 드레이퍼는 한국에서 일본의 영향력이 다시 성장할 것이라고 말했다. "왜냐하면 한국과 일본은 원래 하나의 교역권이기 때문이다."[2] 거의 같은 시기에 애치슨은 상원의 비밀 증언에서 미국이 한국을 둘로 나누는 분할선을 그었다고 말했으며, 그리스와 터키를 도운 '트루먼 독트린'의 지원 모델에 따라 한국의 공산주의를 저지할 주요 프로그램을 위해 자금을 요청했다.

애치슨은 1947년에, 그리고 미국이 남한을 방어하기 위해 개입했던

1950년 6월에 한 번 더 주동자 역할을 했다. 그는 봉쇄가 근본적으로 정치적이고 경제적인 문제, 즉 소련의 주변부에 자력으로 생존 가능한 정권들을 배치하는 문제라고 이해했다. 애치슨은 머리가 잘린 한국의 경제가 여전히 일본의 부흥에 도움이 될 수 있다고 생각했다. 일본을 한국, 대만, 동남아시아, 끝으로 페르시아 만의 석유와 연결하는, 도쿄부터 알렉산드리아까지 이어지는 이른바 '대 초승달'의 일부로서 말이다. 그러나 의회와 국방부는 한국에 투입될 막대한 자금에 주춤했다(국무부가 요구한 액수는 6억 달러였는데, 비교하자면 1947년에 하원이 그리스와 터키를 위해 승인한 액수는 2억 2500만 달러였다). 그래서 애치슨과 그의 고문들은 이 문제를 국제연합으로 끌고 갔다. 집단 안보 기구를 통해 한국의 지위를 재조정하고 한국을 봉쇄하려 했던 것이다. 그러나 국제연합의 허락도 미국이 남한의 지속적인 존립에 중요한 이해관계를 갖게 했다. 그리고 이는 다시 북한 최고 지도부에는 최악의 악몽이었다. 그들은 모두 한국이 다시 일본 경제와 연결되는 것을 치명적인 위협으로 인식했기 때문이다.

그래서 김일성은 1950년 6월 한국 통일을 바라면서 공격을 개시했고, 남한 군대와 정부를 신속히 파괴했다. 그러자 미국은 수립된 지 3년 된 봉쇄 전략을 기본으로 대한민국을 재건하기 위해 개입했다. 미국은 전쟁 발발 석 달 만인 9월 말에 거의 그 목표를 달성할 뻔했으나, 그 사이에 트루먼과 애치슨은 1950년 4월 국가안전보장회의 문서 제68호*의 내용

---

* '국가안전보장회의 문서 제68호(NSC-68)'는 1950년 4월 14일 국가안전보장회의가 트루먼 대통령에게 제출한 비밀 정책문서이다. 공산주의 확산의 저지, 즉 봉쇄를 최우선 목표로 군비 증대와 수소폭탄 개발, 동맹국에 대한 군사적 지원 확대를 옹호한 문서로서 미국의 냉전 정책을 잘 보여준다.

대로 공산주의를 겨냥한 전면적인 공세의 일환으로 북한 정권을 격퇴하기로 결정했다. 1950년 초겨울 북한에서 미군과 연합군이 중국과 북한의 농민군에 패하면서, 미국 외교는 1945년에서 쿠바 미사일 위기[1962년]에 이르는 기간 중 최악의 상황에 처했다. 트루먼은 국가비상사태를 선포했으며, 트루먼 행정부는 본질적으로 "파괴되었다(애치슨의 표현이다)." 트루먼은 1952년 선거에 다시 후보로 나설 수도 있었지만, 1968년 임박한 패배에 직면했던 린든 존슨처럼 그러지 않기로 결정했다. 그러나 중국은 큰 손실을 입으면서까지 한국을 통일하려는 의도는 없었으며, 따라서 몇 달 안에 전투는 지금의 비무장지대와 대체로 비슷한 경계를 따라 고착되었다.

애치슨의 말을 빌리자면, 한국전쟁은 "발발하여 우리[미국]를 구한" 위기였다. 이 말로 그가 뜻한 바는 한국전쟁 덕분에 국가안전보장회의 문서 제68호가 최종적으로 승인되었고, 미국 국방비를 네 배로 늘리는 예산안이 의회를 통과했다는 것이다. 그뿐만 아니라 이후 내내 미국의 세계적 영향력의 근간이었던 엄청난 해외 군사기지 체계와 이에 장비를 공급할 국내 군산복합체의 동인이 된 것도 제2차 세계대전이 아니라 한국전쟁이었다. 이보다는 덜 분명하지만, 한국에서 반격에 실패함으로써 봉쇄를 지지하는 중도파 동맹이 형성되어 냉전이 끝날 때까지 지속되었다. 이러한 합의는 베트남전쟁 수행 방식에 깊은 영향을 미쳤고(북베트남을 침공하지 않는다), 1980년대에 니카라과의 산디니스타 정권의 봉쇄를 원했던 자들과 전복을 원했던 자들 간의 교착상태로 진화했으며, 쿠웨이트에서 사담 후세인 군대를 내몰되 바그다드로 진격하지는 않기로 한

1991년의 결정을 지배했다. 1950년대 초 공개적으로는 반격 또는 '해방'을 옹호했던 존 포스터 덜레스와 리처드 닉슨 같은 자들이 국가안전보장회의에서는 공산권이 중요시하는 곳에서 반격은 불가능하다고 은밀하게 말했는데, 이는 시사하는 바가 크다. 반격은 자칫 잘못되면 전면전을 초래할 수 있기 때문이었다.

이 두 가지 형태의 한국전쟁, 즉 승리한 케넌식의 봉쇄와 패배한 애치슨의 반격은 두 개의 한국을 재건했고, 그때 이래로 한반도에 내내 이어진 팽팽하지만 본질적으로 안정적인 전쟁 억제 상태를 만들어냈다. 비무장지대와 판문점, 막대한 규모의 두 한국 군대, 기타 이 전쟁의 유물(국제연합 사령부까지도)은 그 오래전 충돌을 보여주는 박물관으로서 지금도 여전히 남아 있다. 두 한국은 군사국가가 되었다. 북한은 아마도 세계에서 가장 놀라운 군사국가일 것이다. 백만 명이 넘는 주민이 무장해 있고 청년 남녀는 오랜 기간 군인으로 복무한다. 남한은 30년간의 군사독재를 겪었지만 그동안 강력한 경제를 구축했고, 1990년대에 정치적으로 획기적인 발전을 이룬 뒤로는 번창하는 민주주의 국가이자 세계 10위의 공업 경제 국가가 되었다. 이 열전이 두 한국에 미친 다른 영향도 많지만, 미국에 끼친 영향도 마찬가지로 결정적이었다.

군산복합체

한국전쟁이 미국인들에게 남긴 지울 수 없는 의미는 1950년대에 출현한 전례 없이 새로운 미국 군산복합체였다. 그때까지 미국인들은 대규모 상비군의 유지를 전혀 지지하지 않았고, 군대는 전쟁 수행을 제외하면 미국의 역사와 문화에서 무시할 만한 요소였다. C. 라이트 밀스는 헌법 자체도 "강력한 군사적 조직에 대한 공포를 기조로 다듬어졌다"고 썼다. 각 주는 독립적인 국민군(주방위군)을 보유하며, 오직 해군만이 미국인들의 연방군의 효용에 대한 관념과 일치하는 것 같다는 것이다. 미국인들은 조지 워싱턴, 앤드루 잭슨, 재커리 테일러, 율리시스 그랜트, 아이젠하워 같은 승리한 장군들을 대통령으로 만들 정도로 많이 사랑했다. 그러나 군대는 매번 승리 후에는 미국인의 일상적인 목공 세계로 되돌아갔다. 1840년대 멕시코와 전쟁을 할 때 5만 명에 이르렀던 군대는 약 1만 명 규모로 축소되었고, 이들 중 90%는 트랜스미시시피*의 79개 변경 주둔지와 오솔길 근처의 요새에 배치되어 인디언을 막았다. 군대는 남북전쟁과 두 차례의 세계대전 중에 수백만 명의 시민군으로 크게 확대되었지만, 승리 후 몇 달 내지 몇 년이 지나지 않아 축소되었다. 19세기 말에는 2만 5000명의 경찰대로 줄어들었고(당시 프랑스의 병력은 50만 명, 독일은 41만 9000명, 러시아는 76만 6000명이었다), 전간기에는 13만 5000명이라는 보잘 것 없는 수준이었으며, 1945년 이후 곧바로 급격하게 감소했다. 미국 군대는 전쟁을 할 때마다 증가했지만, 1941년까지는 다른 강국들에 비해 규모가 소소했고 자금 공급도 초라했으며 영향력도 크지 않았고 실로 존중받는 직업이 아니었다. 군비 지출은 19세기 내내,

---

* '트랜스미시시피(Trans-Mississippi)'는 19세기에 미시시피 강 서쪽 지역을 일컫던 말로 아칸소, 루이지애나, 미주리, 텍사스 등지를 포함한다.

그리고 20세기에 들어선 후로도 한참 동안 국민총생산의 1%를 넘지 않았다.[3]

군대는 매킨리 정부와 시어도어 루스벨트 정부에서 육군부 장관을 맡았던 엘리후 루트가 재편하여 병력을 10만 명으로 증강했다. 그리고 1912년 육군부는 필리핀, 하와이, 파나마운하 지대를 위해서 비록 병력이 부족할 때가 많았지만 제2차 세계대전 때까지 지속된 식민지군을 창설했으며, 태평양 경험이 많은 (군사사가 브라이언 린의 말을 빌리자면) "반半 상주 식민지 주민들의 간부진"을 양성했다. 장교와 병사들은 곧 태평양군Pacific Army의 느긋한 목가적 생활에 빠졌다. 필리핀의 미군은 진주만이 기습당하고 몇 시간 만에 이어진 일본군의 공격에 거의 아무런 대비도 되어 있지 않았다. 그때 전국적으로 1100만 명 이상이 자발적으로 군복을 입었으나, 종전 후에 트루먼은 다시 군대를 축소했다. 1948년 육군 병력은 55만 4000명이었고, 공군은 계약이 대부분 취소되는 것을 지켜보았다(항공산업의 판매고는 1944년 160억 달러에서 1947년 12억 달러로 급감했다). 프랭클린 루스벨트의 임기 동안 혜택을 받았던 해군은 1945년에 장교와 사병을 합해 340만 명이었고 여러 종류의 군함이 거의 1000척에 달했으나, 열다섯 달 뒤에 병력은 49만 1663명이었고 군함은 고작 300척을 약간 넘었으며, 1945년에 500억 달러였던 해군 예산은 60억 달러로 감소했다. 같은 해에 징병도 끝났다(체코슬로바키아에서 공산당 쿠데타가 발생한 뒤 다시 도입되었다). 국방비는 연간 130억 달러로 감소했다. 이는 현재의 달러 가치로 환산하면 1750억 달러이다.[4]

해리 트루먼이 군대와 전시 군산복합체를 크게 축소했을 때, 그것은 마치 나라가 소규모 상비군과 서반구 내 고립이라는 정상상태로 복귀하는 것 같았다. 1947년 트루먼 독트린과 마셜플랜이 그 여유로운 환상을 끝냈지만, 트루먼과 그의 고문들은 여전히 광범위한 영역에 걸친 전세계적 노력을 뒷받침할 자금이 없었다. 1940년대 말 국방 예산은 대략 130억 달러로 일정한 수준을 유지했다. 1950년까지 봉쇄정책은 대체로 그 입안자인 조지 케넌이 원하는 것에 가까웠다. 주로 외교적 조치와 경제적 조치에 의존하여 서유럽과 일본의 산업을 부흥시키고 소련을 궁지에 몰아넣으려는 제한적이고 집중적이며 온건한 노력이었던 것이다. 군대를 고려해야 한다면, 미국은 위협받는 나라에 군사고문단을 보내면 그만이다. 군사적으로 개입해서는 안 된다.

냉전 종식 후, 케넌은 이 제한적인 관념을 간결하게 표현했다. 그에게 봉쇄정책은 "군사적 함의가 전혀 없는 것은 아니지만 기본적으로 외교적이고 정치적인 과제"였다. 소련이 팽창정책을 더 추구해도 자신들에게 좋을 것이 없다고 확신했다면, "그때 유럽의 미래에 관하여 그들과 진지하게 논의할 기회가 왔을 것이다." 그리스와 터키, 마셜플랜, 베를린 봉쇄 등의 조치 이후, 케넌은 1950년경에 그 순간이 왔다고 생각했다. 그러나 "우리 정부도 서유럽 동맹국들도 그러한 논의를 시작하는 데 아무런 관심도 없다는 사실을 알고는 일생일대의 큰 실망을 느꼈다. 그들이 유럽의 미래와 관련하여 소련에 원했던 것은 본질적으로 '무조건 항복'이었다. 그들은 이를 기다릴 준비가 되어 있었다. 그리고 이것이 40년간 지속된 냉전의 시작이었다."[5] 중앙전선이 확정되어 강화되었고, 서유럽 산업의 부흥이 진행 중이었으며, 동아시아에서는 '역코스'(케넌이 이에 깊이 관여했다)가 일본 중공업에 가해진 제약을 제거했다. 소련 군대는 1946년에 만주에서, 1948년에 북한에서 철수했다. 그러나 중국혁명이 국민당 군대에 멋진 승리를 거두면서, 동아시아에 유럽의 경우와 유사한 냉전의 안정이 찾아올 가능성은 줄어들었다.

케넌의 1947년 전략(세계에 존재하는 선진 공업 사회는 다섯 개로 서구에 넷이고 소련이 나머지 하나인데, 봉쇄란 그 상태를 유지하는 것을 뜻한다)은 서유럽 경제와 일본 경제의 부흥이라는 중대한 목적을 달성하기에 충분했을 것이다. 국가안전보장회의 문서 제68호는 새로운 세계 전략을 명확히 했지만, 태평양에서 주사위를 던진 것은 실제로 국가안전보장회의 문서 제48호였다. 미국은 이제 제2차 세계대전이 끝났을 때는 조금도 상상할 수 없었던 일을 하려 했다. 중국혁명이 거대한 배경을 이루고 있는 동아시아에서 먼저 한국의, 그다음에는 베트남의 식민지 해방운동에 맞서 군사적으로 개입할 준비를 해야 했다. 역사가들이 이러한 전환점의 복잡성을 분석하고 기록했지만, 오늘날에도 외교전문가, 정치학자, 기자, 식자들은 대체로 이를 깊이 있게 이해하지 못한다. 그들의 연구가 현실정치와 소련과의 양극 대결에 지나치게 큰 중요성을 부여하고, 그 시기의 두 차례 큰 전쟁을 전 세계적 관심사의 그늘 속에 두기 때문이다.

중국혁명은 또한 미국의 당파 정치에도 극적인 영향을 끼쳐 공화당의 "누가 중국을 잃었나?"라는 공격을 부채질했지만, 이번에도 케넌은 그 의미를 면밀하고 침착하게 평가했다. 1949년 마오쩌둥이 권좌에 오르자, 케넌은 국무부의 동아시아 전문가들을 소집했다. 케넌은 한동안 그들의 이야기를 경청한 뒤 이렇게 말했다. "중국은 그렇게 큰 문제가 아니다. 크게 중요하지 않다. 중국은 결코 강력해지지 않을 것이다." 케넌의 생각에 중국은 중대한 전쟁 능력에는 필수적인 통일적 산업 기반을 갖추지 못했고, 단지 해안을 따라 제국주의 국가들이 심어놓은 기초적인 공업만 있을 뿐이었다. 따라서 중국은 케넌의 봉쇄 전략에 포함될 수 없었다. 일본은 실로 그러한 기반을 갖추었기에 전후 미국의 동아시아 정책에서 핵심이 되었다.[6] 동아시아의 식민지나 반¥식민지에서 혁명적 민족주의가 보여줄 수 있었던 힘은 당시 미국 정부에서는 그저 어렴풋하게만 인식되었다. 분명히 케넌도 그중 한 사람이었다. 케넌은 대신 그 지역의 강력한 산업국가인 일본에만, 어떻게 하면 일본을 부흥시키고 동아시아 내 일본의 영향력을 회복할 수 있는지에만 주목했다.

거의 2년 넘게 국무부에서는 많은 문서가 작성되어 국가안전보장회의 문서 제48/2호 "아시아 정책"으로 알려진 긴 분석을 낳았고, 이는 1949년 말 트루먼 대통령의 승인을 받았다. 이 문서는 1971년에 국방부 문서와 함께 기밀에서 해제되어 유명해졌다. 국가안전보장회의 문서 제48호가 인도차이나에서 프랑스를 군사적으로 지원할 것을 처음으로 요청했기 때문이다(1950년 한국전쟁이 발발하기 전부터 지원이 도착했다). 그러나 그 문서의 가장 중요한 골자는 동아시아를 위해 구상한 정치경제에 있었다. 1900년 제국주의 국가들의 중국 영토 쟁탈전 와중에 "문호 개방 비망록open door notes"이 공개된 이래로, 미국 정부의 궁극적인 목적은 언제나 동아시아 지역에 방해받지 않고 들어가는 것이었다. 미국은 토착 정부들이 독립을 유지할 수 있을 정도로 강력하기를 원했지만 서구 세력을 내쫓을 정도로 강한 것은 원하지 않았다. 한국, 중국, 베트남에서 식민지에 반대하는 정권의 출현은 그러한 목적을 저해했고, 따라서 미국의 정책 수립자들은 아시아를 한 세대 동안 분할한 차선의 세계를 만들어 냈다.

미국 관료들은 국가안전보장회의 문서 제48호의 최종본을 잉태한 앞선 문서들에서, 통합된 동아시아 지역(중국 포함)의 경제적 교류를 조절할 여러 원칙을 열거했다. "기술과 자본의 수출과 전 세계적 자유무역 정책에 유리한 조건의 확립" "호혜적 교류와 상호 이익" "비교 우위를 제대로 반영하는 생산과 무역", 그리고 이른바 "종합적 산업화general industrialization"에 대한 반대(종합적 산업화란 "비교 우위 분야의 생산을 희생시킨 결과로서 높은 비용을 치러야만" 달성할 수 있는 것이다) 등이 그것이다. 국가안전보장회의 문서 제48호의 입안자들은 민족주의자들의 반대가 19세기 로스차일드 집안의 방식처럼 당당하게 표출되리라고 예상했다.

> 국제무역은 복잡하기 때문에, 민족적 자부심과 야심 같은 덧없는
> 문제들이 필요한 수준의 국제 협력이나 경제 팽창을 촉진하기에 유리한
> 분위기와 조건의 발달을 방해하거나 억제할 수 있음을 명심하는 것이
> 좋다.[7]

그러나 "종합적 산업화"는 바로 일본이 오랫동안 추구했던 것이고 한국도 원했던 바였다. 동남아시아 국가들과는 날카롭게 대조되는 포괄적 산업 기반을 구축하려는 국가주의적 전략이었던 것이다(동남아시아 국가들은 유럽의 작은 나라들처럼 '틈새' 경제의 경향을 보인다).

딘 애치슨은 군사력에 관해서는 거의 몰랐다. 그와 여타 미국 정치인들에게, 일본과 독일을 쳐부수고 공산주의자들과 싸우는 것은 세계공황과 세계대전의 참화로부터 세계경제를 회복시키려는 미국의 계획에서 단지 한 부분, 그것도 부차적인 부분이었다. 애치슨은 뼛속까지 국제주의자로서 유럽, 특히 영국에 지지와 인도를 기대했으며 전후 문제의 다자적 해법을 모색했다. 우선 세계경제의 회복 문제는 1944년에 힘들게 탄생한 브레턴우즈 체제의 기구들(세계은행과 국제통화기금)로 해결되는 것 같았다. 1947년까지도 그것만으로는 선진 공업국들의 회생에 도움이 되지 않자, 유럽에는 마셜플랜이, 일본에는 '역코스'가 들어와 패전국들의 중공업을 제약하던 통제가 사라졌다. 1950년에도 연합국 경제들이 여전히 충분한 성장을 보이지 못하자, 주로 폴 니츠(트루먼 행정부의 국무부 정책기획국장)가 작성했지만 애치슨(국무부 장관)의 생각이 지배한 국가안전보장회의 문서 제68호가 군사적 케인스주의라는 묘안을 냈고, 이것이 결국 선진 산업 경제들(그리고 특히 일본)을 자극하는 장치가 되었다. 한국전쟁이라는 위기는 마침내 일본 경제와 서독 경제를 강력히 성장시키고 미국 경제를 크게 촉진했다.

미국 방위산업계는 김일성이 나타나 자신들을 구하리라고는 생각지도 못했지만, 김일성은 일련의 중요한 사업 계획들을 특히 서해안 지역에서 무심코 구원했다. 마이크 데이비스의 말을 빌리자면, 남부 캘리포니아에서 그 산업에는 "전략폭격기, 초대형 항공모함, 그리고 (…) 공군에 대륙간로켓을 개발하여 공급하는 콘베어Convair 사의 취소된 적이 있던 계약"이 포함된다. 1952년 항공산업은 다시 호황을 구가했다. 로스앤젤레스

카운티에서는 주민 16만 명이 항공기 생산에 고용되었다. 1950년대 중반 방위산업과 항공우주산업은 그 카운티의 고용에서 직간접으로 55%를 차지했으며, 샌디에이고(제조업의 거의 80%가 방위산업과 관련된 곳이다)에서도 거의 그 정도였다. 1970년대가 되면 총 1000개의 남부 캘리포니아 공장들이 항공우주산업에 종사했다. 캘리포니아는 언제나 전형적인 '최신' 첨단기술 산업의 고장이었지만, 공군력은 상업 항공(1950년대에 막 궤도에 올랐다)과 로켓공학, 위성, 전자공학과 전자전電子戰, 경금속(알루미늄, 마그네슘) 생산, 컴퓨터 소프트웨어, 그리고 궁극적으로는 1990년대 실리콘밸리의 호황에 수많은 파급효과와 전방연쇄효과를 끼쳤다.[8]

국가안전보장회의 문서 제68호가 얼마나 많은 "준비"가 필요한지에 대한 해답을 공표하여 미국의 오랜 논쟁을 끝내기 전까지(그 논쟁은 이후 워싱턴의 주류에 결코 다시 돌아오지 않았다), 평시 미국의 국가적 생존에서 군대는 결코 중대한 요소가 아니었다. 1951년 미국은 국방비에 현재 가치로 6500억 달러를 썼으며, 21세기 초 미국 국방비는 다시 그 최대치를 찍었다. 이는 2009년 기준으로 그다음 순위 18개 국가들의 국방 예산을 다 합친 것보다도 많은 액수이다.

제국의 군도

이 새로운 제국은 군사적 성격을 띠어야 했다. 첫째, 다른 무엇보다도 1950년에는 문제가 군사적으로 규정되었기 때문이다(케넌이 경제적 지원과 군사적 조언, 국제연합을 강조했던 것과 다르다). 둘째, 미국이 가진 것은 제국의 민정과 일말의 유사성도 없었다. 1950년대 이전 외무부는 아이비리그와 동부 주류 사회의 축소판으로, 대다수 미국인의 시야에서 벗어나서 활동했으며 크게 할 일도 없었다. 외무부는 조지 케넌 같은 모범적인 인사들을 배출했지만 국내에서는 결코 강력한 지반을 구축하지 못했다. 매카시가 외무부 중국과의 관료들을 공격하여 미국의 동아시아에 관한 전문 지식을 한 세대 동안 망쳐놓은 것은 잘 알려져 있지만, 닉슨이 앨저 히스(철저한 국제공산주의자)를 공격한 것은 훨씬 더 나쁜 결과를 가져왔을지도 모른다. 세로 줄무늬 옷을 입은 자는 누구라도 혐의자가 되었고(그들은 내부의 외국인으로 여겨졌다), 국무부는 치명적일 정도로 약해졌다. 1960년대에는 맥조지 번디와 월트 로스토, 헨리 키신저, 즈비그뉴 브레진스키 같이 대통령에게 외교라는 비학을 가르치려 했던 사악한 학계 전문가 집단이 등장했다. 그들 역시 국무부를 공격하여 그 책임을 무시하면서 권한을 훔쳤고, 그로써 영향력을 한층 더 약화시켰다. 국무부는 종종 분명한 기반 없는 외교기관처럼 보였지만, 세계 도처의 상설 군 기지들은 계속 존속했다. 그 기지들은 영원한 치외법권 지역이다.

20세기 후반, 미국 역사에 완전히 새로운 현상이 등장했다. 다시 말해서 병사들이 상주하는 세계 도처의 수많은 해외 기지들이 엄청난 규모의 국내 방위산업들과 연결된 것이다. 현대사에서 처음으로 주도적인 강국이 동맹국과 경제적 경쟁국의 영토에, 즉 일본과 독일, 영국, 이탈리아, 남한의 영토에, 그밖에 프랑스와 러시아를 제외한 모든 산업국가의 영토에 광범위한 군사기지 네트워크를 유지했다. 이는 유럽의 세력균형에서, 그리고 현실정치의 실행에서 근본적으로 단절된 것이었고 미국사에서 철저히 이탈한 것이다. 그것은 제국의 군도archipelago of empire였다.[9]

전후 질서는 적극적인 정책을 통해서, 그리고 명확한 외곽 경계의 확정을 통해서 형성되었다. 그 경계는 좀처럼 침범되지 않았고 심지어 침범을 상상하기도 어려웠다. 예를 들면 서베를린을 소련 진영에 귀속시키려 했던 경우처럼, 침범은 즉각적인 위기를 초래했다. 그곳에 군사기지를 설치한 이유가 바로 그것이다. 동맹국을 지키기 위한 것일 뿐만 아니라, 그들의 선택을 제한하기 위한 것이기도 했다. 다시 말해 급소를 가만히 누른 것으로서, 미국이 다음과 같이 자문할 때까지는 매우 효과적으로 보였을 수도 있다. '우리 땅에 외국의 기지가 있으면 무슨 생각이 들까?' 그렇지만 이러한 헤게모니의 전형적인 경험은 교묘한 속박의 세속적이고 자비롭고 대개는 주목받지 못한 일상생활이었다. 미국은 그러한 속박을 통해 동맹국들을 국방과 자원에서, 그리고 여러 해 동안 재정적으로도 의존하게 만들었다. 제2차 세계대전의 침략국이었던 일본과 독일은 미군 기지에 구속되었고 지금도 여전히 그 상태로 남아 있다. 두 나라가 진정한 독립국이라면 어떻게 보일지 종전 후 70년에 접어든 지금도 여전히 우리는 모른다. 조만간 알아낼 수도 없을 것이다.

그러므로 한국전쟁은 봉쇄를 결말이 정해지지 않은 전 세계적인 계획으로 바꾸는 계기였다. 겨우 10년 뒤 아이젠하워 대통령은 이렇게 말할 수 있었다. 350만 명을 국방 체제에 고용하고 "미국의 모든 기업의 순이익"보다 더 많은 자금을 투입하여, "우리는 어쩔 수 없이 엄청난 규모의 영구적인 군수산업을 만들어낼 수밖에 없었다." 군산복합체를 비판한 유명한 퇴임 연설에서 한 말이다. 아이젠하워의 마지막 기자회견은 이보다는 덜 거론된다. 그때 아이젠하워는 군수산업이 지나치게 침투력이 좋아서 "거의 우리의 정신까지도 시나브로 뚫고 들어와" 미국인들로 하여금 나라가 하는 유일한 일은 무기와 미사일을 만드는 것이라고 생각하게 한다고 말했다.[10] 서유럽 공산주의가 몰락했을 당시 몇 년 동안은 상비 전력이 크게 축소될 수도 있을 것 같았지만, "불량 국가들" 때문에 계속 유지되었고, 그다음으로는 "테러와의 전쟁"이 역시 언제 끝날지 모르는 또 다른 무정형의 전 세계적 봉쇄를 제공했다.

케넌인가, 애치슨인가?

내가 보기에 1950년 이후의 미국 역사가 가르치는 것은 다음과 같다. 첫째, 케넌의 제한적 형태의 봉쇄가 작동했다. 1948년 혹은 1949년 이후로는 봉쇄할 것이 없었기 때문이다. 소련은 서유럽이나 일본을 공격할 생각이 없었다. 따라서 유럽의 중앙전선은 안정적이었고, 냉전 시대에 비공산주의 진영이 지닌 네 군데의 산업 기지는 손상을 입지 않아서 1940년대 미국 정책입안자들의 매우 무모했던 꿈보다 더 크게 발전할 수 있었다. 둘째, 애치슨의 국가안전보장회의 문서 제68호는 막대한 국방예산과 상비군이 필요한 전 세계적 관여라는 정책으로 방향을 틀었으나 실패했다. 전 세계적 관여는 한국과 베트남에서 전쟁을 승리로 이끌지 못했고, 미국을 건국의 선조들이 꿈꾸었던 것과는 완전히 동떨어진 나라로 바꿔놓았다. 이 정책에서 외국의 위협은 아무리 작고 보잘 것 없어도 크게 과장되었고, 이 나라가 세계와 맺는 기본적인 관계는 완전히 변했다. 1945년에는 누구도 미국이 한국과 베트남에서 두 차례 큰 전쟁을 치르리라고 상상할 수 없었을 것이다. 그때는 두 나라 모두 여전히 식민주의라는 그들만의 오랜 역사와 관련된 문제로서 인식되었다(옳은 인식이었다). 그리고 미국이 두 전쟁 어디에서도 승리할 수 없다는 것은 터무니없는 생각이었을 것이다. 이 모든 이유에서, 조지 프로스트 케넌의 온건한 전략을 고수하는 편이 더 나았을 것이다.

동시에 애치슨의 정치경제, 즉 '대 초승달'은 훌륭한 조치였다. 한국전쟁은 미국과 일본을 동아시아의 다른 곳과 경제적으로 다시 연결하려는 미국의 계획을 방해했다. 실로 아시아 본토에서 사납게 휘몰아친 반제국주의 혁명에 대응하여 일본을 주요 공업국으로 복원한 것은 1975년에 마침내 인도차이나전쟁이 끝날 때까지 30년 동안 동아시아와 동남아시아의 역사 대부분을 설명하는 열쇠이다. 한국전쟁 때문에 애치슨의 구상에 일시적으로 많은 손상이 가해졌고, 이는 예상보다 훨씬 오래 지속되었다. 동아시아가 수십 년간 분열된 상태를 유지했기 때문이다. 그러나 1960년대 초 미국의 후한 원조와 더불어 일본의 경제적 영향력이 남한과 대만에 다시 침투하자, 이 두 국민경제는 이후 25년간 세계에서 가장 급속히 성장했다. 동시에 세 나라 모두 미국과 그 이해관계에 깊이 침투되어 측면에 심한 약점을 초래했다. 이 나라들은 강한 동시에 약했다. 이는 우연히 아니라, 외적 형성의 기원이 미국이 주도한 세계경제의 작동에 있었기 때문이다. 그러나 아시아의 분할은 인도차이나전쟁이 끝난 뒤

극적으로 흔들리기 시작했다. 중화인민공화국이 세계경제 속으로 서서히 끌려들어갔기 때문이다. 이제 아시아 지역의 경제들이 점점 더 강력히 통합되면서, 냉전이라는 장애물은 거의 사라졌다. 그런 의미에서 동아시아 권역은 미국인들이 중국혁명과 한국전쟁으로 그 계획이 무산되기 전에 적절하다고 생각했던 "첫 번째 원칙들"로 돌아갔다.

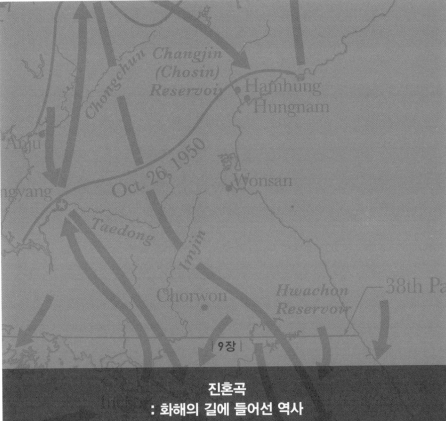

| 9장 |

진혼곡
: 화해의 길에 들어선 역사

인간 사회는 참으로 쉽게 변한다. 한 세대 안에 옛 양반 계층과 일본에 봉사하다가 이어서 자국민에게 그와 비슷한 독재 체제를 강요한 군부 세력이 모두 권력을 잃었다. (물론 양반 가문은 늘 자녀를 위한 자신들만의 특별한 행동 방식을 갖고 있지만, 토지와 국가와의 연결은 근본적으로 끊겼다.) 마찬가지로 일본도 일견 눈 깜짝할 사이에 반미 군사독재 정권에서 민주주의가 안착한 우호적인 동맹국으로 변했다. 1930년대의 일본도 1970~80년대의 남한도 전체주의 국가는 아니었다. 입을 닫고 지도부에 문제를 일으키지 않는다면, 누구나 자신의 일을 할 수 있었을 것이다. 그러므로 나라를 민주화하고 놀랍도록 강력한 시민사회를 구축하려는 한국 청년과 노동자(다수가 여성이다)의 수십 년에 걸친 투쟁은 민주주의가 역사를 위해 기적 같은 일을 만들어낸다는 점에서만 의미가 있다.

이 투쟁의 한 가지 큰 성과는 한국의 진실화해위원회이다. 이 기관은 남아프리카공화국의 경험에 드러난 대로 치유와 회복을 위해, 평화와 화해를 위해 포괄적이고 예리한 진실 조사를 추구한다. 사람들뿐만 아니라 국민도 치유하는 것, 진실을 말하고 알아가는 희생자와 가해자를 회복시키고 치료하는 가치를 추구한다. 예를 들면 노근리 학살의 폭로는 온갖 곤란을 무릅쓰고 여러 해 동안 자신들의 사정을 힘껏 알렸던 용감한 생존자들에게 진실의 그 모든 의미를 드러냈다. 생존자의 한 사람인 전춘자는 당시 열두 살 소녀로 미군 병사들이 "어린 사내아이들이 파리를 갖고 장난치듯이 우리의 목숨을 갖고 놀았다"고 증언했다.[1] 미국인들에게 조사의 진실은 정부의 모든 수준에서 반세기 동안 저질러진 여러 거짓말을 확인해주지만, 또한 (위원회의 말에 따르면) "공적 대화에서 문제없이 유포될 수 있는 거짓말의 수를 줄인다."

한국 내의 이러한 소란은 한국전쟁의 근본적인 재평가를 촉발했다. 이제 한국전쟁은 그 기원이 더 이르진 않더라도 최소한 1930년대까지는 거슬러 올라가는 내전으로 널리 받아들여진다. 하지만 그 내전은 나가사키가 흔적도 없이 사라진 다음날 오래도록 이어진 한국의 역사 속에서 누구도 본 적 없는 선, 즉 38도선을 따라 국경을 그은 신중하지 못한 결정으로 불가피해졌다. 30년 전에 기밀에서 해제된 미국 기록으로부터 미국인 학자들이 알아낸 것은 이제 남한에서 잇따른 역사 연구의 주제가 되었다. 학자들은 공산주의와 반공산주의의 격한 폭력과 양측 지도자들의 배경, 내전을 붙들고 씨름했으며, 북한에 관한 책을 쏟아냈다. 이러한 연구들은 일반적으로 북한에 관한 미국의 연구보다 훨씬 뛰어나다(그리고 훨씬 덜 편향되었다). 이전에는 금기였던 주제인 남한 좌익의 인민위원회도 1980년대 중반부터 많은 새로운 정보가 입수되면서 주목을 받았다. 좌익이 매우 강력했고 전후에 가장 심하게 억압당한 남서부 지방 전라도 출신의 역사가들이 특히 활발한 연구를 보였다. 이 책은 많은 역사가와 최명희처럼 전후 역사를 소설로 기록한 사람들에 힘입었다. (최명희는 1945~50년에 반란의 온상이자 미국과 남한의 유격대 토벌 사령부가 있

전주경찰서 앞의 남한 빨치산. 이들은 쥐잡이작전 중 한미 합동 토벌대에 체포되었다. (미국 국립기록보관소)

던 곳인 남원 출신이다. 남한군이 이 지역을 탈환했을 때 너무도 많은 사람을 학살하여, 생존자들은 특정 학살의 날이 돌아오는 기일에 공동 제사로 망자를 추모한다.) 이처럼 미국인 엘리트들과 새로운 세대의 한국인 학자들과 지도자들 사이에는 한국전쟁에 관하여 기본적인 시각의 차이가 있다. 이는 한국 정부와 미국 정부가 점차 서로 소원해지는 원인이다.

한국에서 억눌린 기억이 분출되고 과거 청산이 이루어지면서, 독재가 끝난 후 여러 해 동안 난관을 헤치며 자신의 입장을 강변해온 사람들에게 중요한 진실이 드러났다. 미국 정부 기관들로부터 아무런 지원도 받지 못한 채 심한 억압을 무릅쓰고 밑바닥에서부터 모습을 드러낸 남한의 강한 민주주의와 시민사회는, 학자들에게 처음으로 되돌아가 어떤 기존의 지식도 당연하게 여기지 않는 것이 정당함을 보여준다. 나는 미국 기록보관소에서 작업하던 청년 시절에 1946년 가을 농민 반란 진압과 여러 도시에서의 강력한 노동조합의 파괴, 미국이 지휘한 제주반란과 여수반란 진압, 1948~55년의 시기에 남서쪽 지리산에서 활동한 많은 유격대원(이들은 쥐잡이작전Operation Ratkiller으로 알려진 미국과 남한의 합동 대유격전으로 결국 소멸했다)에 관한 내부 기록을 어떻게 우연히 발견했는지 기억한다. 그때 나는 이 모든 일이 어떻게 흔적도 없이 사라질 수 있었는지 의심스러웠다. 그러던 어느 날 나는 김지하의 시 「지리산」을 읽었고,[2] 내가 아는 것은 절반도 되지 않는다고 믿게 되었다.

　울부짖는 것이여

　깃발이여

　타는 눈동자 떠나던 흰옷들의 그 눈부심

　한 자루의 녹슨 낫과 울며 껴안던 그 오랜 가난과

　돌아오마던 덧없는 약속 남기고

　가버린 것들이여

　지금도 내 가슴에 울부짖는 것들이여

미국: 진혼곡은 없다

미국 역사가들은 한국전쟁에 관한 견해를 계속해서 수정했다. 1950년대에 '치안 활동'이었던 한국전쟁은 1960년대에는 '제한전'이 되었고, 1970~80년대에는 내전이나 '잊힌 전쟁' '알려지지 않은 전쟁'이었으며, 1990년대에는 모스크바의 새로운 기록들을 이용하여 그것이 정확히 당시 트루먼이 말했던 전쟁, 즉 크렘린의 공격이었고 그는 정당하게 이에 맞섰다고 주장했다. 대다수 미국인에게 한국전쟁은 잊히고 묻혔다. 그러나 미국의 묘비에 새겨진 비문은 무엇인가? 하나가 아니다. 묘비에는 두 가지 메시지가 담겨있다. 트루먼의 냉전자유주의자들에게 한국은 성공한 '제한전'이었다. 맥아더의 보수파에게 한국은 실패였다. 미국 역사상 첫 패배, 더 적절하게 말하자면 교착상태였던 한국전쟁은 어쨌거나 "승리를 대신할 것은 없다"는 사실을 증명했다. 맥아더 비문의 문제점은 그가 승리를 대신할 것을 보지 못한 것과 마찬가지로, 승리의 한계도 보지 못했다는 사실이다. 승리는 매번 다른 전쟁을 갈구했기 때문이다. 트루먼의 자유주의자들의 문제점은 제한전이 1950년대 말에는 꽤나 무제한적이었다는 사실이다.

그래서 다른 평결이 필요하다. 갈라진 판결이다. 첫 번째 한국전쟁, 1950년 여름 남한을 차지하기 위한 전쟁은 성공이었다. 두 번째 전쟁, 북한을 차지하기 위한 전쟁은 실패였다. 국무부 장관 딘 애치슨은 이렇게 정신분열증 같은 비문을 써냈다. 남한을 지키기로 한 결정은 트루먼 대통령 임기 중 최고의 순간이었지만, 압록강으로 진군하기로 한 결정은 "미국 외교정책에 말로 다할 수 없는 패배"를 안겼고 "트루먼 행정부를 무너뜨렸다." 이는 "불런전투* 이래 (…) 최악의 패배"였다. 그러나 애치슨은 두 번째 전쟁은 자신이 아니라 자신이 몹시 싫어했던 사람에게 일어난 듯이 생각했다. 애치슨은 모든 책임을 맥아더에게 돌리는 불가능한 일을 시도했고, 자유주의적 역사 서술도 똑같은 일을 시도했다. 한국전쟁은 매카시즘 광풍이 절정에 이르렀을 때 일어났으며, 딘 애치슨과 해리 트루먼의 작품이었다. 매카시는 둘 다 공격했고, 트루먼과 애치슨은 좋은 사람이라는 냉전 합의가 형성되면서 그 전쟁의 경험은 그렇게 사라졌다. 냉전 논쟁은 거의 언제나 중도파와 우파 사이의 논쟁이었다. 그 합의의 한쪽 끝은 매카시가, 반대 쪽 끝은 애치슨이나 휴버트 험프리**가 단단히 붙들어 맸다. 게다가 한국전쟁은 보수파나 자유주의자들의 아이콘이 아니다. 그저 부재의 상징, 특히 망각의 상징이었고 또한 무지의 상징이었다. 한국전쟁에 관한 미국인들의 분열된 평결은 북한을 해방하려는 전쟁의 실패에 바짝 뒤이어 나타난 것으로서 합의하지 않기로 한 합의였다. 다시 말해 찢긴 국가의 자존심을 꿰매 수선한 것이었다. 미국인들은 그렇게 하나의 평결을 기억하고 나머지 평결은 잊거나 비난한다. 각 평결은 그에 상응하는 기억상실증을 동반한다. 그 결과로 등장한 것이 일종의 망각의 헤게모니이다. 미국에서는 그 전쟁과 관련된 것이 거의 전부

---

* '불런전투(Battle of Bull Run)'는 미국 남북전쟁에서 벌어진 전투로서, 1861년의 제1차 전투와 1862년의 제2차 전투에서 모두 북부연방군이 남부연합군에 패했다.
** '휴버트 험프리(Hubert Horatio Humphrey Jr., 1911~1978)는 미국의 정치가로 상원의원을 지냈고 린든 존슨 정부에서 부통령이었다. 반공 단체인 '미국민주행동(ADA)'을 결성한 사람이지만, 매카시로부터 공산주의에 너그럽다는 비판을 받았다.

잊힌 역사가 되는 망각의 헤게모니.

한국전쟁은 급박하게 진행되면서 미국의 국내 전선에서는 매우 인기가 없고 사기를 떨어뜨리는 것이 되었다. 미국의 병사들이 1950~51년에 패배하고 이후 2년간 거친 농민군에 가로막혔을 뿐만 아니라, 제2차 세계대전에서 싸운 최고의 장군들도 할 수 있는 일이 없었다. 이름만 들어도 대단한 위업이 떠오르는 모든 영웅들이 다 그랬다. 아몬드, 클라크, 딘, 르메이, 맥아더, 리지웨이, 스트레이트마이어, 밴 플리트, 워커. 덜 유명한 장교 세 사람만 들어보자. 한국에 투입된 제1해병사단 부사단장이었던 에드워드 크레이그 준장은 부건빌전투와 괌전투에서 제9해병연대를 지휘하여 그 용맹함을 인정받아 청동성장과 해군 수훈장을 받았다. 호바트 그레이 소장은 두 차례의 세계대전에 다 참전했고 멕시코 국경에서 판초비야를 추적했다. 한국에서 제1기병사단 사단장이었던 그레이는 이전에 패튼의 참모장을 지냈다. 한편 한국전쟁에서 제5해병연대를 지휘했던 레이먼드 머리 중령은 과달카날과 타라와, 사이판에서 싸워 해군 수훈장과 두 개의 은성훈장을 받았다.[3] 이보다 더 경험 많은 장교단을 어떻게 요구할 수 있겠는가. 그런데도 미국은 그 전쟁에서 승리하지 못했다.

한국전쟁은 또한 미국에서는 망각의 물리적 장소로도 두드러진다. 미국판 망각은 세속적이며(주와 주를 연결하는 어느 고속도로의 한 구간은 참전용사에 헌정되었다) 섬뜩하다. 대한민국은 워싱턴의 한국전쟁 기념비에 열거된 국제연합 참전국 중 룩셈부르크 다음에 오며, 다른 곳에서는 어디서도 찾아볼 수 없다. 이 기념물은 병사들을 석상으로 조각한 것인데, 그 얼굴에는 한국전쟁의 불가사의와 해소되지 않은 긴장이 멋지면서도 난해하게 표현되어 있다. 내셔널몰National Mall의 오래된 기념물과 새로운 기념물에 관한 최근의 기사에서 한국전쟁은 등장하지 않는다. 어느 지도는 한국전쟁만 빼고 다른 전쟁은 다 보여준다.[4] 마야 린의 베트남전쟁 참전용사 기념비 같은 걸작이 한국전쟁에도 필요하다. 빈센트 스컬리는 이렇게 썼다. 마야 린의 예술적인 표현은 "희망을 주며, 개인적이지만 (…) 매우 공동체적이기도 하다. 우리 살아있는 자들은 죽은 자들과 교제하며 그들과 함께 있고 그들을 사랑한다. 그들은 여전히 조국을 갖고 있다. 바로 그렇기 때문에 이 기념비는 이 전쟁에 참여한 용사들의 가슴을 그토록 슬프게 한다. 그들은 조국이 자신을 영원히 버렸다고 생각했다." 스컬리는 말한다. 여기에 "미국의 매우 위대한 기념비가 있다." 왜? 그것이 "전쟁의 부정할 수 없는 단 하나의 진실, 즉 전쟁은 많은 사람을 죽인다는 사실"을 표현하기 때문이다.

한편 1994년 서울에 다른 한국전쟁기념관이 문을 열었다. 이는 노태우 행정부에서 계획되고 추진되었으며(백선엽이 핵심 기획자였다), 어쨌거나 40년이 지난 뒤 북한의 침략을 '용서'할 수 있으며 풍요롭게 번영한 남한의 품안에 북한을 끌어안을 수 있다는 한국의 보수적 시각을 보여주는 석조 상징물이다. 〈형제의 상〉이라는 조형물에서는 작고 약한 조선민주주의인민공화국 동생을 훨씬 더 큰 대한민국 병사가 위로한다.[5] 이 전쟁에 관한 북한의 시각은 당연히 당시 미국의 논평에는 사실상 없었으며 이후로도 내내 없었다. 미국의 언론매체에서 북한은 존중할 만한 관점을 갖지도 흥미를 끌지도 못했다. 북한은 그저 여러 용도에 써먹을 수 있는 세계적인 골칫거리 역할을 할 뿐이다. 북한의 지도자들이 자신이 한국전쟁에서 저지른 범죄를 직시하지 않았다는 점은 말할 필요도 없다. 남한의 경우와 마찬가지로, 그런 일이 일어나려면 완전히 다른 지도부가 필요할 것이다. 그러나 언젠가 이 은자의 왕국은 개방될 것이고, 따라서 그 기록보관소도 열릴 것이며, 마침내 한국전쟁을 다방면에 걸쳐 완전하게 설명할 수 있을 것이다.

두 개의 기억술: 한국과 이라크

한국전쟁은 그 긴 지속 기간과 설명하기 어려운 성격 때문에 전쟁이 들어가기는 얼마나 쉽고 나오기는 얼마나 어려운지를 보여주는 최고의 사례이다. 미군은 1945년 9월에 남한에 도착했으며, 냉전이 끝나고 소련이 몰락한 지 오래된 지금도 3만 명의 미군이 그곳에 주둔해 있다. 더 오싹한 것은 전쟁이 재발할 수 있으며, 그것도 곧 벌어질지도 모른다는 점이다. 실제로 1994년 6월 미국이 북한의 핵시설에 불안을 느끼면서 새로운 한국전쟁이 거의 일어날 뻔했다. 그랬다면 훨씬 더 파괴적이었을 것이다. 2003년 늦봄 미국 고위 관료들은 이라크에서 명백한 승리를 거둔 직후 다시금 북한 정권을 무력으로 무너뜨려 보자고 공공연히 이야기했다. 달리 말하자면 미국과 북한의 전쟁이 속히 재개된다는 뜻이었다. 9·11 이후 도널드 럼스펠드는 불량국가들을 겨냥한 선제 핵 타격을 제안했고,[6] 이라크침공이 신속한 승리로 이어질 것처럼 보였을 때 한국을 위한 기본적인 전쟁 계획(작전계획 5030)의 수정을 요구했으며, 또한 의회로부터 벙커버스터bunker buster[지하 벙커 파괴] 핵폭탄을 위한 자금을 얻어내려 했다. 그 계획을 들은 내부자들에 따르면, 그것은 "북한 군대를 동요하게 만들어 김정일 정권을 무너뜨리는" 전략이었다. 동요한 군대가 김정일 정권을 타도하고 "정권 교체"를 완수하리라는 것이었다. 그 계획은 "이라크의 정권 교체를 옹호했던 정부 내의 여러 강경론자들이" 추진했다. 누구인지 모르지만, 부시 행정부의 몇몇 고위 관료는 이 새로운 계획의 요소들이 "너무 공격적이어서 전쟁을 유발할 수 있다"고 생각했다.[7]

21세기에 들어서서 미국인들은 한국에서 했던 경험을 이라크에서 다시 되풀이했다. 미국은 미리 생각해보지도 않고, 적절한 고려나 자기인식도 없이, 무엇을 하고 있는지도 모른 채 정치·사회·문화적 덤불 속으로 돌진했으며, 이제야 거기서 빠져나올 수 없음을 깨닫는다. 티그리스 강과 유프라테스 강이 교차하는 지역에서는 위대한 문명이 발흥하여 번성했지만, 미국의 지도자들은 이에 관해 거의 아무것도 모른다. 여하튼 미국은 주권국가를 침공할 수 있다고, 사담 후세인의 군대를 짓밟고 바그다드로 이어지는 꽃길을 찾을 수 있다고 생각했다. 2003년 점령이 시작된 직후, 《뉴욕타임스》의 기자는 바그다드대학교의 한 교수에게 사태가 어떻게 전개될 것 같은지 물었다. 그 학자의 첫 마디는 이랬다. "당신네 미국인들은 우리나라에 관해 아무것도 모른다."

1945년 9월 처음으로 한국을 점령한 미국인들에 대해서도 같은 말을 할 수 있을 것이다. 프랭클린 델러노 루스벨트 대통령이 사망한 뒤(그리고 이와 더불어 통일된 한국을 위한 그의 신탁통치 계획이 사실상 소멸한 뒤), 국무부는 한국의 전체나 일부에 대한 전면적인 군사적 점령을 밀어

붙었다. 그들은 무슨 일이 벌어지든 한반도에서 "주도적인 역할"을 수행하고자 했다. 소련군이 한국에서 일본군과 싸울 경우에, 이들에 합세할 수도 있는 수많은 만주 유격대원들이 두려웠기 때문이다. 미국이 이전에는 전혀 진지하게 주목하지 않았던 나라인 한국에 처음으로 관심을 둔 이유는 무엇인가? 한국은 전후 일본(미국이 아직도 맞서 싸우고 있던 적)의 안전에 중요하다고 판단되었다. 그래서 김일성과 그의 협력자들이 문제가 되었고, 북한은 지금도 여전히 문제로 남아있다. 그 문제를 해결할 방법은 보이지 않는다.

워싱턴 정책입안자들의 진부한 표현을 들자면, 이는 "출구전략의 부재"라고 할 수 있을 것이다. 사실 미국은 1945년 이래로 어느 곳에서도 출구전략을 갖추지 못했다. 예외가 있다면 내쫓기거나(베트남) 떠나라고 요구받은(필리핀) 경우뿐이다. 다시 말해 미군은 제2차 세계대전이 끝난 지 70년째에 접어든 지금도 일본과 한국, 독일에 주둔해 있다. 정책입안자들(거의 언제나 군대 경험이 거의 없거나 전혀 없는 민간인들로 애치슨이 전형적인 인물이다)은 미국을 전쟁으로 끌고 들어가지만 빼낼 수는 없으며, 곧이어 국방부가 책임을 넘겨받아 기지를 설치한다. 그러면 전체 기획은 다른 모든 나라들에 비해 압도적인 국방 예산으로 가동되는 영구 작동 기계가 된다.

현재의 이라크 점령이 선례를 따른다면, 그 나라는 분할될 것이고, 내전이 터질 것이며(이미 드러난 수준을 뛰어넘을 것이다), 수백만 명이 죽을 것이고, 그래도 해결되는 일은 없을 것이다. 그리고 2060년대가 되어도 3만 명의 미군이 여전히 그 나라에 주둔하여 사악한 적(그들이 누구든 상관없다)에 맞서 전선을 지킬 것이고, 언제라도 새로운 전쟁이 발발할 수 있을 것이다. 나가사키가 핵폭탄에 흔적도 없이 파괴된 그날 자정 무렵 딘 러스크가 지도를 살피고 위도 38도선에 이전에는 누구도 주목하지 않았던 경계선을 그은 이래, 미국은 북한과의 위험하고 끝도 없는, 결국 무익하고 실패한 싸움에 잡혀 있다. 미국은 도대체 언제 깨달음을 얻을 것인가?

화해의 분위기

모든 것을 명백한 사실에 기초하여 균형 있게 받아들이는 것('위안부'는 강압에 의해 끌려간 것인가 아닌가?), 무엇에도 분노하지 않는 것(커티스 르메이는 방화광인가 아닌가?), 판단을 버리고 경험에 집착하는 것(미국은 정말로 북한의 **모든** 도시를 불태웠나?), 어리석은 등치를 제안하는 것(북한과 나치), 그리고 선택을 하고 판단을 내려야 하는 인간의 필요성을 부정하며 객관성과 정의를 혼동하는 것, 이것들은 옳은가? 판단은 '관점'일 수도 있다. 아니면 지혜라고 부를 수도 있겠다. 객관성은 실로 감정이입을, 결국 아량을, 특히 역사의 손에 가장 심하게 당한 자들을 향한 너그러움을 뜻할지도 모른다.

니체의 글 「역사가 인간에 주는 이익과 손해에 관하여Vom Nutzen und Nachteil der Historie für das Leben」에도 이와 유사한 관념이 깃들어 있다. 앞서 보았듯이, 책은 들판에서 소 떼가 풀을 뜯는 것으로 시작한다. 우리는 소가 부럽다. 원하는 대로 풀밭에서 뛰어놀며 먹고 자고 송아지를 낳는 소들이 행복해 보이기 때문이다. 지나가던 사람이 묻는다. "우리한테 너의 행복에 대해 얘기해다오." 그 짐승은 대답하고 싶지만 그럴 수 없다. "'내가 말하려고 했던 것을 금방 잊어버리기 때문이야.' 그러나 동물은 이 대답 역시 곧 잊어버렸고 침묵했다. 그래서 인간은 그것을 이상하게 생각했다." 그 소는 오직 순간만을 경험하며 우울함이나 지루함을 느끼지 않는다. 마찬가지로 같은 들판에서 뛰노는 어린이는 과거와 미래는 의식하지 못한 채 더 없이 행복하다. 그러나 지나가는 사람은 아무리 피하려고 애를 써도 과거와 현재를 연결하는 사슬이 늘 자신을 따라다니는 이유가 무엇인지 궁금하다. 순간은 유령처럼 다시 찾아오며, 우리는 소가 경험할 수 없는 것을 겪는다. 우리의 마음을 부단히 두드리고 고통과 갈등과 괴로움을, 그리고 의미를 주는 것은 "그랬다", 즉 과거이다. 생각하고 평가할 수 있는 능력 덕분에 우리는 인간만의 차이점을 갖는다. 우리는 "스스로를 부정하고 소모하고 스스로에게 이의를 제기함으로써 살아가는 존재"로서의 한 사람인 것이다(이를테면 일본 총리 아베 신조처럼 말이다).

기억에는 정반대의 짝이 있다. 망각이다. 니체는 망각이 "모든 행동에 내재한다"고 생각했다. 비역사적인 것과 역사적인 것은 인간의 건강에 똑같은 정도로 필요하다. 망각은 의식의 문지기이기 때문이다. 니체는 『선악의 저편Jenseits von Gut und Böse』에서 망각이 없다면 세상이 얼마나 비도덕적으로 보이겠냐고 썼다. 현재에 행동하는 것은 비역사적으로 사는 것이며 또한 **억압하는 것**이다. 프로이트가 많은 가르침을 얻은 글에서,

니체는 진실을 감추고 상처를 치유하며 삶을 헤쳐 나가고 변화하며 망가진 것을 고쳐 만드는 인간의 창조적 능력을 이야기했다. 과거의 일본 성노예들이 바로 망가진 인간이다. 그들은 일본의 책임과 참회를 요구하며 고통스러운 투쟁을 통해 강인한 존재로 다시 태어났다. 과거의 범죄를 인정하고 그러한 일이 어떻게 일어났는지 이해하며 희생자와 화해할 방법을 찾는 것은 자존심과 힘을 얻는 또 하나의 길이다.

이러한 것들이 인간의 사고, 걱정, 기억, 망각, 힘이 지닌 속성이다. 한국인이든 일본인이든 미국인이든 차이가 없다. 실제로 남한 지도자들은 역사의 가치를 유익하게 이해한다는 점에서 상당한 진척을 보였다. 한국인들이 겪은 역사는 분명코 20세기 최악의 역사 중 하나이며, 그 나라는 21세기에도 여전히 분단되어 있다. 그렇지만 1997년 역사가나 학자가 아니라 카리스마를 지닌 정치인인 김대중이 대통령으로 선출되었을 때, 북한과의 화해를 위한, **그리고** 1890년대부터 1990년대에 이르기까지 일본과 미국, 그리고 연이은 남한의 군사정권과 매우 불편한 관계에 있었던 그의 고향이자 반란의 땅인 남서부 지역과의 화해를 위한 광범위한 노력이 시작되었다. 김대중은 취임하면서 1996년에 사형과 종신형을 선고받은 두 명의 군사통치자 전두환과 노태우를 사면했다. 전남대학교의 나간채 교수 같은 학자들이 주장했듯이, 전두환과 노태우의 재판과 1997년 김대중의 당선은 오랜 시간 동안 큰 고생을 겪은 뒤에야 왔지만 광주와 전라남도 주민들에게는 명백한 승리였다.

김대중의 기획 중 하나는 한국 현대사의 어려운 문제, 그리고 한국과 이웃 나라들 사이의 어려운 문제를 새로이 공정하게 조사할 "미래를

여는 역사"였다. 그와 그 후임자의 임기가 끝난 뒤, 남한은 마침내 하나의 통합된 국가가 되었고, 모든 정통과 이단의 '관점들'이 표현되었으며, 북한과의 화해에 엄청난 진전이 있었다고 말할 수 있다. 대다수 국민의 마음속에서 북한의 이미지가 바뀌었다. 사악한 공산주의자 악마들이 아니라 정신 나간 삼촌이 이끄는 형제들이자 사촌들이었다. 2007년 4월 김대중의 후임자인 노무현 대통령은 중요한 연설에서 일본의 지도자들이 이웃 나라와 공동의 이해에 도달하려 하지 않고 1930~40년대에 선조들이 한 일을 정당화하려 한다고 비판했다. "국내에서든 국가 간에든 진정한 화해는 오로지 역사적 진실의 토대 위에서만 가능합니다."[8]

한국전쟁이 시작되었을 때, 남서 해안 근처의 구림마을[영암군]에서 약 300명의 주민이 사망했다. 구림마을은 1000년 넘게 역사가 이어진 4개 씨족의 유서 깊은 마을로 오늘날 약 600가구가 살고 있다. 해방 후 갈등에서 마을 주민들은 갈퀴와 괭이로 서로 공격했다. 지역에서 흔히 일어나는 일이었다. 일부 주민은 산악 지대의 유격대를 지원했는데, 유격대는 필요한 것을 무차별적으로 약탈했다. 전쟁이 발발하자, 일부 주민은 경찰과 우익분자들 몇몇을 살해했다. 10월 남한군이 구림마을을 탈환했을 때, 경찰은 공산주의 동조자로 추정된 사람 90명을 살해했다. 그 지역에서 유격전은 1950년 내내 지속되었지만, 1951년 전쟁이 교착상태에 빠진 이후 현지 대한민국 군대의 한 부사관이 인근 계곡에서 13명을 더 처형했다. 최재상은 경찰이 누나에게 옷을 벗으라고 말했을 때 열두 살이었다. 누나가 이를 거부하자 경찰은 부모가 보는 앞에서 누나의 머리에 총을 쏘았다. 이 마을의 내전은 거의 모든 가족에 원한과 복수의 열망을 남겼다. 수십 년 동안 반목하던 집안들은 서로 말도 섞지 않았다. 그러나 2006년 마을의 원로들이 530쪽에 달하는 구림마을의 역사를 편찬하여 전쟁 중 사망한 이들의 명부를 가해자를 병기하지 않은 채 기록하고 합동 추모제를 후원하면서, 마을은 남한 전역에서 화해의 상징이 되었다. 밝혀진 바에 따르면 마을의 원로들은 전쟁이 끝난 뒤 누가 누구를 죽였는지 밝히지 말고 복수를 하지도 말기로 공동으로 결정했다고 한다.[9]

남한에서 이루어진 여러 조사의 목적은 책임을 묻거나 냉전의 싸움을 다시 하는 것이 아니라, 북한과 남한 사이의 화해를 도모하고 과거에 적이었던 자들을 **이해**할 수 있는 인식과 태도를 얻는 것이었다. 이해란 공감이 아니고 감정이입도 아니며, 단지 적의 행동을 이끈 원칙들을 이해하는 것을 말한다. 그 원칙들이 용납하기 어렵다고 해도, 역사적으로 그 적에게 일어난 일에 관한 나의 지식과 크게 상충되더라도 상관없다. 결국 20세기에 일본이 한국을 점령한 이후의 그 모든 피와 고통의 책임을 어느 한 편에 돌리는 것(대다수 미국인들이 그렇게 한다)은 지극히 복잡하고 냉혹하고 심히 잔인한 역사를 이데올로기라는 바늘구멍을 통해 보는 것이다. 그러나 올바른 재판 제도에 따른 진혼곡의 장치, 즉 조사, 심리, 증언, 판결, 사과, 정화, 배상을 통한다면, 우리는 마침내 화해하고 조정하고 혼령들에 안식을 줄 수 있을 것이다. 적의 핵심 원칙들을 회피하지 않고 이해한다면, 우리의 역사를 적과 함께 모든 시각에서 바라본다면, 적의 세계관에도 호소할 수 있을 것이다. 그리고 당연히 한쪽 편(남한)이 한 일을 완전히 인정하면, 다른 편이 품은 모든 불만을 더 잘 이해할 수 있을 것이다. 그러나 가장 큰 소득은 자기인식이다. 자신을 모르고 옳든 그르든 타인이 자신을 어떻게 생각하는지 모른다면, 복잡한 세상을 헤쳐 나가기 어렵기 때문이다.

그러므로 우리는 다시, 마침내 소와 대립되는 인간으로 돌아온다. 니체는 이렇게 썼다. 현대의 개인은 "고작 자신의 고집을 꺾기 위해 (…) 어마어마한 에너지를 허비"해야 한다. 소는 그 점에서 걱정할 필요가 없지만, 우리는 그렇지 않다. 아베 신조와 미국의 여러 대통령 같은 지도자들도 마찬가지이다. 우리의 유일한 자원은 "진실의 칼"이며, 그것을 가차없이 사용하여 궁극적으로 정의와 아량, 화해를 위해 "조절하고 처벌하는" 것이다. 남한은 동아시아에서 유일하게 그렇게 한 나라이다. 자신들의 역사와 타국과의 갈등을 두 눈 똑바로 뜨고 철저하고 면밀하게 조사한 나라이다.

이제 적이 무슨 생각을 하는지 짐작해보자. 그 지도자들은 싸늘한 만주의 황무지에서 십여 년 동안 일본 군국주의자들과 길고 힘든 싸움을 수행했다. 실로 냉혹하고 용서 없는 투쟁이었다. 그러나 이 투쟁은 1945년 그들을 대다수 한국인과 갈라놓았고, 그들이 보기에는 자신들의 통치권을 남겨주었다. 진실과 정의의 유일한 표지는 일본 제국주의자들에 맞서 모든 것을 희생한 자들이 조국을 물려받고 적인 일본과 함께했던 자들은 응당한 대가를 받는 것이다. 5년이 흐른 뒤 피에 젖은 병사들과 더불어 북풍은 더욱 강해졌고, 그래서 그들은 약한 편에서도 똑같이 원했던 일을 벌였다. 수십 년간의 망각의 식민지 시대에는 한국인에게 없었던 새로운 대규모 군대로 상대편을 공격하여 완전히 지워버리려 했던 것이다. 이는 불과 몇 주 만에 완료될 것 같았다. 실제로 거의 그랬

북한의 지하 공장. (미국 국립기록보관소)

다. 그러나 어찌 되었는가. 침공은 뜻하지 않게 미국의 계략에 빠졌다. 미
국은 그 나름의 매우 다른 이유에서 참전했고 그들의 승리를 앗아갔다.

　미국은 우선은 방어를 위해, 그다음에는 공격을 위해 개입했다. 최
악의 사태가 벌어졌다. 미군이 그들의 영토를 점령했던 것이다. 그러나
중국이 국경을 지키고 전우를 지원하기로 결정했다. 전투는 곧 중앙전선
을 따라 교착상태에 빠졌고, 협상이 개시되었으며, 2년 후 휴전협정이 체
결되었다. 그렇지만 3년 동안 미군은 아무런 방해도 받지 않고 소이탄
폭격을 가해 북한 땅을 불모지로 만들었고, 살아남은 주민들은 동굴과
산악 지대, 터널, 요새의 피난처를 사랑하는 두더지가 되어야 했다. 이 지
하 세계는 나라를 재건하는 토대이자 주민들 사이에 사나운 증오를 퍼

뜨리는 기념물이 되었다. 살아남은 지도자들에게 역사는 그들의 투쟁이 시작된 1932년부터 이 끔찍한 전쟁을 거쳐 현재까지 이어진다. 그들의 진실은 냉정하고 고리타분하고 헛된 지식이 아니라 "정리하고 처벌하는 재판관",[10] 즉 자신들의 최우선 목적은 최후의 승리를 얻을 때까지 살아남는 것이라는 각인된 확신이다. 그리고 만일 국가 전체가 이 과업에 몰두해야 한다면, 그렇게 해야 했다.

따라서 우리는 부조리한 상황에 몰린다. 기억의 당파는 이 주된 임무에 여전히 집중하여 그 명령을 수행할 세계사적 요새 국가를 완성하고 적을 막아내고 있다. 반면 망각의 당파이자 아무것도 모르는 당파는 어쩔 수 없을 때에만, 북한이 정찰선을 나포하거나 미루나무를 베어내거나 핵폭탄을 터뜨리거나 하늘로 로켓을 쏘아 올릴 때에만 드문드문 관심을 보인다. 그러면 언론이라는 바다가 열리며, 우리는 평양의 사악한 적(요란한 북소리와 무력시위)을 본다. 그리고 다음번까지 바다는 다시 닫힌다. 미국은 그들을 승인하지 않는다. 별다른 관심을 두지 않으며, 스스로 잘했다고 격려한다. 반면 그들은 플라톤의 "공화국"이나 획일적인 가톨릭, 또는 스탈린의 간부진을 흉내 낸다. 높은 곳에서 주민들의 영혼을 조작하는데, 처음에는 신유교적 선배들이 했던 것과 똑같이 시작해서(그 때는 인간이 매우 순진하고 경이롭다), 진짜 완벽한 합의와 통일까지는 아니어도 최소한 그렇다는 이미지를, 즉 적을 쳐부술 위대한 통합을 추구하는 "단일대오"를 확보할 때까지 계속한다. 저들은 선악을 확실히 안다고 생각하지만, 우리는 그 정도의 확신은 없다.

전쟁 억지라는 관성(한국에서는 1953년 이래로 모든 당사자가 철저히 억

북한 국방위원회(2009년).

제되었다)이 어떻게 단지 한쪽 편만이 아니라 모든 당사자에서 무차별 폭력 능력을 키우는지 주목하라. 새로운 한국전쟁은 당장 내일 아침이라도 발발할 수 있으며, 미국은 원래의 압도적인 힘과 이해할 수 없는 무지함을 여전히 유지할 것이다. 서로를 모르는 군대들이 다시 충돌할 것이며, 그 결과는 다시금 중요한 진실을 밝혀줄 것이다. 한국에서 군사적 해법은 없다(이전에도 전혀 없었다).

2009년 북한 정부는 국방위원회가 움직였는데, 그 12명 위원은 한국전쟁의 명예로운 용사들을 대표한다. 이들은 과거의 수호자이자 과거의 포로이다. 이 기억의 당파는 1945년 이후 과거와 현재와 미래의 압력에 대항했고, 세계 역사상 최대의 군사 강국에 맞서 버텼다. 미국인들은 이 이야기를, 김정일이 대표하는 하찮고 허약하며 방탕하고 잔인하며 위험한 지도부의 이야기를 안다고 생각하지만, 틀려도 한참 틀렸다. 그 '없어서는 안 될 강국'의 지도자들은 이 전쟁의 성격도 적의 속성도 알지 못한다. 이는 망각의 문제가 아니라 '아무것도 모르는 것', 즉 일종의 의도하지 않은 무지이자 의도적인 무관심의 문제이다. 이 때문에 미국인들은 거듭 적을 과소평가하며, 그로써 김정일에게 매우 귀중한 우세를 허용한다. 마지막으로 무수한 생명을 헛되이 앗아간 죽음의 신이라는 전쟁 자체의 사악하고 오싹한 이미지가 있다. 전쟁은 계속되고 확실한 승자이며 결코 끝나지 않기 때문이다. 전쟁은 수많은 형태로, 기억과 트라우마, 혼령, 억압, 비무장지대를 따라 이어진 철망의 일상적인 긴장으로 되돌아와 살아있는 자들을 조롱한다. 전쟁은 1945년 민족 분단 이래로 한국의 비극을 견디고 살아남은 유일한 '완료시제'였다.

태평양전쟁은 1931년에 시작해서 1945년에 끝났다. 한국전쟁은 1945년에 시작했고 비록 전투는 1953년에 멈췄지만 결코 끝나지 않았다. 1931~32년에 시작한 북한과 일본의 전쟁도 끝나지 않았다. 남한은 1965년에 일본과 관계를 정상화했지만, 북한과 일본은 여러 차례 협상이 실패하면서 관계를 정상화하지도 화해하지도 못했다. 그러므로 북한의 시각에서 보면 어느 전쟁도 '종결'되지 않았다. 두 전쟁 모두 적절한 해결

1957년 재건 중인 평양에서 산책하는 사람. (작가 크리스 마커와 뉴욕의
피터 블룸 갤러리의 허가를 얻어 게재)

에 이르지 못했다. 물론 이러한 경계 설정은 미국이 정한 것은 아니다. 그
렇지만 일본과 한국의 여러 역사책들은 이 두 충돌의 시작을 1931년과
1945년으로 잡고 있으며, 역사에 집착하는 북한은 현재를 오랫동안 잊
혔던 1932년 3월의 그 첫날과 직접 연결한다. 지독한 전쟁을 치른 자들
은 그 전쟁이 언제 시작해서 언제 끝나는지 훨씬 더 잘 이해한다.

   미국인들이 이 '잊힌 전쟁'을 기본적으로 한국인들이 그들만의 목적
을 위해 싸운 전쟁으로 회고하는 데 어려움을 느낀다면, 자신들의 내전
을 기록한 위대한 역사가들의 말을 경청해야 한다. 국제사회의 관여(특히
미국의 개입)는 중요했지만, 필수적인 동력은 한반도에, 예언자 무함마드
시대 이래로 인정된 경계 내에 지속적으로 존속했던 이 오래된 나라에

내재했다. 한국은 베를린 장벽이 무너진 뒤로도 오랫동안 분단된 상태를 유지하고 있다. 이 전쟁이 그 국가와 한국인의 영혼에 깊은 상처를 냈기 때문이다.

결국 한국전쟁은 20세기의 가장 파괴적이고 가장 중요한 전쟁 중 하나로 이해될 것이다. 300만 명이나 되는 한국인이 사망했고, 그중 최소한 절반은 민간인이었다(태평양전쟁에서 사망한 일본인이 230만 명이었다). 이 전쟁은 일본의 해안에서 가까운 곳에서 사납게 일었기에 그 나라의 부흥과 산업화를 강력히 촉진했으며, 어떤 이들은 이를 "일본의 마셜 플랜"이라고 비유했다. 전쟁 이후 두 한국은 서로 마주한 채 경제개발에서 경쟁했고, 그 덕에 두 나라는 현대 산업국가로 바뀌었다. 마지막으로 1950년 후반 여섯 달 동안 방위비가 거의 네 배로 증가하면서 미국의 광범위한 해외 기지를 구축하고 국내에서 안보국가를 수립한 것도, 그리고 미국을 세계의 경찰국가로 만든 것도 제2차 세계대전이 아니라 바로 한국전쟁이었다.

감사의 말

랜덤하우스 출판사의 조너선 제이오에게 감사한다. 내게 이 책을 내보라고 권해주었고 날카롭고 꼼꼼하게 편집했으며 준비와 출판의 여러 단계마다 초고를 살펴주었다. 능숙하고 세심하게 교정을 보아준 존 맥기에게 큰 감사를 드린다. 랜덤하우스 출판사의 제시카 워터스와 데니스 앰브로즈도 친절했고 솜씨가 좋아 큰 도움을 받았다. 시카고 대학교 박사과정 학생 황수경과 그레이스 채는 자신들의 연구를 통해 한국전쟁에 관하여 내게 많은 것을 가르쳐주었다. 그밖에 많은 사람들이 1981년 이 전쟁에 관한 나의 첫 번째 책이 출간된 이래 나의 연구를 도왔다. 그중에서도 특히 메릴린 영과 작고한 제임스 팰레이, 와다 하루키에 감사하고 싶다. 마지막으로, 메레디스와 벤, 이언, 재키의 사랑과 지지에 감사한다.

연표

기원전 2333	단군 신화의 고조선 건국.
668~918	신라가 평양을 관통하여 흐르는 대동강까지 통일하여 한반도를 지배.
918~1392	고려가 개성에 수도를 두고 한반도를 지배, 세계에서 가장 세련된 청자 생산.
1231	몽골이 중국을 휩쓸고 고려를 침공.
1392	이성계가 한양을 수도로 삼아 조선 건국.
1443	세종대왕이 학자들과 더불어 한국 고유의 문자인 한글 창제.
1592~1598	일본이 도요토미 히데요시의 지휘로 조선을 폐허로 만들었으나 이순신 장군이 격퇴, 히데요시 사망.
1876	일본의 포함砲艦[운요호]에 의해 외국 무역에 대해 개항, 최초의 불평등조약[강화도조약] 체결.
1882	미국과 불평등조약[조미수호통상조약] 체결.
1894	동학농민봉기의 패배.
1894~1895	청일전쟁에서 일본이 승리.
1894	신분제 폐지.
1904~1905	러일전쟁에서 일본이 승리, 조선은 일본의 보호국이 됨[을사조약].

1910	일본이 조선을 식민지로 병합[한일병합조약], 조선왕조 멸망.
1919	3월 1일에 일본의 지배에 반대하는 독립만세운동이 시작되어 전국적으로 여러 달 지속되었으나 진압됨.
1932	3월 1일에 일본은 중국 둥베이 3성에 꼭두각시 국가인 만주국 건립.
1937	일본, 중일전쟁 도발.
1941	일본, 미국의 진주만 공격.
1945	일본이 연합국에 항복함에 따라 조선 해방.
1945~1948	한반도의 미소군정기.
1948	대한민국과 조선민주주의인민공화국 수립.
1950~1953	한국전쟁.
1961	박정희가 군사 쿠데타를 일으킴.
1980	전두환이 광주항쟁을 진압하고 군사 쿠데타를 일으킴.
1987	전국적인 저항에 군사독재정권이 대통령 선거를 실시.
1992	김영삼이 대통령에 당선되어 좀 더 민주적인 정치 시대 시작.
1994	김일성이 사망하고 그의 아들 김정일이 북한 최고 지도자가 됨.
1997	김대중이 남한에서 야당 후보로는 처음으로 대통령에 당선.
2000	최초의 남북 간 정상회담이 평양에서 열림, 김대중이 노벨평화상 수상.
2002	노무현 대통령 당선.
2007	이명박 대통령 당선.

미주

기록보관소 용어

FO: 영국 외무부British Foreign Office

FR: 미국 외교문서Foreign Relations of United States

HST: 해리 트루먼 대통령 도서관Harry S Truman Presidential Library

MA: 더글러스 맥아더 기록보관소Douglas MacArthur Archives(Norfolk)

NA: 국립기록보관소National Archives

NDSM: 노동신문(평양)

NRC: 국가기록원National Records Center

PRO: 공공기록청(런던)Public Record Office

RG: 기록군Record Group

USFIK: 주한미군U.S. Forces in Korea

들어가며

1. Max Hastings, *The Korean War*(London: Michael Joseph, 1987), p. 105.

1장 전쟁의 전개: 발발에서 휴전까지

1. Tim Weiner, "Robert S. McNamara, Architect of a Futile War, Is Dead at 93," *New York Times*(July 7, 2009), A1, A9~10.

2. 곧 나올 Michael Shin의 책은 이 현상을 가장 잘 분석한 책이다.

3. 여러 참전 군인들이 베트남보다 한국에서 고의적인 상관 살해가 더 많았다고 생각한다고 내게 말했다. 내게는 이 문제에 관해 판단을 내릴 방법이 없다.

4. William Mathews Papers, box 90, "Korea with the John Foster Dulles Mission," June 14~29, 1950.

5. Acheson Seminars, Princeton University, Feb. 13~14, 1954. (이 세미나는 애치슨의 회고록 집필을 돕기 위해 계획되었다.)

6. 증거자료는 다음을 보라. Bruce Cumings, *The Origins of the Korean War, II: The Roaring of the Cataract, 1947~1950*(Princeton, N.J.: Princeton University Press, 1990), ch. 14.

7. 나는 다음 책에서 이 일화를 길게 논했다. Bruce Cumings, *War and Television: Korea, Vietnam and the Persian Gulf War*(New York: Verso, 1992).

8. Harold Joyce Noble, *Embassy at War*, ed. and introduced by Frank Baldwin(Seattle: University of Washington Press, 1975), pp. 20, 32, 105, 118~119.

9. Acheson Seminars, transcript of Feb. 13~14, 1954. 인용한 케넌의 발언은 그가 1950년 6월 말 공책에 적은 것이다. 오마 브래들리도 애치슨이 그 결정 과정을 지배했다고 쓴다. Omar N. Bradley, with Clay Blair, *A General's Life: An Autobiography of a General of the Army*(New York: Simon and Schuster, 1938), p. 536. 케넌은 6월 26일에 쓴 메모에서 "우리는 남한에서 강경하게 대응해야 한다"고, 공격을 "격퇴해야" 한다고 말하며 애치슨의 결정을 지지했다. 케넌

이 생각하기에, 미국이 대한민국을 지키는 데 실패한다면, 그다음은 이란과 베를린이 위협을 당할 것이었다(Princeton University, George Kennan Papers, box 24, Kennan to Acheson, June 26, 1950). 그 결정에 관한 애치슨의 논의는 다음을 보라. Dean Acheson, *Present at the Creation: My Years in the State Department*(New York: W. W. Norton & Company, 1969), pp. 405~407.

10. Truman Presidential Library (HST), Presidential Secretary's File (PSF), CIA file, box 250, CIA daily report, July 8, 1950.

11. Thames Television interview, Athens, Georgia, September 1986. 또한 Thomas J. Schoenbaum, *Waging Peace and War*(New York: Simon and Schuster, 1988), p. 211을 보라.

12. 한국전쟁 참전 군인의 발언은 다음에서 인용했다. Rudy Tomedi, *No Bugles, No Drums: An Oral History of the Korean War*(New York: John Wiley & Sons., 1993), pp. 186~187, 197~205; Major Robert K. Sawyer, *Military Advisors in Korea: KMAG in Peace and War*(Washington, D.C.: Office of the Chief of Military History, 1962), pp. 124~126, 130, 134, 141, 153.

13. Princeton University, Dulles Papers, John Allison oral history, April 20, 1969; 앞의 자료, William Sebald oral history, July 1965. 시볼드는 일기에서 맥아더의 "그런 취지의 발언"을 인용한다. 또한 Stephen Casey, *Selling the Korean War: Propaganda, Politics, and Public Opinion in the United States, 1950~1953*(New York: Oxford University Press, 2008), pp. 28, 68을 보라.

14. *New York Times*, July 14, 1950.

15. *New York Times*, July 19, 1950.

16. *New York Times*, Aug. 21, 1950. 나치가 우크라이나 유격대를 잔인하게 진압했던 것에 관한 크리스토퍼 심슨(Christopher Simpson)의 피 말리는 설명을 보라. 그는 이것이 "역사상 유례가 없다"고 생각했다. Christopher Simpson, *Blowback: America's Recruitment of Nazis and Its Effects on the Cold War*(New York: Weidenfeld and Nicolson, 1988), pp. 13~26.

17. Letter to *The New York Times*, July 16, 1950. 테일러는 서구의 군대가 이러한 가르침을 늘 따른 것은 아니라고 썼다.

18. *New York Times*, Aug. 5, 1950; British Foreign Office, FO317, piece no. 84065, Sawbridge to FO, Aug. 17, 1950; Carlisle Barracks, Matthew Ridgway Papers, box 16, Willoughby to Ridgway, Aug. 7, 1950.

19. National Records Center (NRC), Record Group (RG)338, Korean Military Advisor Group (KMAG) file, box 5418, "KMAG Journal," entries for July 24, Aug. 8, 1950; handwritten "G-3 Journal," July 1950; Roy Appleman, *South to the Naktong, North to the Yalu*(Washington, D.C.: Office of the Chief of Military History, 1961), p. 478; *New York Times*, Aug. 17, 1950; NRC, RG349, box 465, CIC report of Aug. 17, 1950.

20. MacArthur Archives (MA), RG6, box 80, ATIS issue no. 28, March 11, 1951. 정보장교 최배윤의 것으로 확인된 공책의 번역이며, 박기성의 말도 여기서 인용했다. 이 공책은 1951년 2월 4일에 노획되었다. 다른 문서는 다음을 보라. Carlisle Barracks, William V. Quinn Papers, box

3, periodic intelligence report no. 120, 날짜는 적혀 있지 않지만 아마도 1951년 1월인 듯하다.

21. D. Clayton James, *Refighting the Last War: Command and Crisis in Korea, 1950~1953*(New York: The Free Press, 1993), pp. xi, 140~144, 178, 195.

22. Michael Walzer, *Just and Unjust Wars: A Moral Argument with Historical Illustrations*(New York: Basic Books, 1977), pp. 117~123[권영근·김덕현·이석구 옮김, 『마르스의 두 얼굴: 정당한 전쟁·부당한 전쟁』, 연경문화사, 2007, 266~278쪽].

23. Shu Guang Zhang, *Mao's Military Romanticism: China and the Korean War, 1950~1953*(Lawrence: University Press of Kansas, 1995), p. 44.

24. 앞의 책, pp. 63, 71~84.

25. Donald Knox, *The Korean War: Pusan to Chosin—An Oral History*(New York: Harcourt Brace Jovanovich, 1985), p. 390에서 인용했다.

26. National Archives (NA), Office of Chinese Affairs file, box 4211, Hong Kong to State, Oct. 26, 1950; FO317, piece no. 83271, FO minute on Mukden to FO, Nov. 23, 1950. 네룽전은 1924년 베를린에서 저우언라이 밑에서 일했기 때문에 그와 가까웠다. 그는 1925년 황푸(黃埔)군관학교에 들어가 다시금 저우언라이가 린뱌오를 비롯한 공산주의자들을 충원하는 데 도움을 주었다. 네룽전은 한국의 부대 집결지에서 전투 준비를 마친 부대에 소련 무기를 공급하는 데 "핵심적인 역할"을 수행했다. 린뱌오의 전체적인 지휘 아래, 리톈유가 10월 14~20일

사이 정예부대인 중국인민지원군 제13군을 이끌고 한국으로 들어갔다. 흥미로운 것은 리톈유가 1947년 5월의 위기 때 만주에서 10만 명의 병력을 이끌고 국민당과 치열한 전투를 벌였다는 사실이다. 그때 많은 조선인이 그 전투에 참여했다. (William W. Whitson, *The Chinese High Command: A History of Communist Military Politics*, with Chen-hsia Huang[New York: Praeger, 1973], pp. 93~95, 307, 338~339를 보라.)

27. William R. Corson, *The Armies of Ignorance: The Rise of the American Intelligence Empire*(New York: Dial Press, 1977), p. 205.

28. Donald Knox, 앞의 책, pp. 469, 604; Reginald Thompson, *Cry Korea*(London: Macdonald & Company, 1951), p. 147.

29. MA, RG6, box 9, MacArthur to Army, Nov. 6, 1950; MacArthur to JCS, Dec. 4, 1950. 개스코인은 북한에 중국인의 수가 얼마나 되는지 수치가 하룻밤 새에 17만 명에서 20만 명으로 확 늘어난 것에 주목하여, 윌러비가 "숫자를 조작하려" 했을 것이라고 생각했다(FO317, piece no. 84119, Gascoigne to FO, Nov. 24, 1950). 또한 HST, PSF, CIA file, box 248, daily reports for Nov. 27~Dec. 16, 1950; Carlisle Barracks, Gen. Edward Almond Papers, "Korean War, Historical Commentary," Almond letters to H. E. Eastwood, Dec. 27, 1950, and W. W. Gretakis, Edc. 27, 1950을 보라. 연합군은 여러 날 동안 흥남을 방어하며 철수했다.

30. Reginald Thompson, 앞의 책, pp. 247, 265.

31. 공중전의 맹렬함과 공포에 관한 상세한 기록은 다음을 보라. Bruce Cumings, *The Origins of the Korean War, II*, ch. 21.

32. NA, Diplomatic Branch, 995.00 file, box 6175, George Barrett dispatch of Feb. 8, 1951. 또한 Acheson to Pusan Embassy, Feb. 17, 1951.

33. 한국전쟁의 전쟁포로에 관한 최고의 설명은 Albert D. Biderman and Samuel M. Meyers, eds., *Mass Behavior in Battle and Captivity: The Communist Soldier in the Korean War*(Chicago: University of Chicago Press, 1968)이다. 또한 Rosemary Foot, *A Substitute for Victory: The Politics of Peacemaking at the Korean Armistice Talks*(Ithaca, N.Y.: Cornell University Press, 1990), pp. 109~121, 197~198을 보라. 딘 장군은 자신을 체포한 자들이 옛 유교 경전을 공부하듯이 마르크스-레닌주의 신조를 공부했으며 더 나은 세상을 건설하고 있다고 완전히 진정으로 믿은 것 같다고 썼다. William F. Dean, *General Dean's Story*, as told to William L. Worden(New York: The Viking Press, 1954), p. 192 외 여러 곳을 보라.

34. 수치는 자료마다 크게 다르다. 예를 들면 허친슨 백과사전(http://encyclopedia.farlex.com/Korean+War+casualties)과 브리태니커 백과사전(www.britannica.com/EBchecked/topic-art/616264/67418)을 비교해보라. 내 생각에는 전자가 후자보다 더 정확하다. 따라서 이 책에서 그 수치를 썼다.

35. 트루먼은 즉각 한국을 그리스의 내전에 비유했고, 연합군 최고사령부는 일찍이 보도 자료를 배포하여 미국이 "한국내전에 적극적으로 개입하고" 있다고 밝혔으며, 기자들도 자주 똑같은 이야기를 전했다. 그래서 국무부의 공보과는 모든 관료에게 "호칭이 지극히 중요"하며 "내전"이라는 명칭을 절대로 쓰지 말라고 강조하는 훈령을 내보냈다. Stephen Casey,

앞의 책, p. 41을 보라.

2장 억압과 저항의 기억

1. Jon Herkovitz, "Japan's PM Haunted by Family's Wartime Past," Oct. 20, 2008. 이 기사를 보내준 Jun Yoo에 감사한다. 또한 Kosuke Takahashi, "Taro Aso with a Silver Spoon(Sept. 23, 2008; www. atimes.com/atimes/Japan/J124Dh02.html)"도 보라.

2. Tamogami Toshio, "Was Japan an Aggressor Nation?" www. japanfocus.org.

3. 다음의 자세한 보고에서 인용했다. Larry Niksch, "Japanese Military's 'Comfort Women System", *Congressional Research Service*(April 3, 2007), p. 6(강조는 추가).

4. Larry Niksch, 앞의 글, 10; Tessa Morris-Suzuki, "Comfort Women: It's Time for the Truth(in the Ordinary, Everyday Sense of the Word)," March 22, 2007, Australia Peace and Security Network(APSnet).

5. Sarah Soh, *Sexual Violence and Postcolonial Memory in Korea and Japan*(Chicago: University of Chicago Press, 2008), pp. 3, 12, 15, 91~92, 103, 125, 138~140, 183, 186.

6. Sarah Soh, 앞의 책, pp. 193, 211~216. Tak Fujitani의 일본 군내에 복무한 조선인 병사들에 관한 새 책도 참조하라. 시카고대학교에서 곧 출간될 예정이다.

7. 예를 들면 다음을 보라. Saundra Pollock Sturdevant and Brenda Stoltzfus, *Let the Good Times Roll: Prostitution and the U.S.*

Military in Asia(New York: New Press, 1992).

8. Tessa Morris-Suzuki, 앞의 글.

9. 한국어와 중국어, 일본어로 된 귀한 사료를 바탕으로 쓴 한홍구의 뛰어난 역사적 해석은 북한 지도부의 기원에 관해 영어로 읽을 수 있는 최고의 자료이다. Hongkoo Han, *Wounded Nationalism: The Minsaengdan Incident and Kim Il Sung in Eastern Manchuria*(Seattle: University of Washington Press, forthcoming). 미군의 점령에 관한 다음 단락의 모든 정보는 Bruce Cumings, *The Origins of the Korean War, I: Liberation and the Emergence of Separate Regimes, 1945~1947*(Princeton, N.J.: Princeton University Press, 1981)[김자동 옮김, 『한국전쟁의 기원』, 일월서각, 1986]을 보라.

10. Yamamuro Shin'ichi, *Manchuria Under Japanese Domination*, trans. Joshua A. Fogel(Philadelphia: University of Pennsylvania Press, 2006), p. 259[윤대석 옮김, 『키메라 만주국의 초상』, 소명출판, 2009].

11. 이 소설은 1934년부터 《동아일보》에 연재되었고, 새뮤얼 페리(Samuel Perry)가 영어로 번역했다. *From Wonso Pond*(New York: Feminist Press, 2009)[『인간 문제』, 창비, 2006]. 강경애는 1944년 서른아홉 살의 나이로 사망했고, 한국의 독재자들은 30년 동안 그 책을 금서로 규정했다.

12. Bertolt Brecht, "The Measures Taken," in John Willett and Ralph Manheim, eds., *The Measures Taken and Other Lehrstücke*(New York: Arcade Publishing, 2001), pp. 9, 34.

13. NA, Office of the Chief of Military History, "Military Studies on

Manchuria"(1951). 여기에는 미군 장교들이 과거 일본군 대유격전 지휘관들을 면담한 내용이 들어 있다. 그 장교들은 이를 "김일성과 최현이 2월경 소련으로 들어갔다가 5~6월경에 만주로 돌아온" 이유로 제시했다. 와다 하루키가 "유격대 국가"라는 용어를 처음 썼다.

14. 앞의 자료. 일본군이 쓴 방법에 관한 더 상세한 논의와 자료는 다음을 보라. Chongsik Lee, *Counterinsurgency in Manchuria: The Japanese Experience*(Santa Monica, Calif.: The RAND Corporation, 1966).

15. 앞의 두 자료.

16. Han Hong-koo, "Kim Il Sung and the Guerrilla Struggle in Eastern Manchuria", Ph.D. diss.(University of Washington, 1999), pp. 8, 13.

17. 중국인 동지들이 김일성을 체포한 일은 오랫동안 수수께끼로 남아 있었지만, 이제는 여러 자료가 이를 증언한다. 한홍구의 연구로 1930년대 초의 여러 사건들이 베일을 벗었다.

18. Han Hong-koo, 앞의 글, pp. 324~326; Suh Dae-sook, *Kim Il Sung: The North Korean Leader*(New York: Columbia University Press, 1988) pp. 37~38[서주석 옮김, 『북한의 지도자 김일성』, 청계연구소, 1989, 34쪽].

19. Kim Se-jin, *The Politics of Military Revolution in Korea*(Chapel Hill: Unversity of North Carolina Press, 1973), pp. 48~57.

20. Charles K. Armstrong, *The North Korean Revolution, 1945~1950*(Ithaca, N.Y.: Cornell University Press, 2003), p. 31[김연철·이정우 옮김, 『북조선 탄생』, 서해문집, 2006]; NA, Office of the Chief

of Military History, "Military Studies on Manchuria"(1951).

21. Suh Dae-sook, 앞의 책, pp. 37~38.

22. 김일성, 「조선인민군 열병식에서 진술한 연설」(1948년 2월 8일), 『조국의 통일독립과 민주화를 위하여』 2권(평양, 1949), pp. 73~85쪽.

23. 예를 들면 다음을 보라. Nicholas Eberstadt, *The End of North Korea*(Washington, D.C.: American Enterprise Institute, 1999), p. 1.

24. 나의 아내 우정은(Meredith Woo)은 '고려인'이라고 불렸던 쫓겨난 조선 인들에 관하여 다큐멘터리를 제작했고, 많은 생존자들과 면담했다.

25. 최근 와다 하루키, 찰스 암스트롱, 한홍구, 안드레이 란코프처럼 여러 관련 언어들을 읽을 수 있는 학자들은 1931~45년 김일성의 항일 유격대 활동의 역사를 발굴했다.

26. Andrei Lankov, *From Stalin to Kim Il Sung: The Formation of North Korea, 1945~1960*(New Brunswick, N.J.: Rutgers University Press, 2002), pp. 7~8, 59.

27. 나는 이에 관한 기록을 찾아내서, Bruce Cumings, *The Origins of the Korean War, II: The Roaring of the Cataract, 1947~1950*(Princeton, N.J.: Princeton University Press, 1990)에서 알렸다.

3장 한국전쟁은 어떻게 잊혔나

1. "On the Uses and Disadvantages of History for Life," in Friedrich Nietzsche, *Untimely Meditations*, trans. R. J. Hollingdale(New York: Cambridge University Press, 1983), pp. 60~61[이진우 옮김, 「반시대적 고찰 2: 삶에 대한 역사의 공과」, 『비극의 탄생·반시대적 고찰』, 책세상, 2005, 290~291쪽].

2. Saul Friedlander, *When Memory Comes*, trans. Helen R. Lane(Madison: University of Wisconsin Press, 1979), p. 182에서 인용했다.

3. Tina Rosenberg, *The Haunted Land: Facing Europe's Ghosts After Communism*(New York: Vintage Books, 1995), p. xiii. 또한 Fredric Jameson, *The Political Unconscious: Narrative as a Socially Symbolic Act*(Ithaca, N.Y.: Cornell University Press, 1981), p. 9[이경덕·서강목 옮김, 『정치적 무의식: 사회적으로 상징적인 행위로서의 서사』, 민음사, 2015]; Michel Foucault, *The Archaeology of Knowledge and the Discourse on Language*, trans. A. M. Sheridan Smith(New York: Pantheon Books, 1972), pp. 8~13[이정우 옮김, 『지식의 고고학』, 민음사, 2000]; Saul Friedlander, 앞의 책, p. 79.

4. Friedrich Nietzsche, *On the Genealogy of Morals*, trans. Walter Kaufmann(New York: Vintage Books, 1967), pp. 57~58, 61(강조는 원문)[김정현 옮김, 『도덕의 계보』, 『선악의 저편·도덕의 계보』, 책세상, 2002, 395~397, 400쪽]; Jay Winter, *Remembering War: The Great War Between Memory and History in the Twentieth Century*(New Haven, Conn.: Yale University Press, 2006), p. 271.

5. Martha Gellhorn, *The Face of War*(New York: Atlantic Monthly Press, 1988), pp. 274~275.

6. Friedrich Nietzsche, *Untimely Meditations*, pp. 78, 84[『비극의 탄생·도덕의 계보』, 318, 327쪽].

7. Public Record Office(PRO), London, FO file 317, piece no. 83008, Stokes to Bevin, Dec. 2, 1950.

8. Adam B. Ulam, *Expansion and Coexistence: Soviet Foreign Policy, 1917~1973*, 2nd ed.(New York: Praeger, 1974), p. 520.

9. Thucydides, *History of the Peloponnesian War*, trans. Rex Warner(New York: Penguin Books, 1954), p. 147[천병희 옮김, 『펠로폰네소스 전쟁사』, 도서출판 숲, 2011, 287쪽].

10. Paul Fussell, *The Great War and Modern Memory*(New York: Oxford University Press, 1975), p. 155.

11. Stephen Casey, *Selling the Korean War: Propaganda, Politics, and Public Opinion in the United States, 1950~1953*(New York: Oxford University Press, 2008), 219, 221~222. 한국전쟁에 관해 불평만 해대는 영화 중 한 편인 새뮤얼 풀러(Samuel Fuller)의 〈철모(Steel Helmet)〉(1950)는 즉시 정치적 공격의 대상이 되었다.

12. 레지널드 톰프슨은 한국에서 아름다움을 발견했지만, 그 역시 일본에 있는 것을 분명히 훨씬 더 좋아했다. Reginald Thompson, *Cry Korea*(London: Macdonald & Company, 1951), p. 272를 보라.

13. https://www.amazon.com/gp/richpub/listmania/fullview/R44H26DIANVO9

14. 예를 들면 로버트 캐플런(Robert Kaplan)은 백선엽에 큰 감명을 받았다. "When North Korea Falls," *The Atlantic*(Oct. 2006), pp. 64~73. 1950~80년대까지 세계반공연맹(WACL)은 한국과 대만 및 기타 위협받는 우익 정권들의 반공주의자들, 그리고 일본과 미국의 극우파(연맹에 많은 돈을 기부한 사사카와 료이치 같은 자들)를 한데 모았다. 맥아더의 정보과장 찰스 윌러비 장군도 세계반공연맹이 서울에 본부를 설치했을 때, 우익 극단주의자 빌리 제임스 하지스(Billy James Hargis)의 기

독교 십자군(Christian Crusade)으로부터 자금을 얻어 지원했다. 세계 반공연맹 사무총장 호세 에르난데스(Jose Hernandez)가 윌러비에 보낸 편지를 보라. Willoughby Papers, box 12. 이 연맹은 남한과 대만이 창립 국가였고, 동유럽에서 망명한 온갖 소름 끼치는 전쟁범죄자들과 이제는 늙은 전쟁 이전의 파시스트와 반유대주의자들, 라틴아메리카 암살단의 열성 단원들을 끌어 모았다. 『콜디스트 윈터』(52)의 다른 영웅인 존 싱글러브(John Singlaub) 장군은 1980년대에 세계반공연맹의 미국 지부를 조직하여 문선명 목사가 세운 단체인 남북미통일연합(CAUSA International)과 긴밀히 협력했다. 폭넓은 설명은 다음을 보라. Scott Anderson and Jon Lee Anderson, *Inside the League*(New York: Codd, Mead, 1986), pp, 55, 120, 150~151, 238.

나는 템스 텔레비전의 다큐멘터리 〈한국: 알려지지 않은 전쟁〉과 관련하여 일할 때, [비영리 보도 감시 단체] '정확한 보도(Accuracy in Media)'의 리드 어빈(Reed Irvine)이 보스턴의 공영방송 제작자 오스틴 호이트(Austin Hoyt; 템스 텔레비전과 함께 일하고 있었고 그 영화의 PBS판을 감독했다)를 불러 그 프로젝트가 특정한 사람들을 인터뷰하지 않는다면 편향되었다고 고발하겠다고 위협했음을 알았다. 첫 번째로 언급된 사람은 전쟁 중에 한국에서 활동한 중앙정보국 요원 리처드 스틸웰(Richard Stillwell) 장군으로, 호이트는 인터뷰에 동의했다. 그는 내게 [그들이 아니었어도] 어쨌거나 스틸웰을 면담했을 것이라고 말했다. 그때 스틸웰은 우리에게 제임스 하우스먼(James Hausman)과의 인터뷰를 권했고, 그는 자신의 친구 백선엽을 추천했다.

15. Hendrik Hertzberg, "The Fifth War," *New Yorker*(Nov. 30, 2009), p. 23.

16. Bradley K. Martin, *Under the Loving Care of the Fatherly Leader: North Korea and the Kim Dynasty*(New York: Thomas Dunne Books, 2004), p. 63.

17. 앞의 책, p. 65; Peter Lowe, *The Origins of the Korean War*, 2nd ed(New York: Longman, 1997), pp. 59~60. 나는 이 모든 내용을 *The Origins of the Korean War, II*에서 한 장을 할애하여 논의했다.

18. Dorothy G. Horwitz, ed., *We Will Not Be Strangers: Korean War Letters Between a M.A.S.H. Surgeon and His Wife*, foreword by James I. Matray(Urbana and Chicago: University of Illinois Press, 1997), pp. 31, 82, 119, 149, 156, 207, 230, 270, 272.

19. 호위츠는 이 전쟁 중에 일한 미국인을 600만 명으로 추산한다.

20. Gregory Henderson, "Korea, 1950" in James Cotton and Ian Neary, eds., *The Korean War in History*(Atlantic Highlands, N.J.: Humanities Press International, 1989), pp. 175~176. 또한 Gregory Henderson, *Korea: The Politics of the Vortex*(Cambridge, Mass.: Harvard University Press, 1968)[이종삼·박행웅 옮김, 『소용돌이의 한국정치』 완역판, 한울, 2013]를 보라.

21. Ha Jin, *War Trash*(New York: Vintage Books, 2004), pp. 13, 35, 51, 57, 89, 159[왕은철 옮김, 『전쟁 쓰레기』, 시공사, 2008, 26, 93, 239쪽]. (『딘 장군의 이야기(*General Dean's Story*)』는 하진의 한국을 그 시각에 두는 미국인의 설명이다.)

22. 앞의 책, pp. 150~152, 174~175, 186.

1. Phillip Knightly, *The First Casualty: From the Crimea to Vietnam—The War Correspondent as Hero, Propagandist, and Myth Maker*(New York: Harcourt Brace Jovanovich, 1975), p. 338. 이 책은 한국전쟁에 관한 훌륭한 르포르타주이다.

2. Donald Knox, *The Korean War: Pusan to Chosin—An Oral History*(New York: Harcourt Brace Jovanovich, 1985), pp. 6, 67, 116 외 여러 곳을 보라.

3. William F. Dean, *General Dean's Story*, as told to William L. Worden(New York: The Viking Press, 1954), p. 163.

4. *New York Times*, Sept. 1, 3, 1950.

5. *New York Times* editorial, July 27, 1950; *New York Times* editorial, July 5, 1950. 당시 중앙정보국도 김일성을 1940년경 만주에서 사망한 유격대 영웅의 이름을 사취한 자로 여겼다.

6. Reginald Thompson, *Cry Korea*(London: Macdonald & Company, 1951), p. 39, 79.

7. Donald Knox, 앞의 책, pp. 117~118, 157, 288, 295, 359.

8. Phillip Knightly, 앞의 책, pp. 344~354; Rosemary Foot, *A Substitute for Victory: The Politics of Peacemaking at the Korean Armistice Talks*(Ithaca, N.Y.: Cornell University Press, 1990), p. 67. 검열은 1950년 12월에 돌연 시작되어, 1951년 말 완전한 제도로 정착했다. 이에 관한 본격적인 논의는 다음을 보라. Stephen Casey, *Selling the Korean War: Propaganda, Politics, and Public Opinion in the United States, 1950~1953*(New York: Oxford University Press, 2008),

pp. 8~9, 170~171 외 여러 곳. "대한민국 군대의 평판을 해칠 수 있는 이야기들"은 그때 이후로 금지되었다.

9. Phillip Knightly, 앞의 책, p. 347.

10. Princeton University, Allen Dulles Papers, box 57, Ascoli to Dulles, April 8, 1952를 보라. 또한 Jon Halliday and Bruce Cumings, *Korea: The Unknown War*(New York: Pantheon Books, 1988), p. 72를 보라. 자유주의의 피난처로서의 중앙정보국에 관한 인용은 다음을 보라. William R. Corson, *The Armies of Ignorance: The Rise of the American Intelligence Empire*(New York: Dial Press, 1977), p. 27. 스탠리 배크랙(Stanley Bachrach)은 결국 증명할 수 없었지만, 중앙정보국이 차이나로비의 다른 수단이었던 "백만위원회 (Committee of One Million)"에 자금을 댔다고 확신했다(그의 다음 책을 보라. *The Committee of One Million: "China Lobby" Politics*[New York: Columbia University Press, 1976], p. 55).

11. 데이비드 오신스키(David Oshinsky)는 다음에서 "가득한 양말"이 나오는 '발언'을 인용한다. *A Conspiracy So Immense: The World of Joe McCarthy*(New York: Free Press, 1983), p. 111. 《이즈베스티아 (Izvestia)》에 실린 소련의 논평은 다음을 보라. *New York Times*, March 27, 1950. "공산주의자와 동성애자"와 "아첨하는 자유주의자들", 앞의 자료, April 21, 1950.

12. 케이프하트의 말은 다음에서 인용했다. Godfrey Hodgson, *America in Our Time: From World War II to Nixon—What Happened and Why*(New York: Doubleday & Co., 1976), p. 34(강조는 추가). 1951년 한 유권자는 상원의원 톰 코널리(Tom Connally)에게 편지를 써 보냈다.

"텍사스 주민들은 이 영국의 유화정책, 다시 말해 영국인이 이 나라에 무겁게 짐을 지우는 것에 싫증이 난다. 그 영국 사람의 직함은 국무장관[원문 그대로]이다." Elmer Adams to Connally, May 21, 1951, Tom Connally Papers, box 45.

13. 아니면 어떤 사람들이 공산주의자가 아닌가? 앨저 히스 사건의 연방 검사 토머스 머피(Thomas F. Murphy)는 이렇게 말했다. "공산주의자는 대중의 공산주의자에 대한 통념과는 비슷해 보이지 않는다. 공산주의자는 머리를 짧게 자르지 않으며, 뿔테 안경을 쓰지 않고, 《데일리 워커(*Daily Worker*)》를 들고 다니지도 않는다. 공산주의자는 헐렁한 바지를 입지 않는다(*New York Times*, March 13, 1950)".

14. 그라이단제프 등에 대한 조사는 다음을 보라. MA, Willoughby Papers, box 18, "Leftist Infiltration into SCAP," Jan. 15, 1947, and thereafter. 윌러비는 1947년 조사를 매캐런 소위원회의 벤저민 맨델(Benjamin Mandel)의 간곡한 부탁에 따라 그에게 전달했으며, 그리고 그가 이를 매카시에게 전했다고 말했다(box 23, Mandel to Willoughby, Feb. 19, 1954). 또한 Willoughby to W. E. Woods of HUAC, May 1, 1950, Willoughby Papers, box 10을 보라.

15. *New York Times*, March 14, pp. 22, 27, and 31, 1950. 래티모어 사건의 훌륭한 설명으로는 다음을 보라. Stanley I. Kutler, *The American Inquisition: Justice and Injustice in the Cold War*(New York: Hill and Wang, 1982), pp. 183~214.

16. *New York Times*, April 4, 1950.

17. *New York Times*, May 16, 1950.

18. "Transcript of Round Table Discussion on American Policy

toward China," State Department, Oct. 6~8, 1949, declassified in Carrolton Press, CRC 1977, item 316B. 국무부 관료가 분명했던 누군가는 원본 중 래티모어가 이승만 정권의 일본 부역자들에 관해 쓴 문장 옆에 커다란 물음표를 써놓았다. 이 사본에서는 테일러가 "cold prosperity sphere"이라고 말한 것으로 나오지만, 이는 분명히 필사자의 실수이다. 나는 인용할 때 이를 교정했다[Co-Prosperity Sphere(공영권)]. 래티모어가 한국전쟁에서의 미국의 역할을 지지한 것에 관해서는 다음을 보라. *New York Times*, Aug. 1, 1950.

19. *New York Times* editorials, April 5 and 19, 1950. 이 "충격적 견해"를 지닌 다른 관료로는 이를테면 1948~49년의 육군부 고위 관료들 대부분이 해당한다. 이들은 공산주의자들이 가져가는 결과가 초래되더라도 남한을 단념할 준비가 되어 있었다. 로턴 콜린스(Lawton Collins) 장군은 1951년 상원 맥아더 청문회 중에 당시에는 삭제된 증언에서, 한국이 "군사적으로 특별히 중요하지 않다"고, 소련이 한반도를 완전히 점령한다고 해도 일본은 이미 블라디보스토크와 산둥반도 때문에 위험한 것보다 조금도 더 위험해지지 않을 것이라고 말했다.

20. Mary Sperling McAuliffe, *Crisis on the Left: Cold War Politics and American Liberals, 1947~1954*(Amherst: University of Massachusetts Press, 1978), p. 147.

21. Godfrey Hodgson, 앞의 책, pp. 89, 97.

22. Letter to the *New York Times*, July 10, 1950.

23. 아직도 이름을 밝히길 원치 않는 한국계 미국인과의 인터뷰. 이 사람은 또한 적어도 이승만에 반대했던 서부 해안의 온건한 자유주의자 교수 한 명이 연방수사국의 조사를 받은 후 지위를 잃었고, 간신히 한국으로

의 추방을 피했으며, 무국적자가 되어 여러 해 동안 여권을 얻지 못했다고 주장한다. 추방된 한국인 여러 명은 로스앤젤레스에서 발행된 좌파 한국 신문《코리안 인디펜던스(*Korean Independence*)》와 관련이 있었다.

24. *U.S. News*, Sept. 29, 1950.

25. David M. Oshinsky, *A Conspiracy So Immense: The World of Joe McCarthy*(New York: Free Press, 1983), p. 180.

26. 매카시를 도운 후버와 윌러비, 휘트니, 스미스에 관해서는 다음을 보라. Thomas C. Reeves, *The Life and Times of Joe McCarthy*(New York: Stein and Day, 1982), pp. 318, 502. 1953년의 사건에 관해서는 다음을 보라. Willoughby Papers, box 23, John W. Jackson letters, written on Justice Department stationery to Willoughby and to Ho Shih-lai, both dated Oct. 16, 1953. 조작된 파일들(래티모어와 존 서비스 [John Service] 등에 관한 파일)에 관한 논의는 다음을 보라. Robert Newman, "Clandestine Chinese Nationalist Efforts to Punish Their American Detractors," *Diplomatic History* 7:3(Summer 1983), pp. 205~222.

27. Karl Wittfogel, *Oriental Despotism*(New Haven: Yale University Press, 1957).

28. Leon Trotsky, *Stalin*(New York: Stein and Day, 2nd ed., 1967), pp. 1~2, 358. 또 부하린이 스탈린을 "또 하나의 칭기즈칸"이라고 묘사한 것에 관해서는 Stephen Cohen, *Bukharin and the Bolshevik Revolution*(New York: Vintage Books, 1979), p. 291를 보라. 또한 Issac Deutscher, *Stalin: A Political Biography*(London: Oxford

University Press, 1949), p. 472에 따르면, 스탈린은 "원시적이고 동양적이지만 영리한 것만은 분명하다."

29. 포페의 변절은 다음에서 상세히 다루고 있다. Christopher Simpson, *Blowback: America's Recruitment of Nazis and Its Effects on the Cold War*(New York: Weidenfeld and Nicolson, 1988), p. 1.

30. Perry anderson, *Lineages of the Absolutist State*(London: Verso, 1974), pp. 462~549[김현일 옮김, 『절대주의 국가의 계보』, 현실문화, 2014, 670~777쪽].

31. 예를 들면 다음을 보라. Chong-sik Lee, "Stalinism in the East: Communism in North Korea," in Robert Scalapino, ed., *The Communist Revolution in Asia*(Englewood Cliffs, N. J.: Prentice-Hall, 1969).

32. 김정일은 "제정신이 아닌 것처럼 보이게 함으로써(이 책략은 거의 확실히 도움이 된다)" 미국의 주목을 끌려 한다. Steven Coll, "No Nukes," *New Yorker*(April 20, 2009), "Talk of the Town."

33. Daniel Sneider, "Let Them Eat Rockets," *New York Times* Op-Ed, April 8, 2009.

34. Bradley K. Martin, *Under the Loving Care of the Fatherly Leader: North Korea and the Kim Dynasty*(New York: Thomas Dunne Books, 2004), p. 259.

35. Fredric Jameson, *The Political Unconscious: Narrative as a Socially Symbolic Act*(Ithaca, N.Y.: Cornell University Press, 1981), pp. 295~296, 298[이경덕·서강목 옮김, 『정치적 무의식: 사회적으로 상징적인 행위로서의 서사』, 민음사, 2015, 387, 392쪽]. 또한 Ernst

H. Kantorowicz, *The King's Two Bodies: A Study in Medieval Political Theology*(Princeton, N.J.: Princeton University Press, 1957), pp. 4~14. 북한 정권의 성격을 훌륭히 분석한 글로는 다음을 보라. Heonik Kwon, "North Korea's Politics of Longing," *Japan Focus*(April 2009).

36. Theodore Von Laue, *Why Lenin? Why Stalin? Why Gorbachev?*(New York: HarperCollins, 1997), p. 182에서 인용했다. p. 155도 보라.

5장 38도선 분리: 잊힌 점령

1. Akizuki Tatsuichiro, *Nagasaki 1945*, trans. Nagata Keiichi(New York: Quarter Books, 1981), pp. 24~25, 31, 155.

2. Central Intelligence Agency, "Korea," SR-2, summer 1947, and "The current Situation in Korea," ORE 15~48, March 18, 1948.

3. Major Robert K. Sawyer, *Military Advisors in Korea: KMAG in Peace and War*(Washington, D.C.: Office of the Chief of Military History, 1962), pp. 80~82.

4. Peter Lowe, *The Origins of the Korean War*, 2nd ed.(New York: Longman, 1997), p. 44.

5. 이 단락의 인용문과 사건들은 당시 군정 보고서에서 가져왔다. Bruce Cumings, *The Origins of the Korean War, I: Liberation and the Emergence of Separate Regimes, 1945~1947*(Princeton, N.J.: Princeton University Press, 1981), pp. 298~304[김자동 옮김, 『한국전쟁의 기원』, 일월서각, 1986].

6. U.S. 6th Infantry Division Headquarters(Dec. 31, 1946), in XXIV Corps Historical File, NA.

7. Bruce Cumings, 앞의 책, p. 364.

8. 이하 내용은 다음 책의 4장, 161~186쪽을 참조했다. Soon Won Park, *Colonial Industrialization and Labor in Korea: The Onoda Cement Factory*(Cambridge, Mass.: Harvard East Asian Monographs, 1999).

9. Seong Nae Kim, "Lamentations of the Dead: The Historical Imagery of Violence on Cheju Island, South Korea," *Journal of Ritual Studies* 3:2(Summer 1989), p. 253. 또한 John Merrill, "The Cheju-do Rebellion," *Journal of Korean Studies* 2(1980)[존 메릴 「제주도의 반란」, 노민영 엮음, 『잠들지 않는 남도: 제주도 4·3항쟁의 기록』, 온누리, 1988]를 보라. 이 글에서는 3만 명으로 제시한다(pp. 194~195).

10. NA, USFIK 11071 file, box 62/96, transcript of Hodge monologue to visiting congressmen, Oct. 4, 1947; RG332, XXIV Corps Historical file, box 20, "Report of Special Investigation-Cheju-Do Political Situation," March 11, 1948, conducted by Lt. Col. Lawrence A. Nelson. 넬슨은 1947년 11월 12일부터 1948년 2월 28일까지 제주도에 있었다.

11. USFIK, G-2 Weekly Summary no. 116, Nov. 23~30, 1947; *Seoul Times*, June 15 and 18, 1950. 이 간행물들은 서울에서 온 기자단의 조사 결과를 실었다.

12. Seong Nae Kim, "The Cheju April Third Incident and Women: Trauma and Solidarity of Pain," paper presented at the Jeju 4.3

Conference, Harvard University, April 24~26, 2003.

13. *Seoul Times*, June 18, Aug. 6, Aug. 11, 1948; USFIK G-2 Intelligence Summary no. 144, June 11~18, 1948; NA, Office of the Chief of Military History, "History of the U.S. Army Forces in Korea(HUSAFIK)," vol. II, part 2, "Police and National Events, 1947~48." 국회에 보낸 반란의 원인에 관한 보고서에서 국방부 장관 이범석(李範奭)은 제주도에 "해방 직후 등장"하여 "아직도 존재"하는 "이른바 인민공화국의 선전과 음모"에 원인을 돌렸다(NA, 895.00 file, box 7127, Drumwright to State, enclosing Yi Pom-sok's December 1948 report). 그러나 이승만 정권의 일반적인 방침은 북한에 책임을 돌리는 것이었다.

14. USFIK G-2 Intelligence Summaries nos. 134~142, April 2~June 4, 1948; Seoul Times, April 7 and 8, 1948; HUSAFIK, "Police and National Events, 1947~48"

15. Carlisle Barracks, Rothwell Brown Papers, Brown to Hodge, "Report of Activities on Cheju-Do Island [*sic*] from 22 May 1948, to 30 June 1948."

16. 평양, 《노동신문》(NDSM), Feb. 11, 1950. 제주의 좌익과 공산주의자들은 북한과 실질적인 관계가 전혀 없었으며, 오늘날에도 오사카에 있는 제주반란 생존자들은 북한과 아무런 관계가 없다. 그들은 김일성 노선에 우호적인 태도를 취하지 않으면서 반란을 설명한다.

17. NA, RG94, Central Intelligence, entry 427, box no. 18343, 441st CIC detachment, report from Cheju of June 18, 1948.

18. NA, USFIK 11071 file, box 33, "Opinion on the Settlement

of the Cheju Situation," July 23, 1948, by Ko Pyong-uk, KNP superintendent.

19. Rothwell Brown Papers, Brown to Hodge, "Report of Activities on Cheju-Do Island [*sic*] from 22 May 1948 to 30 June 1948"; *Seoul Times*, June 5 and 7, 1948. 나는 일본군 장교들이 귀환했다는 증거를 찾지 못했지만, 그렇다고 그런 일이 없었다는 뜻은 아니다.

20. *Seoul Times*, Aug. 6 and 11, 1948; G-2 Intelligence Summary no. 146, June 25~July 2, 1948; NA, RG338, KMAG file, box 5412, Roberts, "Weekly Activities," Nov. 8, Nov. 15, Dec. 6, 1948. 로버츠는 또한 반란자들이 마을을 불태우고 있다고 말했으나, 방화의 대부분은 관이 한 짓으로 보인다.

21. USFIK, G-2 Intelligence Summary no. 154, Aug. 21~27, no. 159, Sept. 24~Oct. 1, no. 163, Oct 22~29, 1948; NA. RG94, Central Intelligence, entry 427, box no. 18343, 441st CIC detachment monthly report, Oct. 21, 1948; 895.00 file, box no. 7127, Drumwright to State, Jan. 7 and 10, 1949.

22. NA, 895.00 file, box no. 7127, Drumwright to State, March 14, 1949; Muccio to State, April 18, 1949.

23. FO, F0317, piece no. 76258, Holt to Bevin, March 22, 1949.

24. NA, 895.00 file, box no. 7127, Drumwright to State, May 17, 1949; Muccio to State, May 13, 1949.

25. "The Background of the Present War in Korea," *Far Eastern Economic Review*(Aug. 31, 1950), pp. 233~237. 이 설명의 저자는 점령에 참여한 이로 이름은 알려져 있지 않지만 아는 정보가 많은 미국

인이다. 또 Koh Kwang-il, "In Quest of National Unity," *Hapdong t'ongshin*[합동통신], June 27, 1949, p. 149, quoted in *Sun'gan t'ongshin*, no. 34(Sept. 1949), p. 1를 보라. 또한 NA, RG349, FEC G-2 Theater Intelligence, box 466, May 23, 1950, G-2 report on Cheju. 이 보고서에 정부가 제시한 수치가 들어 있다. 그는 반란 이전 섬 인구를 40만 명으로 제시했는데, 내 생각에 좀 많다. 북한의 상세한 설명에 관해서는 다음을 보라. Yi Sung-yop, "The Struggle of the Southern Guerrillas for Unification of the Homeland," 《근로자》, Jan. 1950, 18.

26. NA, 895.00 file, box 7127, 주한미군사고문단 해럴드 피시그런드(Harold Fischgrund) 대위의 제주도 조사 설명, in Drumwright to Muccio, Nov. 28, 1949. 피시그런드는 서북청년단의 모든 단원을 섬에서 내보내야 한다고 생각했다. 그러나 당연히 그들은 내쫓기지 않았다.

27. NA, 795.00 file, box 4299, Drumwright to State, June 21, 1950; box 4268, Drumwright to Allison, Aug. 29, 1950, enclosing a survey, "Conditions on Cheju Island." 또한 *Korean Survey*(March 1954), pp. 6~7를 보라. 미국은 이덕구가 6월에 사망했다고 하지만, 이덕구에게 훈장을 추서한 북한은 그가 1946년 8월 본토에서 유격전을 벌이다 사망했다고 말했다. NDSM, Feb. 11, 1950를 보라.

28. Seong Nae Kim, "Lamentations of the Dead," pp. 251~285.

29. "History of the Rebellion," USFIK 11017 file, box 77/96, packet of documents in "Operation Yousi [*sic*]."

30. "Operation Yousi," 앞의 자료, "G-3 to C/S," Oct. 20, 1948; "W.L. Roberts to CG, USAFIK," 11071 file, box 77/96, KMAG HQ to Gen. Song Ho-song, Oct. 21, 1948. 이 통신문에는 서명이 없지만,

로버츠가 보낸 것으로 추정된다. 이 파일에는 한국의 군대와 경찰과 주한미군 사이에 오고간 통신문과 일일정보보고서가 많이 포함되어 있다. 미군의 C-47 수송기에 관해서는 다음을 보라. 740,0019 file, box C-215, Muccio to State, May 3, 1949. 주한미군사고문단은 당시 임시 군사고문단(PMAG)로 불렸다. 여전히 "임시적"이었기 때문이다.

31. 템스 텔레비전과의 인터뷰, Feb. 1987.

32. Hoover Institution, M. Preston Goodfellow Papers, box 1, draft of letter to Rhee, 날짜는 없지만 1948년 말이다.

33. NA, 895.00 file, box 7127, Drumwright to State, Feb. 11 and 21, 1949. 1949년 3월 드럼라이트는 두 명의 부영사에게 미국 선교사들로부터 정치적 정보를 빼내라고 강력히 촉구했다.

"선교회가 선교사들의 활동이 철저히 비정치적인 것으로 이해되고 있다는 점을 완전히 인식하고 있음을 늘 강조하라. 그러나 그들이 지역 현장에 통합되어 있고 그들의 사업이 시골 전역에 걸쳐 있으므로, (특히 그들의 한국어 구사 능력과 관련하여) 의식적인 노력 없이도 상당한 '정치적' 정보가 그들의 주목을 받는 것은 피할 수 없다는 점을 넌지시 언급하라. 미국 정부는 공산주의에 맞서 싸우고 한국 정부를 강력하게 유지하기 위한 노력에서 서울 밖에 무슨 일이 일어나고 있는지 반드시 알아야 하며, 선교사들의 잡다한 정보는 이루 말할 수 없이 소중하다."

NA, 895.00 file, box 7127, Drumwright directive included in Drumwright to State, March 17, 1949를 보라. 또한 경제협력국(ECA) 관리 에드거 존슨(Edgar A.J. Johnson)이 1950년 6월 13일의 의회 증언에서 했던, 대한민국 군대가 지난 해 5000명의 유격대원을 살해했고 그것은 "북한군의 도전에 대비하기 위한 것"이었다는 발언(*New York*

Times, July 6, 1950에서 인용)도 보라.

34. NA, Office of the Chief of Military History, "Military Studies on Manchuria"(1955).

35. Hugh Deane Papers, "Notes on Korea," March 20, 1948.

36. *New York Times*, March 6 and 15, 1950.

37. Paul Preston, Letter to the Editor, *Times Literary Supplement*(May 1, 2009), p. 6.

38. NA, 895.00 file, box 7127, Muccio to State, May 13, 1949; Drumwright to State, June 13, 1949.

39. NDSM, Feb. 6, 1950. 송악산은 개성 한가운데 있으며, 38도선이 이를 가로지른다. 1987년 내가 개성을 방문했을 때, 이 산에는 여전히 포탄 자국이 남아 있었다.

40. UN Archives, BOX DAG-1/2.1.2, box 3, account of briefing on June 15, 1949.

41. MacArthur Archives, RG9, box 43, Roberts to Department of the Army, aug. 1, Aug. 9, 1949; *New York Times*, Aug. 5, 1949; NDSM, Feb. 6, 1950.

42. NA, 895.00 file, box 946, Muccio, memos of conversation on Aug. 13 and 16, 1949.

43. 국무부 관료 나일스 본드(Niles Bond)는 오스트레일리아 관료들에게 무초와 로버츠가 "그러한 조치[북진 공격]는 미국의 지원 중단과 군사고 문단의 철수" 및 기타 조치들로 "이어질 것이라고 한국인들에게 늘 경고 했다"고 말했다. Washington to Canberra, memorandum 953, Aug. 17, 1949; also British Foreign Office(FO 317), Piece #76259, Holt to

FO, Sept. 2, 1949를 보라.

44. Bruce Cumings, *The Origins of the Korean War, II: The Roaring of the Cataract, 1947~1950*(Princeton, N.J.: Princeton University Press, 1990), pp. 572~573, 582~585.

45. Documents II through VI translated and reprinted in *Cold War International History Project Bulletin*, no. 5(Spring 1995), pp. 6~9를 보라.

46. 나는 그렇게 많은 수에 대해 본 적이 없다. 그는 아마 중국의 조선족까지 포함시켰을지도 모른다. Shu Guang Zhang, *Mao's Military Romanticism: China and the Korean War, 1950~1953*(Lawrence: University Press of Kansas, 1995), pp. 44~45.

47. 이들이 1950년 6월 한국에서 일어난 일을 정확히 알고 있었다고 생각하는 사람이 있다면, 이는 문서를 잘못 읽은 것이다. 소련, 중국, 북한, 남한의 기록보관소에서, 그리고 미국 국가안보국(NSA)에서 알아낼 사실은 아직도 많다. 국가안보국에는 아직도 한국전쟁에 관한 중요한 기밀 정보가 있다.

48. Columbia University, Wellington Koo Papers, box 217, Koo Diaries, entry for Jan. 4, 1950. 굿펠로는 1949년 9월 27일 서울에 도착했다(895.00 file, box 7127, Muccio to State, Oct. 7, 1949). 그는 1949년 12월에 돌아갔는데, 이것이 인용문에서 언급한 지난 방문이다.

6장 초토화된 한반도: 공습의 여파

1. 트루먼은 1952년 35%의 지지율을 마지막으로 대통령직에서 물러났지만, 앞서 기록한 23%의 지지율은 지지율 조사 역사상 최저 수치였으며

이후 간신히 지지율을 만회했다. Peter Baker, "Bush's Unpopularity Nears Historic Depths," *Washington Post*, republished in *Ann Arbor News*(July 25, 2007), A8을 보라. 또한 Stephen Casey, *Selling the Korean War: Propaganda, Politics, and Public Opinion in the United States, 1950~1953*(New York: Oxford University Press, 2008), pp. 215, 292, 365도 보라. 그 후 부시의 지지율은 2008년에 트루먼의 최저 지지율 밑으로 떨어졌다.

2. Jörg Friedrich, *The Fire: The Bombing of Germany, 1940~1945*, trans. Allison Brown(New York: Columbia University Press, 2006), pp. 14~17, 50, 52, 61~62, 71, 76. 또한 Lynn Eden, *Whole World on Fire: Organizations, Knowledge, and Nuclear Weapons Devastation*(Ithaca, N.Y.: Cornell University Press, 2004), pp. 66, 78; D. Clayton James, *Refighting the Last War: Command and Crisis in Korea, 1950~1953*(New York: The Free Press, 1993), pp. 4를 보라.

3. Jörg Friedrich, 앞의 책, pp. 82, 485에서 인용했다.

4. Princeton University, J. F. Dulles Papers, Curtis LeMay oral history, April 28, 1966. 남한 도시들은 북한군이나 중국군이 그곳을 점령하고 있는 동안에만 폭격을 당했고, 북한의 경우보다 파괴 정도는 훨씬 약했다. 전쟁범죄로서의 폭격에 관해서는 다음을 보라. Michael Walzer, *Just and Unjust Wars: A Moral Argument with Historical Illustrations*(New York: Basic Books, 1977) pp. 155~156[권영근·김덕현·이석구 옮김, 『마르스의 두 얼굴: 정당한 전쟁·부당한 전쟁』, 연경문화사, 2007].

5. Conrad C. Crane, *American Airpower Strategy in Korea,*

1950~1953(Lawrence: University Press of Kansas, 2000), pp. 32~33, 66~68, 122~125, 133; Donald Knox, *The Korean War: Pusan to Chosin—An Oral History*(New York: Harcourt Brace Jovanovich, 1985), p. 552.

6. Lovett in Truman Library, Connelly Papers, "Notes on Cabinet Meetings," Sept. 12, 1952.

7. Hermann Knell, *To Destroy a City: Strategic Bombing and Its Human Consequences in World War II*(Cambridge, Mass.: Da Capo Press, 2003), pp. 25, 334.

8. Conrad C. Crane, 앞의 책, p. 133.

9. Jörg Friedrich, 앞의 책, pp. 85~87, 110, 151.

10. Hermann Lautensach, *Korea: A Geography Based on the Author's Travels and Literature*, trans. Katherine and Eckart Dege(Berlin: Springer-Verlag, 1945, 1988), p. 202[김종규·강경원·손명철 옮김, 『코레아: 일제 강점기의 한국지리』, 푸른길, 2004].

11. Conrad C. Crane, 앞의 책, pp. 160~164.

12. Bruce Cumings, *The Origins of the Korean War, II: The Roaring of the Cataract, 1947~1950*(Princeton, N.J.: Princeton University Press, 1990), pp. 750~751.

13. 새뮤얼 코언은 허먼 칸(Herman Kahn)의 어릴 적 친구였다. Fred Kaplan, *The Wizards of Armageddon*(New York: Simon and Schuster, 1983), p. 220을 보라. 오펜하이머와 비스타 프로젝트에 관해서는 다음을 보라. Bruce Cumings, 앞의 책, pp. 751~753. 또한 David C. Elliot, "Project Vista and Nuclear Weapons in Europe,"

International Security 2:1(Summer 1986), pp. 163~183를 보라.

14. Bruce Cumings, 앞의 책, p. 752.

15. William F. Dean, *General Dean's Story*, as told to William L. Worden(New York: The Viking Press, 1954), p. 274.

16. Thames Television, transcript from the fifth seminar for *Korea: The Unknown War*(November 1986); Thames interview with Tibor Meray(also 1986).

17. Jörg Friedrich, 앞의 책, pp. 75, 89; Hermann Knell, 앞의 책, p. 266; Conrad C. Crane, 앞의 책, p. 126; Rosemary Foot, *A Substitute for Victory: The Politics of Peacemaking at the Korean Armistice Talks*(Ithaca, N.Y.: Cornell University Press, 1990), p. 208; Conrad C. Crane, 앞의 책, pp. 168~171.

18. Walter Karig et al., *Battle Report: The War in Korea*(New York: Rinehart, 1952), pp. 111~112.

19. Conrad C. Crane, 앞의 책, pp. 168~171.

20. Hermann Knell, 앞의 책, p. 329.

7장 학살의 기억

1. Ernest J. Hopkins, ed., *The Civil War Stories of Ambrose Bierce*(Lincoln: University of Nebraska Press, 1970), p. 48. 나의 글도 부분적으로 참고했다. "Occurrence at Nogun-ri Bridge: An Inquiry into the History and Memory of a Civil War," *Critical Asian Studies* 33:4(2001), pp. 509~526.

2. Charles J. Hanley et al., *The Bridge at No Gun Ri: A Hidden*

Nightmare from the Korean War(New York: Henry Holt and Company, 2001), pp. 236~237[남원준 옮김, 『노근리 다리: 한국전쟁의 숨겨진 악몽』, 잉걸, 2003, 304~306쪽]. 나는 때때로 AP통신의 이 팀과 함께 일했으며, 그들의 조사 작업이 퓰리처상을 수상할 만한다고 믿는다. 그러나 이들의 책은 바로 9·11 사건이 발생했을 때 나왔고 묻혀버렸다.

3. *New York Times*, Sept. 30, 1999.

4. Doug Struck, "U.S., South Korea Gingerly Probe the Past," *Washington Post*(Oct. 27, 1999), A-24.

5. John Osborne, "Report from the Orient—Guns Are Not Enough," *Life*(Aug. 21, 1950), pp. 74~84.

6. Walter Karig, "Korea—Tougher Than Okinawa," *Collier's*(Sep. 23, 1950), pp. 24~26. 로턴 콜린스(Lawton Collins) 장군은 한국이 "옛 방식의 전투로 복귀"했다고, "현대전보다는 우리의 인디언 전선 시절의 전투와 더 유사하다"고 말했다(*New York Times*, Dec. 27, 1950).

7. Eric Larrabee, "Korea: The Military Lesson," *Harper's*(Nov. 1950), pp. 51~57.

8. Reginald Thompson, *Cry Korea*(London: Macdonald & Company, 1951), pp. 39, 44, 84, 114.

9. Richard Falk, "The Vietnam Syndrome," *The Nation*(July 9, 2001), p. 22에서 인용했다.

10. Bruce Cumings, *The Origins of the Korean War, I: Liberation and the Emergence of Separate Regimes, 1945~1947*(Princeton, N.J.: Princeton University Press, 1981), pp. 335~337[김자동 옮김, 『한국전쟁의 기원』, 일월서각, 1986]을 보라.

11. *New York Times*, Aug. 2, 1950; William F. Dean, *General Dean's Story*, as told to William L. Worden(New York: The Viking Press, 1954), p. 49; Bruce Cumings, *The Origins of the Korean War, II: The Roaring of the Cataract, 1947~1950*(Princeton, N.J.: Princeton University Press, 1990), p. 400.

12. "A Leader Turned Ghost," *New York Times*(July 22, 2008), p. A10. (이 AP통신발 기사에 기자 이름이 없음에 주목하라.)

13. 창원에서는 일주일 동안 최소한 7000명이 살해되었다. Choe Sang-hun, "Unearthing War's Horrors Years later in South Korea," *New York Times*(Dec. 3, 2007)를 보라.

14. Jay Winter, *Remembering War: The Great War Between Memory and History in the Twentieth Century*(New Haven, Conn.: Yale University Press, 2006), pp. 55~57.

15. 남아프리카의 성명서는 다음에서 인용했다. Martha Minow, *Between Vengeance and Forgiveness: Facing History After Genocide and Mass Violence*(Boston: Beacon Press, 1998), p. 55. 진실, 정의, 화해를 성취하는 방법을 열거한 그의 유용한 목록도 참조하라(p. 88).

16. London, *Daily Worker*, Aug. 9, 1950.

17. NRC RG242, SA2009, item 6/70, KPA HQ, 「조선 인민은 도살자 미제와 이승만 역도들의 야수적 만행에 복수하리라」, 날짜 미상이나 1950년 말로 추정됨, pp. 40~41. 1950년 8월 10일에 서울에서 발행된 북한 신문 『해방일보』는 그 숫자를 4000명으로 제시했다.

18. Roy Appleman, *South to the Naktong, North to the Yalu* (Washington, D.C.: Office of the Chief of Military History, 1961), pp.

587~588, 599.

19. HST, PSF, "Army intelligence—Korea," box 262, joint daily sitrep no. 6, July 2~3, 1950; HST, National Security Council(NSC) file, box 3, CIA report of July 3, 1950.

20. NA, 795.00 file, box 4267, London Embassy to State, Aug. 11, 1950; Public Record Office, London Foreign Office records, FO317, piece no. 84178, Tokyo Chancery to FO, Aug. 15, 1950; Gascoigne to FO, Aug. 15, 1950; Chancery to FO, Aug. 17, 1950. (J. 언더우드 는 분명히 한국에 잘 정착한 언더우드 선교사 가문 출신일 것이다.) 영국 의 다른 보고서에 따르면, 기자들이 포로를 무자비하게 구타하는 남 한 경찰의 사진을 찍었을 때 미군과 남한군은 사진의 공개를 금지했다 (Chancery to FO, Sept. 13, 1950).

21. Col. Donald Nichols, *How Many Times Can I Die?*(Brooksville, Fla.: Brownsville Printing Co., 1981), cited in Korea Web Weekly, www.kimsoft.com. 니콜스는 "이 사건 전체에서 최악이었던 것은, 내가 살해된 사람들이 전부 다 공산주의자는 아니었다는 사실을 나중에 안 것이다"라고 썼다.

22. "The Crime of Korea"(1950), Armed Forces Screen Report, issue #125[https://archive.org/details/CrimeofK1950]. 어디서 제작했는지는 알려지지 않았지만, 이러한 영화들은 국방부에서 대중에 공개할 용도로 준비했다.

23. *New York Times*(Sept. 30, 1999), A16. 전쟁 발발 후 더 널리 행해 진 경찰의 민간인 학살에 관해서는 다음을 보라. Choe Sang-hun, "Unearthing War's Horrors Years Later in South Korea," *New York*

Times(Dec. 3, 2007).

24. Choe Sang-Hun, "South Korean Commission Details Civilian Massacres Early in Korean War," *New York Times*(Nov. 27, 2009), A5, A8.

25. Tokyo Australian mission to British Foreign Office, July 10, 1950(courtesy Gavan McCormack); *New York Times*, July 1, 1950.

26. NRC. RG349, box 465, CIC report, Aug. 17, 1950. 이 보고서는 또한 이렇게 전한다. 대한민국 관료들에 따르면 "남한 주민의 대략 80%가 북한군에 저항할 생각이 없었다."

27. MA, RG6, box 60, G-2 report of July 22, 1950; NDSM, July 6, 1950; NA, State Department Office of Intelligence Research file, report no. 5299.17, July 16~17, 1950.

28. Bruce Cumings, *The Origins of the Korean War, I*, pp. 172, 175, 504~505; Harold Joyce Noble, *Embassy at War*, ed. and introduced by Frank Baldwin(Seattle: University of Washington Press, 1975), pp. 26~27, 152, 253n; Major Robert K. Sawyer, *Military Advisors in Korea: KMAG in Peace and War*(Washington, D.C.: Office of the Chief of Military History, 1962), p. 15.

29. Clay Blair, *The Forgotten War: America in Korea 1950~1953*(New York: Times Books, 1987), p. 141.

30. 《해방일보》, July 29, 1950(신문은 다음에서 볼 수 있다. National Records Center, Record Group 242); *New York Times*, July 22, 1950. 일기는 다음에 번역되어 있다. MA, RG6, box 78, Allied Translator and Interpreter Service, issue no. 2, Oct. 5, 1950.

31. *New York Times*, July 14, 1950; interview with Keyes Beech, Thames Television, Feb. 1987; State Department, Office of Intelligence Research file, report no. 5299.22, July 21~22, 1950. 또한 *New York Times*, July 26, 1950.

32. *New York Times*, Aug. 1 and 3, 1950; Appleman, 앞의 책, pp. 206~207.

33. *New York Times*, July 11, 1950; FO, FO317, piece no. 84178, Sawbridge to FO, July 25, 1950; *Manchester Guardian*, July 13, 1950; NRC, RG338, KMAG file, box 5418, report of Aug. 2, 1950. 김종원에 관한 정보와 인용문의 출처는 대부분 무초의 보고서이다. Muccio' report, 795.00 file, box 4267, "'Tiger' Kim vs. the Press," May 12, 1951. 무초는 전쟁이 발발했을 때 김종원이 부산에 있었다고 잘못 말했으며, 그의 지휘권 박탈 날짜도 틀렸다(그는 그날이 1950년 7월 7일이라고 했지만, 분명히 8월 2일 이후였다). 또한 NA, USFIK 11071 file, box 65/96, Yosu rebellion packet; "The Yosu Operation, Amphibious Stage," by Howard W. Darrow도 보라. 여수에서 김종원은 제5연대를 여수에 상륙시키지 말하는 두 명의 미국인 고문의 명령을 따르지 않았다. 그는 여하튼 상륙을 시도했고 실패했다. 참수 사건에 관해서는 다음을 보라. NA, RG338, KMAG file, box 5418,entries for July 26 and Aug. 2, 1950. 이승만과 호랑이 김종원에 관해서는 다음을 보라. Ridgway Papers, box 20, 무초가 이승만에 전달하려고 작성한 메모의 초안, May 3, 1951. 이 메모는 이승만이 확립된 기관이 아니라 김종원과 다른 사람들에게 의존한다고 비난한다. 부산에서 김종원과 에머리치 사이에 있었던 일에 관해서는 다음을 보라. Charles J. Hanley

and Jae-Soon Chang, "Korea Mass Executions," Associated Press(July 7, 2008). 이는 『부산일보』가 찾아내 밝힌 미국 문서를 토대로 한 것이다.

34. 예를 들면 다음을 보라. HST, PSF, CIA file, box 248, daily report for July 8, 1950. 북한 문서는 다음을 보라. NA, RG242, SA2009, item 6/72, 『학습재료집』.

35. NA, 795.00 file, box 4269, MacArthur to Army, Sept. 1, 1950. 이 보고서는 오로지 두 사건만 언급한다. 7월 10일 미국인 2명이 발견된 사례와 8월 17일 42명이 살해된 사례이다. 인천 상륙 이후의 살해에 관해서는 다음을 보라. *New York Times*, Sept. 30, 1950.

36. MA, RG6, box 78, ATIS issue no. 2, Oct. 5, 1950, document signed by Kim Chaek; issue no. 9, Nov. 27, 1950, document of Aug. 16, 1950. 7월 26일 조선인민군 제715분견대는 병사들이 인민의 재산을 훔치거나 이용하는 일을 중단하라고 명령했다. NA, RG242, SA2010, item 3/81, secret military order of July 26, 1950을 보라.

37. UNCURK, "Report on a Visit to Chunchon, Capital of Kangwon Province, Republic of Korea," Nov. 30, 1950. 이 참조에 관해서는 Gavan McCormack에게 감사한다. 또한 *New York Times*, Sept. 29, 1950을 보라. 북진에 관해서는 다음을 보라. MA, RG6, box 14, G-2 report of Oct. 16, 1950; RG349, CIC, Nov. 6, 1950 report. 이 보고서에 따르면 남한의 민간인 수백 명, 때로 수천 명이 퇴각하는 조선인민군과 함께 북으로 이동했다.

38. 795.00 file, box 4299, Drumwright to State, Oct. 13, 1950; box 4269, Emmons to Johnson, Nov. 13, 1950; Reginald Thompson, 앞의 책,

p. 92; *New York Times*, Oct. 20, 1950.

39. NA, RG319, G-3 Operations file, box 122, UNC operations report for Nov. 16~30, 1950.

40. NA, RG338, KMAG file, box 5418, KMAG journal, entry for Oct. 3, 1950; Harold Noble Papers, Philip Rowe account of Oct. 11, 1950.

41. 1950년 12월 7일 고위급 회의가 분명한 조선노동당 회의록 초고. translated in MA, RG6, box 80, ATIS issue no. 29, March, 17, 1951.

42. HST, PSF, NSC file, box 3, CIA report of Oct. 4, 1950; *New York Times*, Oct. 6 and 14, 1950.

43. War Crimes Division, Judge Advocate Section, *Extract of Interim Historical Report*(Korean Communication Zone, AP234, Cumulative to 30 June 1953), quoted in Callum MacDonald, *Korea: The War Before Vietnam*(New York: Macmillan, 1986), p. 8, note 41.

44. 다음을 참조했다. Bruce Cumings, *The Origins of the Korean War, II*; Callum MacDonald, "'So Terrible a Liberation'—The UN Occupation of North Korea," *Bulletin of Concerned Asian Scholars* 23:2(April~June 1991), pp. 3~19; Professor MacDonald cited NSC 81/1 in "'So Terrible a Liberation'" 6. 또한 Truman Presidential Library, Matthew Connelly Papers, box 1, Acheson remarks in cabinet meeting minutes for Sept. 19, 1950.

45. FO, FO317, piece no. 84100, John M. Chang to Acheson, Sept. 21, 1950, relayed to the FO by the State Department. 또한 *Foreign Relations of the United States*(FR) (1950), 3: 1154~1158, minutes of preliminary meetings for the September Foreign Ministers'

Conference, Aug. 30, 1950을 보라.

46. 북한에서 군정을 실시하려는 미국의 계획에 관한 16쪽짜리 일지가 있다. Hoover Institution, Alfred Connor Bowman Papers (보먼 [Bowman]은 당시 육군의 군정과[Military Government Division] 과장 이었다). 미군 장교들은 특히 대한민국 관료들을 이 행정부에 들이지 않으려 했다. 또한 M. Preston Goodfellow Papers, box 1, Goodfellow to Rhee, oct. 3, 1950를 보라.

47. FO, FO317, piece no. 84072, Washington Embassy to FO, Nov. 10, 1950, 점령에 관한 국무부 문서 동봉. 국무부의 존 앨리슨(John Allison)은 대한민국 정부가 "한국 전체의 유일한 합법 정부"라는 벤 림 (Ben Limb)의 주장이 국제연합과 "미국 정부가 취한 견해와 직접적으로 충돌"한다고 영국에 전했다. 미국 정부와 국제연합은 둘 다 대한민국이 국제연합 한국위원회가 선거를 감시한 지역에서만 관할권을 갖는다고 보았다. 795.00 file, box 4268, Allison to Austin, Sept. 27, 1950. 국제 연합 결의안에 관해서는 다음을 보라. London *Times*, Nov. 16, 1950.

48. 휴 베일리(Hugh Baillie; UPI통신 사장)의 인용 in Baillie, *High Tension*(London: harper, 1960), pp. 267~268, 다음에 인용된 바와 같다. Callum MacDonald, 앞의 글, p. 8, note 51.

49. 795.00 file, box 4268, Durward V. Sandifer to John Hickerson, Aug. 31, 1950, top secret.

50. 1950년 12월 27일자 국무부 조사에 따르면, 대한민국 점령에는 "특히 북동부 지역에서 대한청년단의 확장, 대한민국 방첩대 분견대의 이용, 대한민국 헌병대와 철도경비대의 이용, 대한민국 경찰의 일부 이용"이 포함됐다.

51. NA, 795.00 file, box 4268, Acheson to Muccio, Oct. 12, 1950. 애치슨은 무초가 남한 경찰이 국제연합의 지휘 아래 활동할 것이라고 확신하기를 원했다. 또한 box 4299, Drumwright to State, oct. 14, 1950; *New York Times*, Oct. 20, 1950를 보라.

52. *Manchester Guardian*, Dec. 4, 1950.

53. Handwritten FO notes on FK1015/303, U.S. Embassy press translations for Nov. 1, 1950; piece no. 84125, FO memo by R. Murray, Oct. 26, 1950; piece no. 84102, Franks memo of discussion with Rusk, Oct. 30, 1950; Heron in London *Times*, Oct. 25, 1950.

54. FO, FO317, piece no. 84073, Korea to FO, Nov. 23, 1950.

55. NA, RG338, KMAG file, box 5418, KMAG journal, entries for Nov. 5, 24, 25, and 30, 1950.

56. Reginald Thompson, 앞의 책, p. 274; NA, 795.00 file, box 4270, carrying UPI and AP dispatches dated Dec. 16, 17, and 18, 1950; FO317, piece no. 92847, original letter from Private Duncan, Jan. 4, 1951; Adams to FO, Jan. 8, 1951; UNCURK reports cited in Truman Presidential Library, PSF, CIA file, box 248, daily summary, Dec. 19, 1950. 또한 London *Times*, Dec. 18, 21, and 22, 1950을 보라.

57. Almond Papers, General Files, X Corps, "Appendix 3 Counterintelligence," Nov. 25, 1950; William V. Quinn Papers, box 3, X Corps periodic intelligence report dated Nov. 11, 1950. (퀸 [William V. Quinn]은 제10군단 정보과장이었다.) 강조는 추가.

58. FO, FO317, piece no. 84073, Tokyo to FO, Nov. 21, 1950.

59. Carlisle Military Barracks, William V. Quinn Papers, box 3, X Corps HQ, McCaffrey to Ruffner, Oct. 30, 1950; Ridgway Papers, box 20, highlights of a staff conference, with Ridgway and Almond present, Jan. 8, 1951.

60. Callum MacDonald, 앞의 글, p. 13.

61. 앞의 글, p. 11.

62. Department of State documents, cited in ibid., 17, note 136, and other information cited on 18~19.

63. Hwang Sok-yong, *The Guest*, trans. Kyung-ja Chun and Maya West(New York: Seven Stories Press, 2007), pp. 79~103, 203~206[『손님』, 창비, 2001, 83~113, 222~226쪽].

64. TRCK, www.jinsil.go.kr/english, Feb. 23, 2009.

65. Heonik Kwon, *Ghosts of War in Vietnam*(New York: Cambridge University Press, 2008), p. 166[홍석준·박충환·이창호 옮김, 『베트남 전쟁의 유령들』, 산지니, 2016, 333쪽]; Grace M. Cho, *Haunting the Korean Diaspora: Shame, Secrecy, and the Forgotten War*(Minneapolis: University of Minnesota Press, 2008), p. 16.

66. In the words of Drew Faust, president of Harvard, forward to Heonik Kwon, 앞의 책, p. xii.

67. 최명희는 자신의 고향 남원에서 벌어진 살인적인 정치적 시련을 기록한 기념비적인 작품의 제목으로 이 말을 썼다. 최명희, 『혼불』, 총 10권, 매안, 2009[1980~96년에 연재된 소설의 개정판].

68. Dr. Steven Kim, Truth and Reconciliation Commission, "Major

Achievements and Further Agendas," December 2008, courtesy of *Japan Focus*. 또한 Charles J. Hanley and Jae-Soon Chang, "Children Executed in 1950 South Korean Killings," Associated Press, Dec. 6, 2008.

8장 '잊힌 전쟁'은 어떻게 미국과 냉전을 바꿔놓았나

1. Odd Arne Westad, *The Global Cold War: Third World Interventions and the Making of Our Times*(Cambridge, U.K.: Cambridge University Press, 2005), pp. 66, 416, note 58.

2. NA, 740.0019 file, box 3827, Marshall's note to Acheson of Jan. 29, 1947, attached to Vincent to Acheson, Jan. 27, 1947; RG335, Secretary of the Army File, box 56, Draper to Royall, Oct. 1, 1947. 다음을 참조했다. Bruce Cumings, *Dominion from Sea to Sea: Pacific Ascendancy and American Power*(New Haven, Conn.: Yale University Press, 2009)[김동노·박진빈·임종명 옮김, 『미국 패권의 역사: 바다에서 바다로』, 서해문집, 2011].

3. C. Wright Mills, *The Power Elite*(New York: Oxford University Press, 1956), pp. 175~176[정명진 옮김, 『파워 엘리트』, 부글북스, 2013, 245~247쪽]; Marcus Cunliffe, *Soldiers and Civilians: The Martial Spirit in America, 1775~1865*(Boston: Little, Brown, 1968), ch. 1; E. J. Hobsbawm, *The Age of Empire, 1875~1914*(New York: Pantheon Books, 1987), p. 351[김동택 옮김, 『제국의 시대』, 한길사, 1998]; Michael S. Sherry, *In the Shadow of War: The United States Since the 1930s*(New Haven: Yale University Press, 1995), p. 5.

4. Russell F. Weigley, *History of the United States Army*(New York: Macmillan, 1967), pp. 475, 486, 568; Gerald T. White, *Billions for Defense: Government Financing by the Defense Plant Corporation During World War II*(University: University of Alabama Press, 1980), pp. 1~2; Mike Davis, "The Next Little Dollar: The Private Governments of San Diego," in Mike Davis, Kelly Mayhew, and Jim Miller, *Under the Perfect Sun: The San Diego Tourists Never See*(New York: New Press, 2003), p. 65.

5. *New York Times*, Op-Ed, March 14, 1994.

6. Bruce Cumings, *The Origins of the Korean War, II: The Roaring of the Cataract, 1947~1950*(Princeton, N.J.: Princeton University Press, 1990), (1990), p. 55에서 인용했다.

7. 앞의 책, pp. 171~175.

8. Mike Davis, 앞의 글, pp. 66~67, 78; Roger W. Lotchin, *Fortress California, 1910~1961: From Warfare to Welfare*(Urbana: University of Illinois Press, 1992), pp. 65, 73, 184, 23; Neal R. Peirce, *The Pacific States of America: People, Politics, and Power in the Five Pacific Basin States*(New York: W. W. Norton, 1972), pp. 165~69.

9. 1966년 5월 드골은 "프랑스 영토[에 대한] 완전한 주권"을 원한다고 말했고, 그래서 미국 정부에 미군 부대와 미군 기지를 철수시키라고 요구했다. Chalmers Johnson, *The Sorrows of Empire: Militarism, Secrecy, and the End of the Republic*(New York: Henry Holt, 2004), p. 194[안병진 옮김, 『제국의 슬픔: 군국주의, 비밀주의, 그리고 공화국의 종

말』, 삼우반, 2004]를 보라.

10. 아이젠하워의 말은 다음에서 인용했다. Michael S. Sherry, 앞의 책, pp. 233~235.

9장 진혼곡: 화해의 길에 들어선 역사

1. *New York Times*, Sept. 30, 1999, A16.

2. David R. McCann's translation, in *The Middle Hour. Selected Poems of Kim Chi Ha*(Stanfordville, N. Y.: Human Rights Publishing Group, 1980), p. 51.

3. Donald Knox, *The Korean War: Pusan to Chosin—An Oral History*(New York: Harcourt Brace Jovanovich, 1985), pp. 82~83, 449.

4. Nicolai Ourossoff, "The Mall and Dissonant Voices of Democracy," *New York Times*(Jan. 16, 2009), C30.

5. Sheila Miyoshi Jager and Jiyul Kim, "The Korean War After the Cold War: Commemorating the Armistice Agreement," in Sheila Miyoshi Jager and Rana Mitter, eds., *Ruptured Histories: War, Memory, and the Post–Cold War in Asia*(Cambridge, Mass.: Harvard University Press, 2007), p. 242.

6. Mike Chinoy, *Meltdown: The Inside Story of the North Korean Nuclear Crisis*(New York: St. Martin's Press, 2008), p. 68[박성준·홍성걸 옮김, 『북핵 롤러코스터』, 시사IN북, 2010].

7. Bruce B. Auster and Kevin Whitelaw, "Pentagon Plan 5030, a New Blueprint for Facing Down North Korea," *U.S. News & World*

Report(July 21, 2003); 또한 Mike Chinoy, 앞의 책, p. 234를 보라.

8. President Roh Moo Hyun, "On History, Nationalism and a Northeast Asian Community," *Global Asia*, April 16, 2007.

9. Choe Sang-hun, "A Korean Village Torn Apart from Within Mends Itself," *New York Times*(Feb. 21, 2008), A4.

10. Friedrich Nietzsche, *Untimely Meditations*, trans. R. J. Hollingdale(New York: Cambridge University Press, 1983), p. 88[이진우 옮김, 『반시대적 고찰』, 『비극의 탄생·반시대적 고찰』, 책세상, 2005, 334쪽].

더 읽을거리

한국전쟁

Acheson, Dean(1969), *Present at the Creation: My Years in the State Department*, New York: W. W. Norton & Company.

Appleman, Roy(1961), *South to the Naktong, North to the Yalu*, Washington, D.C.: Office of the Chief of Military History.

Baik Bong(1973), *Kim Il Sung: Biography I—From Birth to Triumphant Return to the Homeland*, Pyongyang: Foreign Languages Press[『민족의 태양 김일성 장군 1』, 평양: 인문과학사, 1970].

Biderman, Albert D., and Samuel M. Meyers, eds.(1968), *Mass Behavior in Battle and Captivity: The Communist Soldier in the Korean War*, Chicago: University of Chicago Press.

Blair, Clay(1987), *The Forgotten War: America in Korea 1950~1953*, New York: Times Books.

Bradley, Omar N., with Clay Blair(1983), *A General's Life: An Autobiography of a General of the Army*, New York: Simon and Schuster.

Casey, Stephen(2008), *Selling the Korean War: Propaganda, Politics, and Public Opinion in the United States, 1950~1953*, New

York: Oxford University Press.

Chen Jian(1996), *China's Road to the Korean War*, New York: Columbia University Press.

Chinoy, Mike(2008), *Meltdown: The Inside Story of the North Korean Nuclear Crisis*, New York: St. Martin's Press.

Cho, Grace M.(2008), *Haunting the Korean Diaspora: Shame, Secrecy, and the Forgotten War*, Minneapolis: University of Minnesota Press.

Cotton, James, and Ian Neary, eds.(1989), *The Korean War in History*, Atlantic Highlands, N.J.: Humanities Press International.

Crane, Conrad C.(2000), *American Airpower Strategy in Korea, 1950~1953*, Lawrence: University Press of Kansas.

Cumings, Bruce(1981), *The Origins of the Korean War, I: Liberation and the Emergence of Separate Regimes, 1945~1947*, Princeton, N.J.: Princeton University Press[김자동 옮김, 『한국전쟁의 기원』, 일월서각, 1986].

_____ (1990), *The Origins of the Korean War, II: The Roaring of the Cataract, 1947~1950*, Princeton, N.J.: Princeton University Press.

Dean, William F.(1954), *General Dean's Story*, as told to William L. Worden, New York: The Viking Press.

Foot, Rosemary(1987), *The Wrong War*, Ithaca, N.Y.: Cornell University Press.

_____ (1990), *A Substitute for Victory: The Politics of Peacemaking*

at the Korean Armistice Talks, Ithaca, N.Y.: Cornell University
Press.

Fulton, Bruce, Ju-Chan Fulton, and Bruce Cumings(2009), *The Red
Room: Stories of Trauma in Contemporary Korea*, Honolulu:
University of Hawaii Press.

Gardner, Lloyd, ed.(1972), *The Korean War*, New York: New York
Times Company.

Goldstein, Donald, and Harry Maihafer(2000), *The Korean War*,
Washington, D.C.: Brassey's.

Goncharov, Sergei N., John W. Lewis, and Xue Litai(1993), *Uncertain
Partners: Stalin, Mao, and the Korean War*, Stanford, Calif.:
Stanford University Press[성균관대학교 한국현대사 연구반 옮김,
『흔들리는 동맹: 스탈린과 마오쩌둥 그리고 한국전쟁』, 일조각, 2011].

Ha Jin(2004), *War Trash*, New York: Vintage Books[왕은철 옮김, 『전쟁
쓰레기』, 시공사, 2008].

Halberstam, David(2007), *The Coldest Winter: America and the
Korean War*, New York: Hyperion[정윤미 옮김, 『콜디스트 윈터:
한국전쟁의 감추어진 역사』, 살림, 2009].

Han Hong-koo(1999). "Kim Il Sung and the Guerrilla Struggle in
Eastern Manchuria." Ph.D. diss., University of Washington, 1999.

Hanley, Charles J., Sang-Hun Choe, and Martha Mendoza(2001), *The
Bridge at No Gun Ri: A Hidden Nightmare from the Korean
War*, New York: Henry Holt and Company[남원준 옮김, 『노근리
다리: 한국전쟁의 숨겨진 악몽』, 잉걸, 2003].

Hastings, Max(1987), *The Korean War*, London: Michael Joseph.

Henderson, Gregory(1968), *Korea: The Politics of the Vortex*, Cambridge, Mass.: Harvard University Press[이종삼·박행웅 옮김, 『소용돌이의 한국정치』 완역판, 한울, 2013].

Hodgson, Godfrey(1976), *America in Our Time: From World War II to Nixon—What Happened and Why*, New York: Doubleday & Co.

Hooker, John(1989), *Korea: The Forgotten War*, North Sydney, Australia: Time-Life Books.

Horwitz, Dorothy G., ed.(1997), *We Will Not Be Strangers: Korean War Letters Between a M.A.S.H. Surgeon and His Wife*, foreword by James I. Matray, Urbana and Chicago: University of Illinois Press.

Hwang Sok-yong(2007), *The Guest*, trans. Kyung-ja Chun and Maya West. New York: Seven Stories Press[『손님』, 창비], 2001].

James, D. Clayton(1993), *Refighting the Last War: Command and Crisis in Korea, 1950~1953*, New York: The Free Press.

Kang, Kyong-ae(1934, 2009), *From Wonso Pond*, trans. Samuel Perry. New York: Feminist Press[『인간 문제』, 창비], 2006].

Karig, Walter, Malcolm W. Cagle, and Frank A. Manson(1952), *Battle Report: The War in Korea*, New York: Rinehart.

Kaufman, Burton I.(1986), *The Korean War: Challenges in Crisis, Credibility, and Command*, Philadelphia: Temple University Press.

Kim Il Sung, *With the Century*, Pyongyang: Foreign Languages Press, multiple volumes.

Knightly, Phillip(1975), *The First Casualty: From the Crimea to Vietnam—The War Correspondent as Hero, Propagandist, and Myth Maker*, New York: Harcourt Brace Jovanovich.

Knox, Donald(1985), *The Korean War: Pusan to Chosin—An Oral History*, New York: Harcourt Brace Jovanovich.

Lankov, Andrei(2002), *From Stalin to Kim Il Sung: The Formation of North Korea, 1945~1960*, New Brunswick, N.J.: Rutgers University Press.

Lee, Chongsik(1966), *Counterinsurgency in Manchuria: The Japanese Experience*, Santa Monica, Calif.: The RAND Corporation.

Linn, Brian McAllister(1997), *Guardians of Empire: The U.S. Army and the Pacific, 1902~1940*, Chapel Hill: University of North Carolina Press.

Lowe, Peter(1997), *The Origins of the Korean War*, 2nd ed, New York: Longman[초판 번역본: 김시완 옮김, 『한국전쟁의 기원』, 인간사랑, 1989].

MacDonald, Callum(1986), *Korea: The War Before Vietnam*, New York: Macmillan.

Martin, Bradley K.(2004), *Under the Loving Care of the Fatherly Leader: North Korea and the Kim Dynasty*, New York: Thomas Dunne Books.

Matray, James I.(1985), *The Reluctant Crusade: American Foreign*

Policy in Korea, 1941~1950, Honolulu: University of Hawaii Press.

Meade, E. Grant(1951), *American Military Government in Korea*, New York: King's Crown Press[안종철 옮김, 『주한 미군정 연구』, 공동체, 1993].

Noble, Harold Joyce(1975), *Embassy at War*, ed. and introduced by Frank Baldwin, Seattle: University of Washington Press.

Offner, Arnold(2002), *Another Such Victory: President Truman and the Cold War, 1945~1953*, Stanford, Calif.: Stanford University Press.

Roth, Philip(2008), *Indignation*, New York: Random House[정영목 옮김, 『울분』, 문학동네, 2011].

Salter, James(1997), *Burning the Days: Recollection*, New York: Vintage Books.

Sawyer, Major Robert K.(1962), *Military Advisors in Korea: KMAG in Peace and War*, Washington, D.C.: Office of the Chief of Military History.

Stone, I. F.(1952), *The Hidden History of the Korean War*, New York: Monthly Review Press.

Stueck, William(1981), *The Road to Confrontation*, Chapel Hill: University of North Carolina Press.

_____ (1995), *The Korean War: An International History*, Princeton, N.J.: Princeton University Press[김형인·조성규·김남균 옮김, 『한국전쟁의 국제사』, 푸른역사, 2001].

Suh Dae-sook(1988), *Kim Il Sung: The North Korean Leader*, New
York: Columbia University Press[서주석 옮김, 『북한의 지도자
김일성』, 청계연구소, 1989].

Tanaka, Yuki, and Marilyn B. Young, eds.(2009), *Bombing Civilians: A
Twentieth-Century History*, New York: The New Press.

Thompson, Reginald(1951), *Cry Korea*, London: Macdonald &
Company.

Tomedi, Rudy(1993), *No Bugles, No Drums: An Oral History of the
Korean War*, New York: John Wiley & Sons.

Weintraub, Stanley(2000), *MacArthur's War: Korea and the Undoing
of an American Hero*, New York: The Free Press.

Zhang, Shu Guang(1995), *Mao's Military Romanticism: China and
the Korean War, 1950~1953*, Lawrence: University Press of
Kansas.

역사와 기억

Chirot, Daniel, and Clark McCauley(2006), *Why Not Kill Them All? The
Logic and Prevention of Mass Political Murder*, Princeton, N.J.:
Princeton University Press.

Eden, Lynn(2004), *Whole World on Fire: Organizations, Knowledge,
and Nuclear Weapons Devastation*, Ithaca, N.Y.: Cornell
University Press.

Foucault, Michel(1972), *The Archaeology of Knowledge and the
Discourse on Language*, trans. A. M. Sheridan Smith. New

York: Pantheon Books[이정우 옮김, 『지식의 고고학』, 민음사, 2000].

Friedlander, Saul(1979), *When Memory Comes*, trans. Helen R. Lane, Madison: University of Wisconsin Press.

Friedrich, Jörg(2006), *The Fire: The Bombing of Germany*, 1940~1945, trans. Allison Brown, New York: Columbia University Press.

Fussell, Paul(1975), *The Great War and Modern Memory*, New York: Oxford University Press.

Hopkins, Ernest J., ed.(1970), *The Civil War Stories of Ambrose Bierce*, Lincoln: University of Nebraska Press.

Jager, Sheila Miyoshi, and Rana Mitter, eds.(2007), *Ruptured Histories: War, Memory, and the Post-Cold War in Asia*, Cambridge, Mass.: Harvard University Press.

Jameson, Fredric(1981), *The Political Unconscious: Narrative as a Socially Symbolic Act*, Ithaca, N.Y.: Cornell University Press[이경덕·서강목 옮김, 『정치적 무의식: 사회적으로 상징적인 행위로서의 서사』, 민음사, 2015].

Kantorowicz, Ernst H.(1957), *The King's Two Bodies: A Study in Medieval Political Theology*, Princeton, N.J.: Princeton University Press.

Koselleck, Reinhart(2004), *Futures Past: On the Semantics of Historical Time*, trans. Keith Tribe, New York: Columbia University Press[한철 옮김, 『지나간 미래』, 문학동네, 1998].

Kwon, Heonik(2006), *After the Massacre: Commemoration and Consolation in Ha My and My Lai*, Berkeley: University of

California Press[유강은 옮김, 『학살, 그 이후: 1968년 베트남전 희생자들을 위한 추모의 인류학』, 아카이브, 2012].

_____ (2008), *Ghosts of War in Vietnam*, New York: Cambridge University Press[홍석준·박충환·이창호 옮김, 『베트남 전쟁의 유령들』, 산지니, 2016].

Maier, Charles S.(1997), *The Unmasterable Past: History, Holocaust, and German National Identity*, Cambridge, Mass.: Harvard University Press.

McAuliffe, Mary Sperling(1978), *Crisis on the Left: Cold War Politics and American Liberals, 1947~1954*, Amherst: University of Massachusetts Press.

Minow, Martha(1998), *Between Vengeance and Forgiveness: Facing History After Genocide and Mass Violence*, Boston: Beacon Press.

Nietzsche, Friedrich(1966), *Beyond Good and Evil: Prelude to a Philosophy of the Future*, trans. Walter Kaufmann, New York: Vintage Books[김정현 옮김, 『선악의 저편』, 『선악의 저편·도덕의 계보』, 책세상, 2002].

_____ (1974), *The Gay Science*, trans. Walter Kaufmann, New York: Vintage Books.

_____ (1967), *On the Genealogy of Morals*, trans. Walter Kaufmann, New York: Vintage Books[김정현 옮김, 『도덕의 계보』, 『선악의 저편·도덕의 계보』, 책세상, 2002].

_____ (1983), *Untimely Meditations*, trans. R. J. Hollingdale, New

York: Cambridge University Press[이진우 옮김, 『반시대적 고찰』, 『비극의 탄생·반시대적 고찰』, 책세상, 2005, 334쪽].

Oshinsky, David M.(1983), *A Conspiracy So Immense: The World of Joe McCarthy*, New York: The Free Press.

Rosenberg, Tina(1995), *The Haunted Land: Facing Europe's Ghosts After Communism*, New York: Vintage Books.

Sherry, Michael S.(1995), *In the Shadow of War: The United States Since the 1930s*, New Haven: Yale University Press.

Soh, C. Sarah(2008), *Sexual Violence and Postcolonial Memory in Korea and Japan*, Chicago: University of Chicago Press.

Walzer, Michael(1992), *Just and Unjust Wars: A Moral Argument with Historical Illustrations*, 2nd ed., New York: Basic Books[권영근·김덕현·이석구 옮김, 『마르스의 두 얼굴: 정당한 전쟁·부당한 전쟁』, 연경문화사, 2007].

Wilshire, Bruce(2006), *Get 'Em All! Kill 'Em!: Genocide, Terrorism, Righteous Communities*, New York: Lexington Books.

Winter, Jay(2006), *Remembering War: The Great War Between Memory and History in the Twentieth Century*, New Haven, Conn.: Yale University Press.

찾아보기: 개념 및 내용

찾아보기: 인명

브루스 커밍스의 한국전쟁

전 쟁 의 기 억 과 분 단 의 미 래

1판 1쇄 2017년 11월 30일
1판 6쇄 2022년 4월 15일

지은이 브루스 커밍스
옮긴이 조행복
펴낸이 김수기

펴낸곳 현실문화연구
등록 1999년 4월 23일 / 제2015-000091호
주소 서울시 은평구 불광로 128, 302호
전화 02-393-1125 / **팩스** 02-393-1128 / **전자우편** hyunsilbook@daum.net
ⓗ blog.naver.com/hyunsilbook ⓕ hyunsilbook ⓣ hyunsilbook

ISBN 978-89-6564-201-5 (03910)

이 도서의 국립중앙도서관 출판예정도서목록(CIP)은
서지정보유통지원시스템 홈페이지(http://seoji.nl.go.kr)와
국가자료공동목록시스템(http://www.nl.go.kr/kolisnet)에서 이용하실 수 있습니다.
(CIP제어번호: CIP2017027769)